高等院校小学教育专业系列教材

GAODENG YUANXIAO XIAOXUE JIAOYU
ZHUANYE XILIE JIAOCAI

XIAOXUE ERTONG XINLIXUE

小学儿童心理学

黄月胜　主编

北京师范大学出版集团
BEIJING NORMAL UNIVERSITY PUBLISHING GROUP
北京师范大学出版社

图书在版编目(CIP)数据

　　小学儿童心理学/黄月胜主编 . —北京：北京师范大学出版社，
2013.1(2023.6 重印)
　　(高等院校小学教育专业系列教材)
　　ISBN 978-7-303-15356-5

　　Ⅰ. ①小…　　Ⅱ. ①黄…　　Ⅲ. ①小学生－儿童心理学－高等学
校－教材　　Ⅳ. ①B844.1

　　中国版本图书馆 CIP 数据核字(2012)第 205813 号

图书意见反馈：gaozhifk@bnupg.com　　010-58805079
营销中心电话：010-58802755　　58800035
北师大出版社教师教育分社微信公众号　　京师教师教育

出版发行：北京师范大学出版社　　www.bnupg.com
　　　　　北京市西城区新街口外大街 12-3 号
　　　　　邮政编码：100088
印　　　刷：天津中印联印务有限公司
经　　　销：全国新华书店
开　　　本：730 mm×980 mm　　1/16
印　　　张：15.25
字　　　数：270 千字
版　　　次：2013 年 1 月第 1 版
印　　　次：2023 年 6 月第 19 次印刷
定　　　价：32.00 元

策划编辑：陈红艳　　王剑虹　　　　责任编辑：陈红艳
美术编辑：高　霞　　　　　　　　　装帧设计：高　霞
责任校对：李　菡　　　　　　　　　责任印制：马　洁

前　言

　　小学教育专业是我国高等师范教育体系中一个全新专业，《小学儿童心理学》是该专业的一门必修课程。编写《小学儿童心理学》教材的目的就是希望对小学儿童的发展做一个全面的阐述，以反映迄今为止儿童心理学的经典理论观点、小学儿童发展领域的实证研究和实践指导内容，以满足小学教育专业学生学习这门课程的需要。

　　全书共分十章，主要介绍了儿童心理发展的基本理论问题、小学儿童心理发展的生物学基础、小学儿童的认知发展、小学儿童的言语发展、小学儿童情感和意志的发展、小学儿童的个性发展、小学儿童的社会性发展、小学儿童的道德发展和小学儿童的心理健康等内容。在全面介绍小学儿童的心理发展特点和规律的基础上，部分章节还特别介绍了小学儿童发展中可能出现的问题以及如何预防的措施。

　　全书在编写过程中力图体现如下特点：第一，方向性。多角度、多层面突出小学教育的学科意识和专业特性，重点阐述小学儿童心理发展的相关内容。第二，基础性。以儿童心理学学科知识的结构来组织教材内容，并充分考虑到高等师范学院小学教育专业心理学课程的结构特点，在内容的处理上注重基础知识。第三，实用性。在强调方向性、基础性的基础上，力求将经典理论的阐述、小学儿童的发展特点及如何教育与培养小学儿童结合起来，使学生能够学以致用。

　　本书的编写凝聚了各位参与者的辛勤劳动。各章的执笔人如下：第一章、第二章、第四章，黄月胜（湖南第一师范学院）；第三章、第十章，刘子弘（湖南民族职业学院）；第五章，瞿建国（怀化学院）；第六章、第七章、第八章，朱丹（湖南第一师范学院）；第九章，孙配贞（江苏师范大学）。全书由黄月胜负责策划、修改并定稿。

　　北京师范大学出版社的陈红艳编辑为本书的编写和出版提供了大力的支持和帮助；湖南第一师范学院重点建设学科项目也为本书的出版提供了特别资助。本书在编写过程中参阅了许多国内外的同类教材和相关文献，并引用了其中的一些观点和内容，我们也尽可能地进行了注释或列入了参考文献，在此一并表示衷心的感谢。

本书是供高等师范院校小学教育专业使用的心理学教材。限于编写时间和作者水平，书中难免会有错误和不足之处，敬请专家、读者批评指正。

黄月胜

2012 年 12 月

目 录

第一章　小学儿童心理学概述

本章重点

- 小学儿童心理学的研究对象
- 小学儿童心理学的研究内容
- 儿童心理学的发展历程
- 小学儿童心理学研究的基本原则
- 小学儿童心理学研究设计的类型和主要研究方法

第一节　小学儿童心理学的界定

一、小学儿童心理学的研究对象与内容

（一）小学儿童心理学的研究对象

从心理发展的角度来看，儿童是指从出生到成熟这一时期所有的人类个体。从总体上说，一般认为个体的发育成熟大致在十七八岁，所以，广义地说，从出生到十七八岁的人类个体都可称为儿童，大致可分为婴儿期、幼儿期、童年期、少年期和青年初期；狭义的儿童则特指小学儿童，一般为六七岁至十一二岁，即童年期。

儿童心理学也称为儿童发展心理学，它研究个体从出生到成熟这一时期心理和行为的发生发展规律，以及儿童各年龄阶段的心理特征。顾名思义，小学儿童心理学则是研究小学儿童心理发展规律和特点的科学，又称为童年期发展心理学，是儿童心理学的一个组成部分。

阅读栏 1-1　毕生发展心理学

生命全程观认为，个体的生命发生于妊娠期，即其父母的精卵结合成合子的一刻开始，从生命的孕育直至生命的晚期，个体的一切都处在不断变化发展中，在发展的任何年龄阶段，个体都具有很高的可塑性，因此，现代发展心理学又称毕生发展心理学，把产前期作为研究个体发展的起点，并将研究范围由

传统的只注重儿童期和青年期拓展至胎儿期和老年期，即研究个体从受精卵开始到出生、到成熟，直至衰老的生命全程中心理发生、发展的特点规律，简言之，研究毕生心理发展特点和规律。毕生发展心理学包括发生心理学、儿童心理学、青年心理学、中年心理学和老年心理学。

资料来源：杨丽珠，刘文：《毕生发展心理学》，3～11页，北京，高等教育出版社，2006。

(二)小学儿童心理学研究的内容

小学儿童心理学研究的内容主要集中在以下几个方面：

1. 描述小学儿童心理发展的普遍模式

心理发展的普遍模式，即指能反映生活在各种社会文化背景下儿童共同具有的发展过程。小学儿童心理学描述诸如小学儿童的语言是怎么发展的、小学儿童的认知是怎么发展的等小学儿童心理发展的普遍模式。

2. 解释和测量小学儿童的个体差异

尽管心理发展遵循相同的模式，但必须注意到发展的个体差异，比如每个儿童心理发展的速度、发展最终达到的水平、各种心理过程和个性心理特征并不相同。那么，小学儿童个体间的差异是如何造成的？这些差异怎样才能得到准确的评估？如何科学地解释小学儿童彼此之间的个体差异？这些都属于小学儿童心理学的研究范畴。

3. 揭示小学儿童心理发展的原因和机制

对心理发展原因和机制的揭示，不仅有助于我们构建有关心理发展的理论体系，更好地遵循小学儿童心理发展的规律，也使我们对小学儿童心理发展的培养与干预具有了科学的依据。例如，为什么以前到初中阶段才开始的英语教学现在从小学一年级就开始实施了？小学儿童是怎样获得第二语言的？

4. 探究不同的外在环境对小学儿童心理发展的影响

遗传的作用在孩子出生时就已经充分体现了，环境则在儿童成长过程中不断地施加影响。儿童生活的环境各种各样，在这些环境因素中，儿童接触时间最长、受影响最大的几个因素分别是家庭、学校和社区。就家庭而言，父母的养育方式、文化水平与职业状况、父母的个性、亲子关系的质量、家庭结构（如是完整家庭还是不完整家庭）、家庭的物质生活条件等是对小学儿童心理发展产生影响的主要因素。学校中的师生关系、同伴关系、班级凝聚力、教师的教学与管理方式等，对不同的小学儿童会产生不同的影响。在社区环境方面，邻里关系、社区文化娱乐设施、社区社会支持体系等是较为重要的环境变量。另外，寄宿制对小学儿童心理发展的影响、网络化社会对小学儿童心理发展的影响等全新的环境因素也得到普遍关注。

5. 提出帮助与指导小学儿童心理发展的具体方法

描述小学儿童心理发展的模式，测量和解释发展的个别差异，揭示小学儿童心理发展的原因和机制，以及探究不同的外在环境对心理发展的影响，其最终目的是帮助小学儿童正常、健康地发展。例如，通过对小学儿童认知与行为特点的探讨，可以提出培养小学儿童注意力集中、行为自我控制的有效手段，从而减少小学儿童的多动行为。

由以上小学儿童心理学研究内容的分析，不难看出，小学儿童心理学处于基础研究与应用研究的交叉面上，其研究的结果既能深化我们对小学儿童心理发展相关问题的认识，也有助于我们解决小学儿童心理成长过程中的实际问题。

二、儿童心理学的发展历程

（一）科学儿童心理学的诞生

科学儿童心理学的诞生，主要受近代人文主义教育思想、进化论思想的影响，与西方哲学思想和教育发展的要求有关。近代西方的一些人文主义教育家，如夸美纽斯（J. A. Comenius，1592—1670）、卢梭（J. J. Rousseau，1712—1778）、裴斯泰洛奇（J. H. Pestalozzi，1747—1827）、福禄贝尔（F. Froebel，1782—1852）等人提出的要尊重儿童、了解儿童的教育思想，为儿童心理学的诞生奠定了最初的思想基础，而达尔文（C. Darwin，1809—1882）的进化论思想直接推动了儿童心理发展的研究，达尔文根据长期观察并记录自己孩子的心理发展而写的《一个婴儿的传略》（1876）一书是儿童心理学早期专题研究成果之一，它对推动儿童心理发展的传记法（或日记法）研究有重要影响。达尔文发展的观点、英国哲学家洛克（J. Locke，1632—1704）的"白板说"和卢梭"尊重自然，按照儿童特点进行教育"的自然教育理论对儿童心理学理论的形成有着深刻的影响，达尔文、洛克和卢梭也被认为是"科学儿童心理学的先驱"。

1882 年，德国生理学家和实验心理学家普莱尔（W. Preyer，1842—1897）在对自己的孩子追踪研究 3 年的基础上，出版了第一部科学的、系统的儿童心理学著作《儿童心理》，它标志着科学儿童心理学的正式诞生，普莱尔被尊称为"科学儿童心理学的奠基人"。

（二）西方儿童心理学的发展

自科学儿童心理学诞生以后，欧洲和美国涌现出一批心理学家投身于儿童心理学的研究，极大地推动了儿童心理学的发展，如美国的霍尔（G. S. Hall，1844—1924）、格塞尔（A. Gesell，1880—1961），法国的比奈（A. Binet，

1857—1911)和德国的斯腾(L. W. Stern，1871—1938)等人。

霍尔是美国儿童心理研究运动的创始人，享有"美国儿童心理学之父"的称号，他提出了个体心理发展的"复演说"。霍尔认为，儿童时期的心理发展复演了人类进化过程，如儿童喜欢相互追逐，实际上是复演了原始社会的狩猎活动；他发明了研究儿童心理的新技术——问卷法，首先采用问卷法对儿童心理进行了大量研究，并出版专门刊物刊发了大量儿童心理研究的报告和论文，还发起组织了儿童研究机构，等等。他采用的研究方法以及提出的复演学说虽然引发了许多争论，但对推动美国儿童心理学的发展有着重要贡献。

继霍尔之后，儿童心理学研究有较大进展。主要有德国斯腾关于儿童语言发展的研究，他的《六岁以前早期儿童心理学》是对自己孩子长期系统观察的结果，智商(Intelligence Quotient, IQ)作为测量个体智力发展水平的一种指标，最早也是由斯腾提出来的，后来，美国心理学家推孟(L. M. Terman，1877—1956)在制定"斯坦福-比奈量表"中引入 IQ 概念，并加以改进。格塞尔对儿童心理发展进行了追踪研究，编制了格塞尔婴幼儿发展量表。比奈的测验研究对儿童心理发展的数量化研究起了重要作用，特别是智力发展，较霍尔的问卷法有了进步，至今还是一个重要的研究手段。

从 20 世纪初期到中期，儿童心理学经历了一个不断分化和蓬勃发展的时期。在这一时期，出现了各种心理学理论或流派，包括精神分析学派、行为主义学派等。精神分析学派的奠基人是奥地利心理学家弗洛伊德(S. Freud，1856—1939)，他认为儿童的发展要经过一系列的"性心理"发展阶段，在发展过程中会遇到一些特殊的情绪冲突。只有在冲突被解决后，儿童才能成熟，成为健康的成人。弗洛伊德十分重视早期经验，强调亲子关系的重要性，认为儿童早期是个性发展的关键期，这对于儿童心理学家重视早期经验和婴幼儿研究起了很大的推动作用。尽管现在心理学家对弗洛伊德理论提出了许多质疑，但他的精神分析理论对于西方儿童心理学的理论和实践，特别是对儿童个性研究及心理治疗有重大影响。行为主义的奠基人是美国心理学家华生(J. B. Watson，1878—1958)，他是个"极端环境论者"，行为主义学派强调，心理学应研究客观的、可观测的行为，而不是意识、观念等，儿童心理的发展主要是行为的变化。华生把实验法引入儿童心理学领域，进行了有名的儿童情绪条件反射实验研究。

进入 20 世纪中期以后，西方儿童心理学进一步发展。原有的心理学理论不断演变和分化，一些新的心理学理论和思潮也应运而生。在原来的精神分析理论的基础上，产生了新精神分析理论，在原来的行为主义理论基础上形成了新行为主义理论和社会学习理论。皮亚杰(J. Piaget，1896—1980)的发生认识论在这个时期的影响也迅速增强。皮亚杰是当代最著名的儿童心理学家，建立了结构主义的儿童心理学或发生认识论，他从20世纪20年代起就在瑞士系统地研究儿童认知发展，创造性地用弗洛伊德的"临床法"研究儿童，提出了认知发展的四个阶段和作为认知发展特殊领域的道德认知发展阶段。20世纪30—50年代是皮亚杰理论的成熟期，但由于当时行为主义处于极盛时期，掩盖了皮亚杰的影响。皮亚杰对儿童发展的普遍性(而不是个别差异)很感兴趣，认为儿童的发展是成熟和经验相互作用的结果，把儿童看成是积极主动的有机体，无须成人直接指导或对环境的安排，儿童会自己去寻找刺激，组织自己的经验，他的观念改变了人们对儿童的基本看法。维果茨基(Vygotsky，1896—1934)是与皮亚杰同时期的苏联心理学家，他提出认知发展发生于社会文化背景中，社会文化影响认知发展的形式，儿童的许多重要认知技能是在与其父母、老师以及更有能力的同伴的社会交往中逐渐发展起来的。维果茨基的思想至今仍具有深远的影响，近年来，甚至出现了"维果茨基热"，其理论以及上述有关流派的理论，在后面的章节中还将结合其所贡献的具体领域做较为详细的介绍。

(三)中国儿童心理学的发展

1. 中国古代的儿童心理学思想

正如我国著名儿童心理学家朱智贤教授所说[1]，中国古代还不可能产生儿童心理学这样的专门科学，但在一些思想家和教育家的著作中，却有着大量的有关儿童心理学问题的论述，这些思想不但对于中国后来的儿童心理学思想的发展有一定的奠基作用，而且可为当今儿童心理学的研究提供有益的启示。在此，仅列举如下[2][3]：

(1)心理发展的先天与后天关系的问题。孔子提出"性相近也，习相远也"(《论语·阳货》)。"性"即儿童的先天素质，"习"则是后天环境、教育对儿童习染影响的结果。同时，他把人的遗传素质分作"上智""中""下愚"三种，认为"唯上智下愚不移"(《论语·阳货》)，他也充分认识到后天教育的实际作用，也曾对自己中肯地分析说，"我非生而知之者，好古，敏以求之者也"(《论语·

---

①　朱智贤，林崇德：《儿童心理学史》，北京，北京师范大学出版社，1988。

②　武杰，蔡鼎文：《中国古代儿童心理学思想述评》，载《江西师范大学学报（哲学社会科学版）》，1984(1)，33～38页，46页。

③　王纬波：《中国心理学思想中对儿童心理的认识》，载《黑龙江教育学院学报》，2010，29(11)，89～90页。

述而》)。荀子也认为儿童的先天素质相近，其个性差异主要是由环境教育所形成的，他说："干、越、夷、貉之子，生而同声，长而异俗，教使之然也"，"学莫便乎近其人"(《荀子·劝学》)。即他认为不同区域出生的婴儿，最初并没有什么差别，可是后来各学各的语言，各地风俗习惯，特别是教养水平不同，其成人后也就不尽相同，甚至差异很大了，故儿童应向良师益友学习，才好化性起伪，长大成才。另外，王廷相曾从"人之常情"角度出发，力图验证后天环境对儿童成长的极大意义，他区分了"天性之知"和"后知"(王廷相：《雅述》上篇)两个概念，所谓"天性之知"仅指胎儿在母体内的自然生长力和婴儿的非条件反射功能，其余均为"后知"。

（2）儿童心理发展的动力问题。王充提出"一岁婴儿，无推让之心，见食，号欲食之；睹好，啼欲玩之。长大之后，禁情割欲，勉励为善矣"(王充：《论衡·本性篇》)。也就是说，因受个体经验的约束，婴儿普遍对"吃"和"玩"感兴趣，尤其是对"一岁"婴儿来说，"吃"和"玩"是其个体需要的主要内容，故婴儿"见食"后，并"无推让之心"，而"号欲食之"；"睹好"，则"啼欲玩之"，无论是"欲食"，还是"欲玩"，都是"一岁"婴儿需要的集中表现，是婴儿心理发展的原动力。

（3）教育与发展的辩证关系。王充曾指出："人之性，善可变为恶，恶可变为善，犹此类也。蓬生麻间，不扶自直；白纱入缁，不染自黑。彼蓬之性不直，纱之质不黑，麻扶缁染，使之直黑。夫人之性，犹蓬纱也，在所渐染而善恶变矣"(王充：《论衡·率性篇》)。王充指出"彼蓬之性不直，纱之质不黑"，可以"麻扶缁染"，"使之直黑"，这一质变须通过一个"渐染"的量变过程，要"在所渐染"，方能最终"变矣"。

（4）儿童心理发展的年龄阶段性问题。孔子提出了心理发展可划分为少、壮、老三个阶段。他说："少之时，血气未定，戒之在色；及其壮也，血气方刚，戒之在斗；及其老也，血气既衰，戒之在德"(《论语·季氏》)。后来孔子又提出了"吾十有五而志于学，三十而立，四十而不惑，五十而知天命，六十而耳顺，七十而从心所欲，不逾矩"(《论语·为政》)的观点，是世界上最早提出的毕生发展观。

（5）儿童心理发展的特点。第一，记忆特征。颜之推发现儿童思虑纯一、机械识记能力强于成年人的特点，并结合自己的亲身经验谈道："人生小幼，精神专利，长成以后，见虑散逸，固须早教，勿失机也。吾七岁时，诵《鲁灵光殿赋》，至于今日，十年一理，犹不遗忘。二十之外，所诵经书，一月废置，便至荒芜矣"(颜之推：《勉学》)。颜之推不但充分肯定了儿童具有较强的识记能力，而且具体剖析了儿童具有较强识记能力的原因是其"精神专利"。正是古人不自觉地意识到儿童有着鲜明的遗觉象，机械识记能力强于成年人这一特点，故历来重视儿童的诵读教学，使之为以后的学习打下坚实的基础。第二，嬉游及学习心理特征。明朝中叶重要的哲学家与教育家王守仁说："大抵童子之情，乐嬉游而惮拘检，舒畅之则条达，摧挠之则衰痿。今教童子，必使其趋向鼓舞，心中喜悦，则其进自不能已。譬之时雨春风，沾被卉木，莫不萌动发越，自然日长月化"（王守仁：《训蒙大意示教读刘伯颂等》）。王守仁不仅明确地道出了"童子"心理发展的主要特征是"乐嬉游"，而害怕"拘检"，教育者要顺应"童子""乐嬉游"的心理状态，才能使儿童健康发育、成长，还进而指出"童子"在学习进程中要多受"鼓舞"，使之保持"喜悦"的心境，才能达到"则其进自不能已"的自由王国。这种看法同现代儿童心理学观点不谋而合。

（6）儿童道德意识与道德行为的发展。朱熹一贯主张儿童道德意识的培养应从小开始，强调"必须讲而习之于幼稚之时，欲其习与智长，化与心成，而无扞格不胜之患"（朱熹：《题小学》，《文集》卷七十六），并且指出这种培养应同儿童的日常生活结合起来，要从小"教之以洒扫、应对、进退之节"（朱熹：《大学章句序》），"爱亲、敬长、隆师、亲友之道"（朱熹：《题小学》，《文集》卷七十六）。儿童道德教育的主要原则应是坚持正面疏导，王廷相指出："童蒙无先入之杂，以正导之无不顺受。……壮大者已成驳僻之习，虽以正导，彼以先入之见为然，将固结而不可解矣，夫安能变之正。故养正当于蒙"（王廷相：《雅述》上篇），王廷相不仅提出对儿童进行"正导"，而且指出了要这么做的原因，他认为儿童没有先入的错误思想和恶习，容易正而导之，而年纪稍长，"彼以先入之见为然"，则很难接受正确的教导了。

2. 中国近现代儿童心理学的发展

中国近代的儿童心理学是在 20 世纪 20 年代，科学的儿童心理学传入中国后才逐渐形成和发展起来的。20 世纪初期，开始有人翻译介绍西方儿童心理学著作，如艾华编译的《儿童心理学纲要》、陈大齐译的《儿童心理学》等；而我国最早讲授儿童心理学的是儿童心理学家陈鹤琴，他用日记法对自己儿子进行了近三年的追踪观察写成了著名的《儿童心理之研究》（1925）一书，是我国第一本儿童心理学专著。此后，肖孝嵘出版了《实验儿童心理学》（1933）；浙江大学的黄翼在 20 世纪三四十年代对儿童心理学进行了语言、绘画、性格评定等方面的研究，重复了皮亚杰的一些实验，也是最早对皮亚杰学说的实验提出质疑的人，并著有《儿童心理学》（1942）一书；此外，陆志韦、艾伟、孙国华等人对儿童心理学的教学与研究作出了重要贡献。总的来说，在 20 世纪上半叶，中国的儿童心理学家主要的工作是学习和传播西方儿童心理学，同时开展一些本土的研究。

解放初期及 20 世纪 50 年代，我国的心理学强调学习苏联，那时的儿童心理学教材多译自苏联的教本，巴甫洛夫高级神经活动学说在儿童心理学中影响较大。20 世纪 60 年代是中国儿童心理学发展的第一个繁荣时期，开展了数以百计的儿童心理发展研究，特别是关于儿童思维发展的研究，涉及概念的掌握、因果关系的理解、寓意的理解、推理思维的形成等；同时，在教材建设方面，由朱智贤主编的《儿童心理学》是密切联系我国儿童教育实际编写教科书的最初尝试，是新中国成立以来我国心理学家自己编写的第一批教科书之一。之后，由于历史原因，1966 年至 1976 年的十年，儿童心理学的研究处于停滞状态。

1976 年以后，我国儿童心理学研究进入了顺利发展时期。从事心理学、儿童心理学研究的机构和人员达到了空前的规模，全国各主要重点大学、师范院校陆续成立了心理学系，儿童心理学是心理学系的主干课程之一。1985 年创刊的《心理发展与教育》成为我国第一份公开发表儿童心理与教育心理学学术杂志。同时，涌现出了一批儿童心理学的教科书，如朱智贤对《儿童心理学》(1979)一书进行了修订并重新出版，许政援等人著《儿童发展心理学》(1984)，林崇德主编《发展心理学》(1995)，刘金花主编《儿童发展心理学》(1997)，方富熹、方格著《儿童发展心理学》(2004)等。

在研究内容上，改革开放 30 多年来，中国儿童心理学在认知发展、社会性发展、超常儿童、心理理论和弱势群体方面作了富有成效的研究，涌现出一批国内一流，且能与国际接轨的代表性成果[①]，分别列述如下：

(1)20 世纪 80 年代，我国心理学家刘范等人从事儿童数学认知的研究，进入 90 年代，语言认知、元认知的研究，近 10 年来，社会认知探讨取得了一系列研究成果。

(2)30 多年来，对社会性发展的研究从简单的现象描述到深入的关系解释，从单一的问卷调查到控制复杂的实验室观察，无论是研究内容还是研究方法都有了巨大的发展，创造了丰富的研究成果，这方面的研究主要集中体现在自我意识、道德发展、情绪情感与社会交往四个方面。

(3)1978 年后，查子秀等人开始对超常儿童进行系统的、科学的研究和教育，90 年代后，对超常儿童认知方面的研究出现了一些新领域，如创造性思

---

① 林崇德，陈英和：《中国发展心理学 30 年的进展》，载《北京师范大学学报（社会科学版）》，2009(1)，38～46 页。

维、元记忆、比较超常与常态儿童认知与人格特征的研究等，2000年以来，对超常儿童的信息加工速度及认知神经活动研究成为热点。

（4）心理理论是人们对心理因果关系的认识，是对自己及他人所知、所想、所欲和所感等具有归因属性心理状态的朴素心理观念，2000年以来，也逐渐成为我国儿童心理学的研究热点，并取得了重要进展，邓赐平等人采取的任务范式研究为探究中国儿童心理理论能力发展及潜在表征基础的发展模式，提供了独特视角。

（5）20世纪90年代以来对弱势群体的研究增多，弱势群体主要指生活在离异、单亲、再婚、收养或寄养家庭的儿童，留守儿童以及处境不利与贫困地区的群体等。

第二节　小学儿童心理学的研究方法

作为一种科学研究工作，必须遵循科学研究的基本原则，采取科学的方法和态度，才能保证研究的科学性，揭示心理现象的本质和规律。通常心理学采用的研究方法有观察法、实验法以及测验法等，这些方法也都是小学儿童心理学研究的基本方法，这些方法所需要遵循的原则在研究小学儿童心理学时同样适用，本书除介绍心理学研究应遵循的基本原则及研究的基本方法之外，还将重点介绍适用于小学儿童心理学研究的常见研究设计类型。

一、研究的基本原则

1. 客观性原则

客观性是任何科学研究都必须遵循的一个基本原则。客观是相对主观而言的，所谓客观性原则是指研究者对待客观事实要采取实事求是的态度，按事物的本来面目去认识事物。在心理学研究中遵循客观性原则尤为重要，因为心理学要研究的是发生在人们头脑内部的心理活动，在许多情况下，所收集到的数据、资料容易掺杂研究者的主观因素，从而使研究结果受到影响。在小学儿童心理学研究中，坚持客观性原则就是要求研究者尊重数据和个案事实、不能主观臆想（如研究者个人的主观体验、动机、预期、价值判断与个人好恶）作结论，这样才能揭示小学儿童的心理现象、本质、规律和机制。

2. 教育性原则

教育性原则是指对小学儿童心理的研究要符合教育的要求，要有利于小学儿童的身心健康成长，有利于对小学儿童的教育。在研究中，实验、测试等研究方法手段的选择应引起小学儿童的兴趣，时间也不宜过长，更不允许为研究而研究，在选择方法、安排程序和采取措施上要符合小学儿童的身心发展规律，要具有教育意义。

3. 系统性原则

科学研究的基本假定之一是任何事物之间都是相互联系的，任何事物都不是孤立的，而是处在一个有组织的系统中。系统性原则是指用系统的观点来考察小学儿童的心理现象和规律，把小学儿童的心理规律放在一个动态的、开放的、整体的系统之中进行考察，而且运用系统的方法，从系统的不同层次、不同侧面来分析。因此，在小学儿童的教育、教学过程中，研究小学儿童的心理现象时要注重整体性，注重小学儿童各种心理现象之间的关系。

4. 伦理性原则

伦理性原则是指在设计和操作涉及小学儿童的研究时，必须按照一定的操作标准来保护小学儿童身心免受伤害。由于我国尚无这方面的明文规定，在此，借用美国心理协会及儿童发展研究协会通过的一些伦理规则[①]，以阐明保护参与研究的小学儿童以及研究人员的责任：

（1）避免伤害。研究者不能使用任何可能伤害小学儿童身体或心理的研究操作。

（2）知情同意。研究应该得到小学儿童父母及其他监护人（如教师、相应机构的负责人）的同意，最好做成书面文件，必须告诉他们研究的所有特点，使他们依此来决定是否准许其子女或被监护人参与研究。当然，小学儿童自己有权利选择不参加或在研究的任何阶段中止参与研究。

（3）保密。研究者必须对所有来自被试的数据保密。小学儿童有权要求在正式的或非正式的数据收集及结果报告中，隐瞒他们的身份。

（4）欺瞒、接受询问、告知结果。尽管小学儿童有权预先了解研究的目的，但有些特别的研究项目可能必须隐瞒某些信息或对被试进行欺瞒。无论如何，当一个研究项目的进行必须隐瞒信息或进行欺瞒的时候，研究者必须得到同行或监护人或相关机构的认可，如果某研究对被试隐瞒了信息或进行了欺瞒，事后必须用被试能理解的语言，告知被试研究的真实目的及为什么必须隐瞒他们，小学儿童也享有对研究结果的知情权。

---

① ［美］沙夫等：《发展心理学——儿童与青少年（第八版）》，邹泓，等译，32 页，北京，中国轻工业出版社，2009。

在有些情况下，保密和使被试避免伤害的伦理条款之间可能会面临道德两难，如研究者知道被试（或他们的同伴）可能受到某些事件的危害（比如自杀倾向）。这时，保护被试（或他们的同伴）免遭伤害比坚守保密原则更为重要。在有些情况下，即使努力遵循了以上伦理规则，研究者仍需评估研究的益处和代价，比如，某研究者研究小学儿童在操场上的同伴欺负行为，结果发现，被试若知道研究人员对同伴欺负行为感兴趣，很可能会以欺负同学来引起研究人员的注意，在这种情况下，研究对被试的危害远远超过了研究者最初的估计，从伦理方面考虑应该立即停止研究。

阅读栏 1-2　华生的儿童恐惧形成实验

行为主义的奠基人华生曾经以刚刚 11 个月大的男婴儿阿尔伯特（Albert）为被试。刚开始的几周内，阿尔伯特对华生呈现的一只大白鼠并没有惧怕反应，玩得很开心。有一天，正当阿尔伯特伸手去摸白鼠的时候华生用锤子猛敲一个钢棍，发出很强的噪声，使阿尔伯特产生不愉快的感觉，他显得非常害怕，甚至将脸埋进被褥里。此后，华生便重复地这么做，每当孩子伸手触摸大白鼠时，华生便敲击钢棍，孩子便猛然跳起然后跌倒，继而哭泣。一周后，华生又让阿尔伯特玩弄大白鼠，但这时阿尔伯特只是盯着白鼠，而不去接近它，在将白鼠放在他面前时，他却缩回了手。在将白鼠与钢棍的声音多次匹配出现之后，阿尔伯特不但害怕大白鼠，而且害怕兔子，害怕用海豹皮做的衣服外套和棉花，显然，阿尔伯特的恐惧反应已经发生了"泛化"。

通过这个实验，华生发现了儿童恐惧的形成规律。但是，这个实验却对小阿尔伯特的心理发展造成了现实的或潜在的消极影响。因此，其实验在心理学研究史上存在很大的争议，在某种程度上，华生违反了儿童心理学研究的伦理性原则。

资料来源：张厚粲：《行为主义心理学》，67～68 页，杭州，浙江教育出版社，2003。

二、研究设计的类型

1. 横向研究

横向研究又称横断研究，是指在同一时间内，对不同年龄的儿童进行观察、测量或实验，以探究心理发展的规律或特点。例如，采用 Achenbach 儿童行为量表（家长用）对广州市区 6～12 岁在校小学 1～6 年级和初中一年级共 1010 名学生的家长在同一时间进行调查[1]，其结果可以反映调查各年级儿童的

---

[1]　袁媛，赵静波，张柏芳：《广州市 1010 名儿童行为问题及其影响因素分析》，载《中国临床心理学杂志》，2009，17(3)，359～361 页。

行为问题情况。

横向研究最突出的优点是省时、省力，效率较高，能在短时间内获得与年龄相联系的大量的研究结果；另外，取样大、材料更具代表性，时间短、不易受时代变迁带来的影响。

但是，横向研究也有不足之处。由于时间短，难以看到儿童心理发展的连续性和关键点，研究结果也只能说明一般的随年龄而变化的心理发展趋势，难以说明影响发展的因果联系。有时甚至产生的只是同辈效应，即在横向研究中发现的一些群体中的年龄差异是由这个群体成长时的文化和历史差异造成的，而不是真的由发展带来的变化。例如，如果测量青少年、成年人、老年人对摇滚音乐的兴趣，可能会得到"兴趣随年龄增长而减弱"的结论，但事实上，这更可能与不同的社会时代对音乐的兴趣变化有关。

2. 纵向研究

纵向研究又称追踪研究，是指在较长的时间内，对同一个或同一群儿童进行定期的观察、测量或实验，以探究心理发展的规律或特点。例如美国的特曼（L. M. Terman）从 1921 年开始对 1528 名超常儿童进行追踪研究，直到 20 世纪 80 年代末仍未间断，积累了这些被试从童年（当时被试平均 11 岁）、少年、青年到成年和老年的毕生发展资料。[①] 我国学者在 1984—1995 年间，采用 Achenbach 儿童行为量表（家长用）在南京开展了针对同一群体儿童行为问题的追踪研究，1984—1985 年初次调查南京市区与近郊区学龄前儿童 697 名（平均年龄为 5.7 岁），此后分别于 1988—1989 年、1990—1991 年及 1994—1995 年对此同一组儿童进行三次追踪调查，即分别在学龄初期（平均年龄为 9.7 岁）、学龄中期（平均年龄为 11.7 岁）及青少年期（平均年龄为 15.7 岁）作了调查（四次均被调查到的共 274 名）。其结果表明独生与非独生的行为问题差别很小，行为问题随年龄增大而减少，独生与非独生男孩原有的差异到了青少年期大致消失，但独生女孩的内向性行为问题与非独生女孩比较，并没有因时间的延长而减少，到青少年时仍有差异。[②]

纵向研究的优点是可以比较系统、详尽地了解儿童心理发展的连续性和阶段性的资料，尤其是可以弄清发展从量变到质变的飞跃，探明早期发展与以后各阶段心理发展的关系。同时，纵向研究可以对儿童各方面做细致的、整体的

---

① 刘金花：《儿童发展心理学》，第 3 版，19 页，上海，华东师范大学出版社，2006。

② 陶国泰等：《独生与非独生儿童心理发展的纵向分析：南京的十年追踪研究》，载《中国心理卫生杂志》，1999，13(4)，210～212 页。

考察，以揭露心理不同方面的关系，以及各种因素对发展的影响，从而深入了解发展的机制和原因。

纵向研究由于研究的时间较长，被试容易丢失，影响样本的代表性，研究易受被试感到厌倦或变成"测验通"以及外界环境变化的影响，从而降低了测验的可靠性。

3. 聚合交叉研究

纵向研究设计和横向研究设计各有优缺点，为了取长补短，可以把两者结合起来，即混合设计，又称为聚合交叉研究，综合了纵向研究和横向研究的优点。以 6～12 岁小学儿童逻辑推理能力的发展为例，如果采用纵向研究，可对一批 6 岁儿童进行追踪研究，自 6 岁开始考察，一直到他们成长到 12 岁；如果采取横向研究，则同时选择 6～12 岁被试进行考察；如果采用聚合交叉研究，可以于 2012 年开始测量 6 岁(2006 年出生)、8 岁(2004 年出生)和 10 岁(2002 年出生)儿童这三组样本的逻辑推理能力，接着在 2014 年、2016 年再次测量这三组样本的推理能力①，其设计如图 1-1 所示，由此例可以看出，聚合交叉研究具有如下优点：(1)研究者可以通过比较生于不同年代，处于具体年龄时(如 10 岁时)的逻辑推理能力状况，来评估是否存在同辈效应。(2)能在同一项研究中同时进行横向比较和纵向比较，如果在纵向比较和横向比较中，逻辑推理能力按年龄变化的趋势是相同的，那么这些趋势代表了真实的逻辑推理能力的发展变化。(3)聚合交叉研究比标准的纵向研究更为有效，在此例中，尽管只追踪了四年，但可以得到逻辑推理能力八年的发展状况(6～14 岁)。

4. 血缘关系研究

血缘关系研究是指通过对血缘亲疏关系来分析某种特征发生的频率或一致性程度，从而探讨遗传和环境对此特征所产生的作用大小。比如，家谱分析、寄养儿童的研究、双生子研究等都属于此种性质的研究。

阅读栏 1-3　双生子研究

对同卵双生子与异卵双生子或普通兄弟姐妹的比较，是研究遗传对心理发展作用的最有效的途径。同卵双生子是由同一个受精卵分裂而成的两个胚胎各自发育成两个个体，两者具有几乎完全的遗传特性。因此，同卵双生子所表现出来的心理与行为上的相似性，可以看成是遗传对发展所起的作用；同时可以把同卵双生子心理与行为发展的差异归因于环境因素。而异卵双生子之间与普

---

① ［美］沙夫等：《发展心理学——儿童与青少年(第八版)》，邹泓，等译，29 页，北京，中国轻工业出版社，2009。

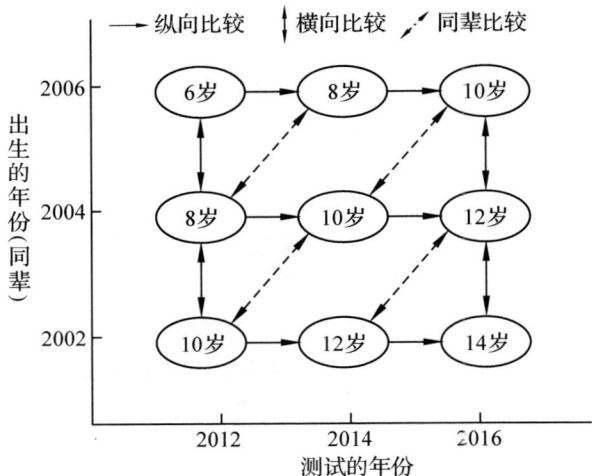

图 1-1　聚合交叉设计例子图解

通兄弟姐妹之间一样，均只有 50% 的共同基因，因此，异卵双生子之间的发展差异与普通兄弟姐妹之间的发展差异应无太大区别。研究发现，人的体征的遗传制约性比行为能力的遗传制约性要大，其中发色、眼色的遗传最为明显；不同的心理行为受遗传的制约程度不同，如言语、空间、数学等能力的遗传一般要大于记忆、推理方面的遗传；人格方面也存在着遗传效应，如美国和以色列的研究人员发现，个性中好奇心与第 11 对染色体上的基因有联系，而在第 17 对染色体上则存在与焦虑有关的基因。

资料来源：桑标：《当代儿童发展心理学》，76 页，上海，上海教育出版社，2003。

5. 跨文化研究

跨文化研究亦称交叉文化研究，在儿童心理学领域，是指通过对不同社会文化背景的儿童进行研究，以探讨儿童心理发展的普遍规律及不同的社会文化条件对儿童心理发展的影响。例如美国密执安大学心理学家斯蒂文森（H. W. Stevenson，1990）主持的小学儿童学业成绩的比较研究中[1]，中、美、日三国心理学家参与了该研究，被试样本取自北京、台北、仙台和芝加哥，研究者们制定了统一的语文、数学标准化试题和认知作业任务，在此基础上对这四个地区儿童的语文、数学成绩和认知能力发展水平进行了评估，结果表明，

---

[1]　Stevenson H W，Lee S Y，Chen C，et al.. Mathematics achievement of children in China and the United States. *Child Development*，1990，61(4)，pp. 1053—1066.

亚洲儿童特别是中国儿童的数学成绩比美国儿童高。为了探查产生差异的原因，研究者对儿童、他们的父母和教师作了有关的问卷调查和随访谈话①，并进行了课堂教学的现场观察，结果发现，不同文化社会的母亲对自己孩子学习成绩的期望、教养态度、儿童本身的学习动机、学校课堂教学实践等都存在差异。

三、研究的主要方法

心理学的研究方法有很多，下面简要介绍小学儿童心理学领域常用的几种方法，这些方法各有优缺点，在确定使用哪一种方法来研究小学儿童的心理与行为时，应综合考虑其适用性。

1. 观察法

观察法是指研究者有目的、有计划地对小学儿童的行为表现进行系统的观察以获取研究资料的方法。比如，研究者在操场上，观察小学儿童与同伴在一起表现出来的攻击性行为和合作行为。

观察法是小学儿童心理研究最基本的方法。在运用观察法时，要注意几个问题：①要明确所要观察的行为及其范围，选择那些与研究课题密切相关的行为去研究，例如，要考察小学儿童课堂问题行为，那么，究竟哪些行为可归为课堂问题行为呢？通常，在研究之初头脑中就要预想一系列的观察，并借助先前的资料来界定观察的范围、行为的种类；②要使被观察者处于自然的、无干扰的状态，以使观察结果更具客观性，比如借助单向玻璃进行观察；③在观察时要做客观和精确的记录，最好在观察前编制出观察记录表格，以便事后整理分析，必要时可以采用适当的辅助手段，如录音、录像等。

观察法的主要优点是被观察者在自然条件下的行为反应真实自然，且研究者的操作简便易行。但观察法也有一些局限性：①想要观察的行为可能很少出现，不容易观察到，一些反社会行为(如偷窃)和亲社会行为(如抢救病人)就是如此；②在观察过程中，可能出现"观察者效应"，即由于被观察者可能意识到观察者的存在，使得被观察者的行为表现与平时不一样，如有的小学儿童会故意表现自己，有的则避免表现出社会不赞许的行为；③观察资料的质量在很大程度上受到观察者本人的能力水平、心理因素的影响；④观察的内容一定是对象外显的行为，可以用来描述现象，但不能对各因素间的关系作出因果推论。这些方面，在使用观察法时应特别引起重视。

---

① Stevenson H W, Lee S Y, Chen C, et al.. Contexts of achievement: A study of American, Chinese, and Japanese children, *Monographs of the Society for Research in Child Development*, 1990.

2. 调查法

调查法是根据某一特定的研究目的，以提问题的方式了解小学儿童个体或团体心理和行为的研究方法。调查可采用问卷调查和口头访谈两种不同方式进行。

(1)问卷调查。问卷调查法也称问卷法，由研究人员事先严格设计问卷，让小学儿童据实报告他们的行为或对所提问题的看法，根据收回的问卷，经过统计处理或文字总结，了解小学儿童心理特点或规律的方法。例如，想了解小学儿童的心理健康状况，可以选取一群小学儿童被试，采用小学儿童心理健康状况问卷施测，并通过统计分析了解小学儿童的心理健康现状。

问卷法简便易行，可以在短时间内收集到大量的资料，效率高。但这种方法的缺点也比较多，研究结果难以排除某些主、客观因素的干扰，儿童的回答往往不能代表其真正的心理状态，如果记录者缺乏训练，不善于掌握问卷的标准，加上分析资料的统计方法比较简单，可能影响这一方法的科学性。因此，要进行科学的调查，得出恰当的解释，必须有经过预先检验过的问卷，有受过培训的调查者，有能够反映总体的样本，还要采用正确的资料分析方法；在小学儿童心理的研究中，还应特别注意采用问卷的题目数量不宜过多，题目的叙述要简明易懂，不会在理解上出现歧义。

(2)访谈调查。访谈调查法也称访谈法，由调查者对被调查者进行面对面的提问，然后随时记录被调查者的回答或反应。访谈中能否收集到信息取决于访谈技巧，最重要的是要让受访者对访谈人员产生信任感。访谈者要注意研究和掌握对象的心理状态，同时要具有熟练的谈话技巧和谈话机智，使谈话能够顺利地进行。在访谈过程中，研究者应对自己的研究问题及访谈目标非常清楚，并要认真记录受访者回答的内容以及有关的行为表现，对不清楚的地方及时追问。为了进一步理解访谈法的应用，可参见阅读栏1-4。

访谈法的灵活性大、适用范围广，可以较详尽地了解儿童心理发展的具体表现和有关细节，以便深入研究问题。但受匿名性低的影响，真实程度会受到限制，另外，可能受访谈者的态度、表情、语调甚至性别、服装等的影响而出现偏差。

阅读栏1-4 访谈法举例：6～15岁儿童对友谊特性的认知发展[①]

在该项研究中，研究者使用了访谈法，访谈提纲包括如下问题：①你在班

---

① 李淑湘，陈会昌，陈英和：《6～15岁儿童对友谊特性的认知发展》，载《心理学报》，1997，29(1)，51～59页。

上有几个好朋友。有没有最好的朋友？（如果答"没有"，可以提示"你再好好想一想"；如果仍答"没有"，则从第6题开始。）②谁是你最好的朋友？③他（她）为什么是你最好的朋友？你们在一起做什么？你们在一起谈些什么？④你和好朋友在一起有没有不高兴的事，如闹意见、争吵或者打架？为什么？这些不高兴的事主要有哪些方面？发生这种事你怎么办？⑤好朋友在一起有没有比赛（或竞争）？为什么？⑥你在班上有没有一个同学和你关系最不好？（对于小学儿童，可不要求说出名字，只要说出性别就可以。）⑦为什么你和他（她）最不好？⑧如果两个人是好朋友，他们应该是怎样的？⑨你和好朋友会不会一直好下去？为什么？

访谈结束后，对被试的回答记录进行编码，制定出记分手册，在此基础上，对编码结果加以分类、概括和归纳，把访谈结果概括为五个维度，并以此为据，对全部访谈结果进行记分，有此项目记1分，无此项目记0分，编码的五个维度为：①个人交流和冲突解决；②榜样和竞争；③互相欣赏；④共同活动和互相帮助；⑤亲密交往。

以上两种调查常常结合进行，访谈可为问卷的条目编制提供丰富的参考信息，亦可在问卷调查的基础上，通过访谈使问题进一步深入。例如，一项研究选取1271名1～6年级小学儿童为被试，采用6～12岁儿童自立行为问卷结合访谈法考察小学儿童自立发展的特点[①]。

3. 个案法

个案法是将一个具体单位（一个小学儿童、一个小学儿童群体、一个小学儿童群体的某一问题等）作为研究对象，广泛收集其生活中的各种信息，通过分析其生活中的历史事件来检验发展假设的一种研究方法。在进行个案研究的时候，研究者要收集被试的各种信息，比如对某个智力超常儿童、某个特殊才能儿童作个案分析，研究者要收集被试的家庭社会背景、学习条件、个性特征、智力水平等，不仅追溯他的过去，还要追踪他的未来成就。这些信息中的大部分都来自对个体的访谈和观察，但是所问的问题和所进行的观察通常不用标准化，不同个案之间的差别也可能很大。前面所述陈鹤琴、普莱尔、达尔文等人采用日记法或传记法的研究就是个案研究的范例。

采用个案法进行研究应注意以下几点：①研究对象的选择，必须具有典型性。②资料的积累。个案研究必须较全面地记录与研究对象有关的资料信息。

---

① 凌辉，黄希庭：《6～12岁儿童自立发展特点的研究》，载《心理科学》，2009，32(6)，1359～1362页。

③对拥有的资料作出分析和解释，并根据实际需要提出措施。

个案法由于观察比较细致、记叙比较系统，可以获得别的方法所不能获得的宝贵资料。但这种方法也有很多的不足之处：①因为所问的问题不同、所用的测验不同、被试的观察情境不同，所以很难对个案直接进行比较；②个案研究也不具普遍推广性，即从少数个体那里得到的结论不能简单地应用到多数小学儿童身上。基于这些因素，从个案研究得到的任何结论都应该用其他的研究技术加以验证。

4. 实验法

实验法是在控制的条件下系统地操纵某种变量的变化，来研究这种变量的变化对其他变量所产生的影响。由实验者操纵变化的变量即自变量，或称实验变量，由自变量引起的某种特定反应即因变量。实验需要在控制的条件下进行，其目的在于排除自变量以外的一切可能影响实验结果的无关变量。

实验法不仅能够有助于研究者揭示"是什么"的问题，而且能进一步探究问题的根源"为什么"，因此，实验法是心理学研究中科学性最强的一种方法，可以实现心理学描述、解释、预测及控制行为等科学研究的目的。具体而言，实验法又可分为实验室实验和现场实验两种类型。

（1）实验室实验。实验室实验是在人为地严密控制实验条件的情况下，引起或改变一种或几种影响儿童心理变化的条件，从而观察儿童行为变化的方法。这种方法有时要利用专门的仪器和设备。

采用实验法做研究，必须进行实验设计，所谓实验设计就是用来收集资料的程序。例如，为了考察"看暴力电视节目是否导致儿童变得更具攻击性"这一问题，可以进行如下实验设计：自变量为被试所看电视节目的类型，把被试分成两组，一组儿童观看暴力电视节目，另一组儿童观看非暴力电视节目；因变量为儿童在观看了不同类型电视节目之后的攻击性行为水平；在实验过程中，必须严格控制所有可能影响儿童攻击性行为的其他因素，如为了控制儿童本身攻击性行为水平对因变量的影响，可以采用随机分配被试到不同组别的方法进行控制。有人做了一个类似的实验[①]，被试是 5～9 岁的儿童，自变量为所看节目的类型，被试被随机分成两组：一组被试观看 3 分钟的暴力片段，另一组被试观看 3 分钟的非暴力片段。之后，每个儿童被依次带入另一房间，并让他坐在一个操纵台前，这个操纵台与相邻房间有连线。在这个操纵台上有一个标

① ［美］沙夫等：《发展心理学——儿童与青少年（第八版）》，邹泓，等译，20 页，北京，中国轻工业出版社，2009。

着"帮助"的绿色按钮，一个标着"伤害"的红色按钮，二者之间是一个白色灯泡。被试被告知在相邻房间有一个儿童在玩摇柄游戏，这种游戏可能会使白色灯泡发亮，当灯亮的时候，如果按"帮助"按钮，可以使另一个房间那个儿童的手柄更易于摇动；如果按"伤害"按钮，会使手柄变得很热而伤及那个儿童。当确认被试已经完全理解指导语后，实验人员离开房间，在随后的几分钟内，白灯亮 20 次，因此每个被试都有 20 次机会去"帮助"或"伤害"另外一名儿童。以每个被试按下"伤害"按钮的总次数来测量被试攻击性（因变量）。结果表明，不管是男孩还是女孩，在观看暴力电视节目后，更倾向于按"伤害"按钮，也就是说，仅仅 3 分钟的暴力节目就能导致儿童对同伴采取攻击性行为。

实验室实验的最大优点是能够严格控制和操纵变量，揭示变量间的因果关系。然而，对于实验室实验法的批评也指出，严格控制的实验环境常常是人为的、虚假的，且儿童在实验环境中的行为表现可能与自然环境中不同。因此，从实验室获得的结论很可能不适用于真实的环境。因此，为了提高实验室研究的生态效度（即研究结果能在多大程度上代表事件在自然环境中的真实状态），可采取现场实验的方法。

（2）现场实验。现场实验是指在儿童日常生活和活动的自然条件下进行的实验研究。这种方法把自然观察的所有优点和实验室实验法严格控制特点结合起来，因而能较好地同时保证研究具有较高的内部和外部效度。

一项研究采用现场实验来检验"严重暴露于媒体暴力之下的观众将变得更具攻击性"这一假设[1]。被试是比利时的少年犯，在实验开始之前，实验人员对每个被试的攻击性水平进行观察，并把最初的评估作为基线水平，在此基础上测量被试随后的攻击性的变化。通过基线水平把少年犯被试所住的四个房间分成两组：一组是攻击性相对较高的两个房间；另一组是攻击性相对较低的两个房间。然后开始实验，在一个星期内，每天晚上给两个小组被试分别放映暴力电影和中性电影。每天在午餐时间和晚上看完电影后的两个时间段内观察发生在每个房间中的身体攻击和言语攻击。在随后的一周内不放电影，只在每天的午餐时间做一次观察记录。结果表明，观看暴力影片的两个房间的被试在晚上的身体攻击明显增多，而且主要使本身攻击性较强的男孩攻击性行为明显增多，在随后不放电影的一周内，这些影响仍然存在。

如上所述，采用实验室实验和现场实验的研究都认为媒体暴力有激发攻击

---

① ［美］沙夫等：《发展心理学——儿童与青少年（第八版）》，邹泓，等译，21 页，北京，中国轻工业出版社，2009。

性行为的作用，并且现场实验研究还证实攻击性较强的观众，所起的激发作用更强、更持久，进一步丰富了实验室研究的结果。

5. 测验法

测验法是指采用一套标准化的测验题目，按规定的程序，对个体心理的某一方面进行测量，然后将测量结果与常模作比较，对儿童心理发展水平或特点作出评定或诊断的研究方法。与前面介绍的问卷法相比，测验法也是通过事先设计的问题来研究被试，但不同的是，测验法是一种更加标准化的问题形式，测验的编制要经过编制测验题目、预测、项目分析、信度与效度分析、建立常模等标准化过程；同时，测验法不局限于文字形式，还可采用非文字形式，如采用操作或投射方法来进行研究。

测验法的优点在于测验量表的编制严谨科学，便于评分和对结果进行统计分析，有现成的常模可直接进行对比研究。但测验法灵活性较差，对施测者要求高，被试的成绩可能会受练习和测验经验的影响。

根据测验的目的不同可分为成就测验、性向测验、智力测验、人格测验。目前，国内常用的适用于小学儿童的智力测验有中国比奈测验、韦氏儿童智力量表中国修订本、瑞文推理能力测验等。常用的适用于小学儿童的人格测验有艾森克人格问卷儿童卷、沃特于 1977 年编制的儿童人格调查表、日本学者铃木清编制的测查中小学生的一般性焦虑测验量表等。

6. 作品分析法

作品分析法是通过对小学儿童作品的分析来了解其心理活动过程及其特点的方法。小学儿童的作品很多，如日记、作文、绘画、算术草稿、手工制作作品、考卷等，通过对作品的心理分析，可以了解小学儿童的观察、记忆、想象和思维的某些过程和特点，也可以作为评定小学儿童兴趣、性格等方面的材料。

总之，小学儿童心理学研究方法多种多样，这些方法各有优缺点，在具体研究中，应结合研究课题，选用最适合的方法。近年来，在研究方法上出现了综合化的趋势，在研究中，可以考虑综合采用多种方法，或交替采用几种方法，使研究结果相互补充和印证，以提高研究的科学性和可靠性。

复习与思考

1. 作为一名未来的小学教师，请你谈谈学习小学儿童心理学有何意义？

2. 如何避免或消除在小学儿童心理学研究中的"观察者效应"？

3. 小学儿童心理学的研究对象是什么？研究原则包括哪些？

4. 小学儿童心理学的研究设计包括哪些？有哪些具体的研究方法？

推荐阅读

1.［美］沙夫等：发展心理学——儿童与青少年（第八版）．邹泓，等译．北京：中国轻工业出版社，2009.

2. 林崇德．发展心理学（第二版）．北京：人民教育出版社，2009.

3. 刘金花．儿童发展心理学．上海：华东师范大学出版社，2006.

4. 桑标．当代儿童发展心理学．上海：上海教育出版社，2003.

第二章 儿童心理发展的基本理论问题

本章重点

- 发展的概念
- 儿童心理发展的主要特点
- 发展的年龄特征与"关键期"
- 对遗传与环境在儿童心理发展中的作用的争论
- 儿童心理发展的影响因素与内在动力

    发展是儿童心理成长的核心体现，人们在儿童心理学的研究过程中，有许多理论针对儿童心理发展的不同方面。在这些理论产生、检验以及验证或推翻的过程中，出现了一系列几乎所有理论都遵循的最基本的理论问题。概括起来，这些最基本的理论问题主要涉及儿童心理发展的实质和儿童心理发展的动因两个方面。小学儿童心理学是儿童心理学的一个重要组成部分，从属于儿童心理学，为了更好地探究小学儿童心理发展的一般规律，有必要介绍这些基本的理论问题。

第一节 儿童心理发展的实质

一、发展的概念

    发展是指个体生命全程中系统的和连续性的变化[1]。

    发展概念包括如下内涵：第一，发展首先是一种变化，而且是发生在个体内部的变化，发生在个体之外的变化不能称之为发展。例如，当小学儿童入学后，他们的父母成了学生家长，但并不能认为这些家长发展了。第二，并不是所有内部的变化都可以称为发展，用"系统"来描述"变化"，意指它们是有序的、模

---

[1]　［美］沙夫等：《发展心理学——儿童与青少年（第八版）》，邹泓等译，3 页，北京，中国轻工业出版社，2009。

式化并且相对持久的。例如，暂时的情绪波动以及外貌、思想、行为的短暂变化都不能称之为发展。第三，发展是一种连续性的变化，连续性是指个体自身保持跨时间的稳定性或者说对过去反应的连续性。发展代表了个体从受精卵到死亡整个过程的连续性变化，其中儿童身心发展最为显著，也是发展心理学家着重关注的发展阶段。

二、发展的主要特点

个体发展过程复杂多样，但并非不可捉摸，具有一定的特点和规律。

（一）发展的方向性与顺序性

一般情况下，个体的身心发展总是具有一定的方向性和先后顺序，既不能逾越，也不会逆向发展。比如，个体身体和动作的发展，就遵循自上而下、由躯体中心向外围、从粗动作到细动作的发展规律，这些规律可概括为头尾律、近远律和大小律。所谓头尾律，是指儿童身体和动作的发展次序是头部、颈部、躯干和下肢，具体而言，儿童最先学会抬头和转头，然后是翻身和坐，接着是使用手和臂，最后才学会腿和脚的运动，能直立行走和跑跳。近远律是指个体身体和动作发展是从身体的中部开始，然后延伸到边缘部分，越接近躯干的部分，动作发展越早，而远离身体中心的肢端动作发展较迟，所以头部和躯干比四肢先发育，手臂和腿比手指和脚趾先发育。大小律是指儿童先学会运用大肌肉、大幅度的粗动作，以后才逐渐学会运用小肌肉的精细动作，如四五个月的婴儿要取面前放的玩具往往不会用手，而是用手臂甚至整个身体，儿童手握铅笔自如地一笔一画地写字，往往要到六七岁才能做到。此外，儿童体内各大系统成熟的顺序是：神经系统、运动系统、生殖系统；大脑各区成熟的顺序是：枕叶、颞叶、顶叶、额叶；脑细胞发育的顺序是：轴突、树突、轴突的髓鞘化；儿童心理机能的发展一般遵循的顺序是：感知、运动、情绪、动机、社会能力、抽象思维。

发展的速度可以有个别差异，也可以加速或延缓，但发展的顺序一般不会改变。这些发展的方向性和顺序性在某种程度上体现出基因型在环境的影响下不断把遗传程序编制显现出来的过程。

（二）发展的连续性与阶段性

如前所述，发展的概念强调儿童心理发展是一种连续性的变化过程，但在生命的一定时期内，心理发展总会维持一个相对平衡和稳定的阶段，每个阶段都具有在性质上不同于其他阶段的可分辨的心理发展特点。个体的心理发展与世界上其他事物的发展一样，当某些新质要素的量积累到一定程度时，就会取代旧质要素而处于优势地位，即量变引起了质变，表现为阶段性的间断现象，但后一阶段的发展总是在前一阶段的基础上发生的，而且又萌发着下一阶段的新质，表现出心理发展的连续性（如图 2-1 所示）[1]。可见，每个阶段都是心理发展这一连续体的组成部分，心理发展是连续性和阶段性的辩证统一。

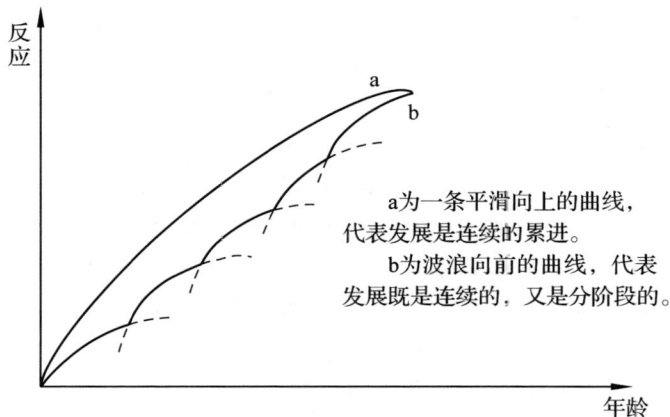

a为一条平滑向上的曲线，代表发展是连续的累进。

b为波浪向前的曲线，代表发展既是连续的，又是分阶段的。

图 2-1 心理发展的连续性和阶段性

基于此，现代心理学认为个体身心发展在连续中呈现阶段现象，参照国内外现行的年龄阶段划分方式[2][3][4]，按时间顺序可将生命全程划分为多个阶段，如表 2-1 所示。

表 2-1 生命全程发展阶段划分

阶段	大致年龄范围	发展重点
1. 产前期	从受孕到出生	生理发展
2. 婴儿期	0～3 岁	动作、语言、情感依恋
3. 幼儿期	3～6、7 岁	口语发展、性别化、游戏、入学准备
4. 童年期	6、7～11、12 岁	认知发展、动作技能和社会技能发展

---

① 刘金花：《儿童发展心理学》，11 页，上海，华东师范大学出版社，2006。

② 张春兴：《现代心理学：现代人研究自身问题的科学》，263 页，上海，上海人民出版社，2005。

③ 刘金花：《儿童发展心理学》，11～12 页，上海，华东师范大学出版社，2006。

④ ［美］沙夫等：《发展心理学——儿童与青少年（第八版）》，邹泓，等译，5 页，北京，中国轻工业出版社，2009。

续表

阶段	大致年龄范围	发展重点
5. 青年初期（青春期）	11、12～20 岁	认知发展、人格逐渐独立，两性关系建立
6. 青年期	20～40 岁	职业与家庭、父母角色、社会角色实现
7. 中年期	40～65 岁	事业发展到顶点，考虑重新调整生活
8. 老年期	65 岁以上	退休享受家居生活，自助休闲和工作
9. 寿终期	——	面对无可避免的身心适应问题

注：以上所列年龄范围是一个大致年龄，不一定适用于所有的个体，比如，一些处于十七八岁的个体已经能完全自立，且有了自己的孩子，最好把他们划入青年期。

（三）发展的不平衡性

个体心理的发展可能因发展的速度、到达的时间和最终达到的水平而表现出发展的不平衡性。从总体发展来看，整个发展不是等速上升，而是成波浪形地向前推进。大约在婴幼儿期出现第一个加速发展期，然后是儿童期的平稳发展，到了青春发育期又出现第二个加速期，然后再平稳地发展，到了老年期各方面开始出现下降。

发展的不平衡性还表现在不同系统在发展的速度、发展的起止时间与到达成熟时期有所不同，同一机能特性在发展的不同时期（年龄阶段）也有不同的发展速率。以身体各系统的发展为例（见图 2-2）：个体出生后脑和神经系统的发展最快，幼儿期以前，人类大脑的重量就已发展到成熟期的 80%，而在 7 岁左右就接近成人水平；生殖系统的发展在童年时期几乎没什么进展，而到青春发育期（女孩在 11～12 岁，男孩在 13～14 岁）开始后才迅速发展；淋巴系统的发展速度在人生的第一个十年中快速发展，因为儿童时期机体对疾病的抵抗力弱，需要强有力的淋巴系统来进行保护，10 岁左右达到最高峰，已达成人的200%，在第二个十年期间随着其他各系统逐渐成熟和对疾病抵抗力的增强，淋巴系统的发展逐渐回落；儿童身体的发展，除体型、身材增大外，各个器官系统生长速率也在变化，随着年龄的增长，儿童身体各部分的比例也在变化，比如，个体在胎儿期有一个特大的头颅（占身长的 1/2），较长的躯干及短小的两腿，经过发育，到成人时变为较小的头颅（占身长的 1/8）、较短的躯干及长腿的形态。

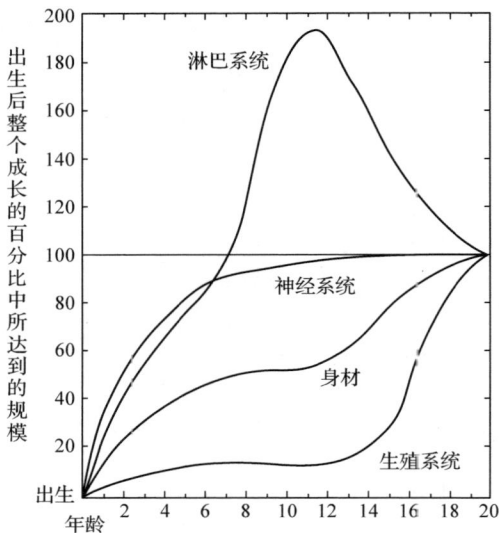

图 2-2 四种成长系统发展的不同模式

资料来源：刘金花：《儿童发展心理学》，41 页，上海，华东师范大学出版社，2006。

（四）发展的个体差异性

人们的环境和教育条件不尽相同，遗传素质也有差异，所从事的活动也不一样，心理发展的速度和心理各个方面的发展情况也是因人而异的。这就造成了同一年龄阶段上的不同儿童在心理上的差异。尽管一个正常儿童的发展总是要经历一些共同的基本阶段，但发展的个体差异仍然非常明显，每个人的发展优势（方向）、发展的速度、发展的高度（达到的水平）往往是千差万别的。例如，有的人观察能力强，有的人记性好；有的人爱动，有的人喜静；有的人善于理性思维，有的人长于形象思维；有的人早慧，有的人则开窍较晚。

阅读栏 2-1 白痴学者

白痴学者（idiot savant）又称单一学者、专家综合征、聪明的呆子、缺陷的天才、自闭症、才艺并发症和"雨人"等，是指轻度或中度精神发育不全（IQ 低于 70），而同时在某（些）方面具有超群认知功能的人。其主要临床特点是：在智力普遍低下的背景上，表现出个别突出的、远远超过一般水平的孤立才能，但不同的白痴学者并不是一模一样的，他们的特殊才能可表现在日期推算、计算数字、音乐、绘画、背诵、查阅字典、下象棋，甚至是某一专业知识领域。

资料来源：陈兴时：《白痴学者》，载《心理科学》，1993，16(2)，104~108 页。

三、发展的年龄特征与关键期

（一）发展的年龄特征

如前所述，个体心理发展表现出若干连续的发展阶段。发展心理学家把心理发展的一个阶段区别于另一个阶段的质的特征，称为心理发展的"年龄特征"或"年龄阶段"，即在一定社会和教育条件下，在个体心理发展的各个不同年龄阶段中所形成的一般的、典型的、本质的心理特征。具体而言，该阐述至少具有三层含义。

1. 年龄是心理发展的一个时间维度

个体的发展所经历的时间是以年龄来表达的，特别是儿童阶段，随着年龄的增长，儿童的心理不断发展和提高，可以说，年龄与心理发展有一个大致的对应关系，是描述心理发展的一个独立变量。

人们一般从四个角度来衡量一个人的年龄大小：一是实际年龄，是天文学意义上的个体存在时间；二是生理年龄，即从生理学意义上个体身体发育成熟的时间；三是心理年龄，即从心理学意义上个体心理发生发展的时间；四是社会年龄，即从社会学意义上反映个体社会化的程度。不同的个体在生理发育、心理和社会化的发展方面都存在个体差异，同一个人在生理、心理和社会等方面的成熟也并不同步。对于儿童来说，年龄越小，生理发育对其心理发展的影响就越大，随着年龄的增长，社会化的发展对心理发展的影响逐渐加强。

2. 年龄特征是指某一年龄段的整体特征

所谓某一年龄段的整体特征是指某一年龄段大多数人具有的一般的、典型的、本质的心理特征。这些特征是从大量的、个别的心理特征中概括出来的，是某一年龄阶段心理发展的一般趋势。例如，有经验的小学一年级教师把儿童初入学时在课堂中可能产生的各种表现（如坐不住、下座位、说话、注意力不易集中且不持久等）理解为这一时期的特征，并且善于根据这种客观存在的特征而采取正确的措施。

依据心理发展的年龄特征，可以对发展的阶段进行划分。因为不同的心理学家可能以不同的典型心理年龄特征作为划分阶段的依据，所以对心理发展阶段的划分并不完全一致，例如，柏尔曼（L. Berman）以生理发展的特点作为划分标准，皮亚杰以智慧发展的不同类型来区分个体发展的阶段，弗洛伊德、埃里克森（E. H. Erikson）以个性特征为划分阶段的依据等。但不管以何种标准来进行划分，某一年龄段的整体特征并不能涵盖该年龄段每个个体心理发展的个别差异，因此，不能因一般的、典型的心理特征而否定心理发展的个别性和多样性，也不能因个体差异性而否定年龄特征的存在。

3. 心理年龄特征既具有稳定性又具有可变性

发展的心理年龄特征是在一定的社会和教育条件下形成的，一旦形成，便具有相对稳定性。例如，儿童的感知能力总是最先发展，之后是运动能力和言语能力的发展，抽象思维能力的发展更晚，这个发展顺序是固定不变的，是每个个体必须经历的，而且各个阶段之间的顺序不能互换，也不能跨越。

尽管心理的年龄特征具有一定程度的稳定性，但并不是一成不变的，随着社会生活和教育条件等环境的改变，也有一定程度的可变性。例如，"青春期提前"就典型地反映了由于物质生活条件和社会环境的改变，导致生理发育的普遍提前，并表现出一些相应的心理年龄特征。

阅读栏 2-2　青春期提前与心理成熟期延后[1][2]

随着社会经济的发展，青春期提前已成为一个较为普通的现象，与 20 世纪 60 年代相比，现今我国男女儿童青春期分别提前了 2.17 岁和 1.12 岁。另一组数据显示，北京市女孩 1979—1980 年平均初潮年龄为 13.56 岁，至 1990—1991 年提前到 12 岁左右。有专业人员估计，如今女孩的初潮年龄已经提早到了 11.5 岁，男孩的青春期也相应地提前到了 12 岁，一些儿童的青春期更早，为 8～10 岁（小学阶段）。青春期提前不仅会引发"早恋"等社会问题（如今"早恋"现象已经进入小学），还会给儿童的身心留下难以消除的后遗症，比如青春期发育提前可能使人身高受到限制。值得一提的是，在青春期提前的同时，其心理成熟期非但没有相应提前，反而有延后的趋势。

（二）发展的"关键期"

"关键期"这个概念是从植物学、生理学和形态学移植过来的，主要是指在一个有限的时间段内，如果发展中的有机体接受到适宜的刺激，就会展示出生来固有的某种适应性的发展模式，过了这个时间段，再给予同样的刺激却不会产生持久效应。

在心理发展方面，对关键期的探讨，最早起源于奥地利动物习性学家劳伦兹（K. Z. Lorenz）对动物"印刻"（imprinting）行为的研究。劳伦兹在研究小鸭和小鹅等动物的习性时发现，小鸭、小鹅等鸟类动物在刚从蛋壳中孵化出来时，让它们接触其他种类的鸟或会活动的事物（如人、木马、足球），它们就会把这

---

[1]　张稼：《青春期提前呈全球化趋势》，载《科技文萃》，2002(8)，122～123 页。

[2]　张大均，吴明霞：《社会变革时期青少年心理问题及对策研究的理性思考》，载《西南师范大学学报（人文社会科学版）》，2004，30(2)，27～31 页。

些东西当作自己的母亲紧紧跟随，却对自己同类"母亲"无任何依恋。这种将出生后第一眼看到的对象当作自己的母亲，并对其产生偏好和追随反应的现象叫"母亲印刻"（见图 2-3）。劳伦兹还认为"母亲印刻"只发生在极短暂的特定时期，一旦错过这个时期就无法再学会，如小鸭的追随行为出现在出生后的 24 小时内，超过这一时间，"印刻"现象就不再明显。因此，心理学家将"母亲印刻"发生的时期称为动物认母的关键期。

图 2-3　"母亲印刻"

心理学家的研究发现，在人类个体早期发展过程中，也同样存在着获得某些能力或学会某些行为的关键期。在这个期间，个体时刻处于积极的准备和接受状态。如果这时期能得到适当的刺激和帮助，他的某种能力就会迅速地发展起来。比如，斯拉金（W. Sluckin）在文献分析基础上指出，人类的探究行为、攻击性行为、音乐学习、人际关系建立等，经早期学习后更为有效。现代心理学研究表明，幼儿期是人格形成的关键期，儿童在语言、感知发展等方面也存在关键期，如 1～3 岁为口头语言发展关键期，0～4 岁为视觉发展关键期，5岁以前是音乐学习的关键期，10 岁以前是外语学习和动作机能掌握的关键期。

为了避免过分强调关键期的重要性而陷入"宿命论"陷阱之中，许多学者认为用"敏感期"这一术语来描述人类的发展更为准确，因为敏感期的时间限定没有关键期那样严格和精确，过了敏感期某种发展还有可能出现，只是发展更加困难。概括起来，敏感期是指特定能力或行为发展的最佳时期，在这一时期个体对形成这种能力和行为的环境影响特别敏感。

第二节 儿童心理发展的动因

儿童心理发展的动因，即儿童心理发展的动力和影响儿童心理发展的因素。就影响儿童心理发展的因素而言，长期存在着遗传和环境在心理发展中作用的争论，这种争论又称为"先天与后天"之争，或"成熟与学习"之争，或"天性与教养"之争。就心理发展的动力而言，现代儿童心理学一方面承认环境和教育对心理的决定作用；另一方面也认为环境和教育只是儿童心理发展的外部原因（外因），亦即外部矛盾，必须通过儿童心理发展的内部原因（内因），亦即内部矛盾，才可能实现。

一、心理发展的影响因素

（一）关于遗传与环境的争论

1. 绝对决定论

20 世纪初，对于遗传与环境在心理发展中的作用的争论处于完全对立的状态：一方是以英国的优生学创始人高尔顿（F. Galton）为代表的遗传决定论；另一方是以美国行为主义创始人华生为代表的环境决定论。

遗传决定论认为个体的发展及其个性品质早在生殖细胞的基因中就决定了，发展只是这些内在因素的自然展开，环境与教育仅起引发作用。高尔顿运用名人家谱调查法，从英国的政治家、法官、军官、文学家、科学家和艺术家等名人中选出 977 人，调查他们的亲属中有多少人成名。结果发现，名人的亲属中有 332 人也同样出名。而对照组中是人数相等的普通人，他们的亲属中只有 1 个名人。在随后进行的对名人的孩子与教皇的养子进行比较调查还发现，教皇养子成名的概率不如名人之子大，高尔顿认为教皇的养子的环境条件与名人之子相仿，因而名人之子成名更多的原因在于遗传而不是环境。

环境决定论则强调儿童心理的发展完全是外界影响的结果，是环境决定的。华生的一句名言是对绝对环境论的极好写照："给我一打健全的婴儿，把他们带到我独特的世界中，我可以保证，在其中随机选出一个，可以训练成为我所选定的任何类型的人物——医生、律师、艺术家、商人，或者乞丐、窃贼，不用考虑他的天赋、倾向、能力、祖先的职业与种族。"

2. 共同决定论

20 世纪中叶，研究者关于遗传和环境对心理发展作用的探讨进入了一个新阶段。人们开始认为遗传与环境在心理发展中的作用并非非此即彼的状态，而是共同发挥作用，即出现了共同决定论的观点，主要代表人物有"辐合论"的倡导者斯腾和"成熟优势论"的倡导者格塞尔。

辐合论是一种折中主义的发展观，认为人类心理的发展既非仅由遗传的天生素质决定，也非只是环境影响的结果，而是两者相辅相成所造就的。斯腾在《六岁以前早期儿童心理学》一书中指出："心理的发展并非天赋本能的渐次显现，也非单纯由于受外界影响，而是内在本性和外在条件辐合的结果……两种因素同为发展的不可缺少的成分，虽然其所占比重可因事而异。"图 2-4 是斯腾说明遗传和环境双重作用的示意图[①]。这里 X_1、X_2 代表不同的机能，它们具有不同程度的遗传和环境的影响，从图中可见，X_1 机能的环境影响较大，而 X_2 机能的遗传影响较大。

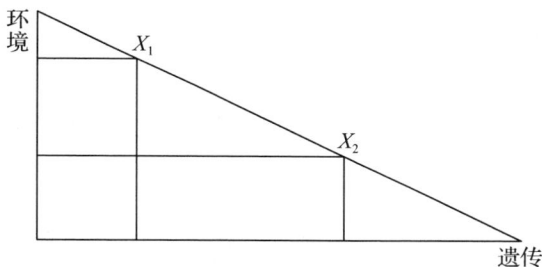

图 2-4　遗传和环境双重作用示意图

辐合论的观点较之绝对决定论的观点稍微全面一些，但仍然把遗传与环境对心理发展的影响看成是相互独立的，倾向于探讨遗传因素的作用更重要，还是环境因素的作用更重要，而忽略了二者的相互作用。

成熟优势论主要探讨遗传与环境对个体发展具有怎样的影响，该理论认为支配发展的因素有两个：成熟和学习。学习与生理上的"准备状态"有关，在未达到准备状态时，学习不会发生，一旦准备好了，学习就会生效。格塞尔通过著名的"双生子爬梯实验"来论证他的"成熟优势论"：一对同卵双生子 T 和 C，双生子 T 在第 48 周时开始训练爬楼梯，每天训练 10 分钟，双生子 C 比 T 迟 6 周开始训练，即于第 53 周开始接受训练，2 周后双生子 C 爬楼梯的速度就赶上了双生子 T 的水平。据此，格塞尔认为影响发展的机制是生理上从不成熟到成熟的变化过程，即为学习做准备的"准备过程"，因此，某机能的生理结构

---

① 刘金花：《儿童发展心理学》，8 页，上海，华东师范大学出版社，2006。

在未达到成熟之前，学习训练不起多大作用，只有在达到足以使某一行为模式出现的发育状态也就是所谓的"成熟状态"时，训练才能奏效。

格塞尔还认为，儿童的发展有一定的生物内在进度表，它与一定年龄相对应。所以他特别重视行为的年龄值与年龄的行为值，并制定了婴儿的"行为发育常模"；同时他也认为在评价个体的成长时不应忽视环境影响，比如文化背景、同胞、父母、营养、疾病、教育等，但这些必须与最初的"素质构成因素"（即成熟因素）联系起来考虑，因为素质构成因素最终决定所谓"环境"的反应程度乃至反应方式。由此可见，成熟优势论实质上还是偏向于遗传决定论或内因论的。

3. 相互作用论

相互作用论是当前普遍认同的观点，主要代表人物是皮亚杰，他假设个体天生有一些基本的心理图式，在个体与外界环境作用时，利用"同化"与"顺应"的机制，不断改变和发展原有的心理图式，最后达到较高层次的结构化，使儿童对环境的适应能力也越来越强。相互作用论强调主体与客体的交互影响，尤其是皮亚杰提出的主体通过自己的"动作"与外部环境发生作用，突出了主体的能动性，这是发展观点的重大改变（皮亚杰的有关理论在本书第四章、第九章中将做进一步介绍）。

相互作用论的代表人物除皮亚杰外，还有法国的瓦龙（H. Wallon）、德国的沃纳（H. Werner）及苏联维列鲁学派的心理学家。概括起来，相互作用论的基本观点包括：第一，遗传与环境对心理发展的作用是互相制约、互相依存的，即任何一种因素作用的大小、性质都依赖于另一种因素，它们之间并不是简单的相加或辐合。第二，遗传与环境对心理发展的作用是相互转化、相互渗透的；也就是说，有时遗传可以影响或改变环境，而环境也可以影响或改变遗传。遗传改变环境的典型例子是 RH 溶血病，如果怀孕的母亲是 RH 阴性，怀的第一个孩子是 RH 阳性，则这个孩子在母体内时，他的血液透过胎盘进入母亲的循环系统而使母亲的血液产生 RH 抗体，而当母亲怀第二个孩子又是 RH 阳性时，母亲的 RH 抗体则会侵蚀该孩子的红细胞，造成流产、死胎、心脏缺陷等问题。又如，有一种"苯丙酮尿症"，由于在遗传过程中，血液中缺乏一种分解苯丙氨酸的酶，以致损害中枢神经系统，造成儿童严重的智力低下，如果在 6 岁以前，通过饮食治疗（通过饮食降低苯丙氨酸），也可以使智力恢复正常。对于"苯丙酮尿症"的治疗就是环境影响遗传的典型例子。第三，遗传与环境对心理发展的作用是动态的。不同的心理或行为，不同的年龄阶段，遗传和环境的作用大小也不同。简单的低级心理机能受遗传、成熟的制约性大，复杂的高级心理机能受环境教育的制约性大。

综上所述，遗传与环境的争论基本上随着相互作用论的兴起告一段落，这个理论改变了过去在遗传与环境问题上的那种"谁比谁重要""谁是决定性"的形而上学的争论，而主要探讨二者是如何起作用的。但相互作用论的观点也并非最完满的发展观，就以皮亚杰的理论来说，他虽然描述了遗传与环境两个因素如何作用而推动了儿童认知结构的完善化，但他还是过多强调遗传的或成熟的影响，而轻视教育的力量，也因此遭到人们的批评。

（二）心理发展的影响因素

1. 遗传是儿童心理发展的生物前提与自然条件

遗传是一种生物现象，通过遗传，每一个人都继承了祖先的许多生物特征，如机体的构造、形态、感官和神经系统特征等。遗传是儿童心理发展的必要生物前提，正常的心理活动必须具备正常的生理和遗传素质，例如，无脑畸形儿生来不具有正常脑髓，因而就不能产生思维，最多只能有一些最低级的感觉，如关于饥、渴的内脏感觉等。同样，如果遗传方面的因素没有为儿童的发展提供所必需的自然条件，无论后天如何教育，都不可能达到相应的效果，例如，一个生来就是全色盲的孩子，就无法辨别颜色，更无法成为画家。

另外，遗传的解剖生理特征，特别是中枢神经系统的特征，在一定程度上也影响着儿童的心理发展。例如，婴儿一出生，就表现出一定的差异，有的比较安静，有的则比较活跃；有的容易安抚，有的则显得焦躁。尽管这些个性特征在后天的生活条件下可以适当改变，但在这些先天的遗传因素影响下，儿童个性形成与发展却出现了差异。

总的来说，遗传是影响儿童心理发展的一个必要条件，但不是决定条件，它只能提供儿童心理发展的自然条件和可能性，而不能决定儿童的发展。譬如，一个儿童生来就具有敏锐的听觉辨别能力和极强的乐感，具有一定的音乐天赋，但如果没有相应的音乐环境或接受相应的音乐教育，也是不可能成为音乐家的。

2. 环境和教育为儿童心理发展提供了重要的现实条件

遗传为儿童的发展提供了可能性，而这种可能性能否成为现实，取决于后天的环境和教育的作用。众所周知，"狼孩"虽然有人的遗传素质，但离开了人类社会生活，和狼生活在一起，依然不能产生人的人格，而只具有狼性（见阅读栏2-3）。如果没有良好的环境和教育，即使是"神童"，也只能成为庸人，王安石笔下方仲永的人生经历就说明了这个道理。

阅读栏 2-3　印度"狼孩"卡玛拉

1920 年，印度人辛格所发现的"狼孩"卡玛拉，当被人从狼窝中发现时，已经 8 岁。因多年和狼生活在一起，脾气、秉性都和狼一样：不会行走，只会爬行；白天潜伏，晚上活动；深夜嚎叫不止；只吃生肉，并且用嘴叼着吃。人们试图通过教育和训练使她恢复"人性"，但收效甚微。她两年多才学会站立，六年多学会走几步路，四年内才学会讲 6 个单词。直到 1929 年临死时（17 岁），她的智商才相当于两三岁孩子的发展水平。尽管人们对她实施了良好的教育，但作为一个人应该具备的习惯和秉性却始终没能养成。

　　资料来源：陈威：《小学儿童心理学》，41 页，北京，中国人民大学出版社，2009。

具体而言，环境指个人身体之外的客观现实，按其性质与作用可以分为物质环境和社会环境两大类。物质环境为儿童的生存和发展提供了必要的物质条件，如水分、空气、阳光、养料等，在人类社会中，还有一个典型的物质环境就是儿童出生前所处的胎内环境，如母亲的身体健康状况，母亲接触烟酒、毒品、药物等的情况，母亲怀孕时的年龄，母亲的情绪状态，以及分娩状况（如早产或难产）等胎内环境因素都可能直接或间接地影响胎儿心理的发展。社会环境主要指儿童所处的社会地位、家庭情况、人际关系和周围的社会风气等社会生活条件，教育是最为典型的社会环境因素，其他社会生活条件在儿童心理发展中的作用往往也是通过教育来实现的，可以说，教育在儿童心理发展中起着主导作用。

总之，环境和教育对儿童心理发展的作用是以遗传所提供的可能性为基础的，它不能超越遗传的作用而决定儿童的发展。正如前所述，无论提供什么样的环境和教育，也不可能将一个天生色盲的孩子培养成画家，不可能将一个天生失聪的孩子培养成音乐家。同样，教育也要以儿童的成熟为基础，遵循儿童的发展规律。所以，遗传与环境对于儿童心理发展所起的作用并不是孤立的，而是相互依存、相互渗透的，它们对心理发展的相互作用可以理解为发展的可能性与现实性之间的辩证关系。

二、心理发展的内在动力

遗传为儿童心理发展提供了生物前提和可能，环境和教育在与遗传的相互作用中将遗传提供的可能性变为现实性，一定程度上决定了儿童心理发展的性质、内容和水平，但环境与教育不是万能的，它只是儿童心理发展的外部原因，其对个体心理发展的作用要通过个体的活动（包括社会实践活动）、主客体相互作用，以引起个体心理发展的内部矛盾来实现，也即儿童心理发展的内因或内部矛盾才是儿童心理不断向前发展的动力。

1. 儿童心理内部矛盾的产生

一般认为，在儿童主体和客观事物（客体）相互作用的过程中，即在儿童不断积极活动的过程中，社会和教育向儿童提出的要求所引起的新的需要和儿童已有的心理水平或心理状态之间的矛盾，是儿童心理发展的内因或内部矛盾。这对内部矛盾，一个是新的需要，一个是原有的水平。需要是指个体内心的一种不平衡状态，表现为动机、目的、兴趣、理想、信念和欲望等。原有的心理水平或状态是儿童在遗传素质基础上逐步形成和发展起来的，当原有的心理发展水平不能适应儿童活动时，就会产生新的需要；当新的心理发展水平形成后，原有的需要就逐步地被"否定"，将会在新的发展水平上产生更新的需要。

儿童心理上的新的需要和已有的水平或状态是统一的、互相依存的。因为需要总是在一定的心理水平或状态上产生的，换言之，需要依存于一定的心理水平或状态。例如，3 岁的儿童，只有最初步的口头言语发展水平，因此，他只能掌握某些日常词汇来表达自己的愿望，来跟别人进行简单的言语交际，而没有掌握书面言语的需要。反过来说，一定心理水平或状态的形成，也依存于儿童是否有相应的需要。例如，小学一年级儿童有了学习加减法的需要，才能逐步掌握加减法的运算。同样，只有儿童进入小学以后，有了掌握书面言语（阅读和书写）的需要，才会推动他努力去提高自己的阅读和书写水平。

儿童心理上的新的需要和已有水平或状态又是互相斗争、互相否定的。因为新的需要总是否定着已有的心理水平或状态，换言之，心理发展的水平或状态总是满足不了日益增长的需要。例如，一岁半左右的儿童，在学会了一些简单的词，如"爸爸""妈妈""娃娃""球球""帽帽"等以后，自己非常高兴，周围的人也很高兴，但是随着这种水平的形成，就会产生新的需要。因为单靠这些简单的词，并不能满足他进一步交际的需要。比如，当他对成人说"帽帽"的时候，并不能使人了解他是要戴帽子，还是要玩帽子，还是帽子脏了，因此，就推动他进一步去学会一些简单的句子。反过来说，一定心理水平或状态的形成，也就意味着对原来的需要的否定，譬如，儿童进入小学以后，形成了从事正式学习的能力和习惯，因而，游戏不再像学龄前那样是他的主导需要了。这就是说，心理水平提高了，原来的需要也就逐步被否定了，在心理水平或状态不断发展的基础上，就会不断地产生更新的需要。

2. 内因与外因的共同作用

儿童心理发展的内部矛盾——内因，是推动儿童心理发展的动力。但是，内部矛盾的运动在任何时候都离不开一定的外因。教育是儿童心理发展的最主要的外因，是儿童心理发展的最主要的条件。内因和外因共同推动着儿童的发展，任何一方面都是不可缺少的。如果只有外因的作用，而儿童没有相应的需要，教育是不可能发挥作用的。而如果只有内因，而没有适当的教育，儿童的心理也无法得到发展。儿童心理如何发展，不是由外因机械决定的，也不是由内因孤立决定的，而是由适应内因的一定外因决定的，也就是说，儿童心理发展主要是由适应儿童心理内因的那些教育条件决定的。

外因是通过内因起作用的。因此，教育要想充分地发挥作用，就一定要考虑到儿童心理发展的内部矛盾，考虑到儿童现有的心理水平和需要。如果教育脱离了儿童发展的实际，不仅不会引起儿童学习的需要，甚至可能产生一些不良的后果，使矛盾向不正常的方面转化，比如使儿童对学习产生厌烦、畏惧心理等。

复习与思考

1. 发展的基本内涵是什么？

2. 个体发展具有哪些主要特点？

3. 什么是儿童发展的"关键期"？根据儿童发展的"关键期"理论，小学教师在具体教育活动中应注意哪些问题？

4. 简述儿童发展的年龄特征及发展阶段。

5. 儿童心理发展的动因有哪些？我们应该怎样看待这些动因？

推荐阅读

1. 陈威. 小学儿童心理学. 北京：中国人民大学出版社，2009.

2. 伍新春. 儿童发展与教育心理学. 北京：高等教育出版社，2004.

3. 张春兴. 现代心理学：现代人研究自身问题的科学. 上海：上海人民出版社，2005.

4. 朱智贤. 儿童心理学. 北京：人民教育出版社，2003.

第三章　小学儿童心理发展的生物学基础

本章重点

- 小学儿童身体发展的一般特点
- 小学儿童身体发展的表现
- 小学儿童运动技能的发展
- 小学儿童规则游戏活动的发展
- 小学儿童的疾病及其对心理发展的影响
- 小学儿童的身体健康与保健

第一节　小学儿童身体的发展

一、小学儿童身体发展的一般特点

处于小学阶段的儿童，身体发展最大的特点是变化不明显，但除此之外，也表现出小学儿童身体发展的如下一般特点[①]。

（一）新陈代谢旺盛

新陈代谢包括同化作用和异化作用两个方面。人体从外界摄取营养物质，变成自己身体的一部分，并且储存了能量，这种变化叫同化作用。与此同时，构成身体的一部分物质不断氧化分解，释放出能量，并将分解的产物排出体外，这种变化叫异化作用。小学儿童正处于长身体的时候，同化作用大于异化作用，所以，他们需要从外界摄取更多的营养物质，以保证正常生长的需要。

（二）体格发育在平稳增长的基础上，出现快速增长

小学儿童处于第一个生长突增期（婴儿期）之后，第二个生长突增期（青春期）之前，体格发育由匀速阶段过渡到青春期早期（10～12岁）的特点——出现快速增长。

---

① 陈威：《小学儿童心理学》，61～63页，北京，中国人民大学出版社，2009。

（三）骨骼逐渐骨化，肌肉力量尚弱

小学儿童的各种骨骼正在骨化，但骨化尚未完全。小学儿童骨骼有机物和水分多，钙、磷等无机成分少，所以骨骼的弹性大而硬度小。儿童不易发生骨折，但容易发生变形，不正确的坐、立、行走姿势可引起脊柱侧弯（表现为一肩高一肩低）、后凸（驼背）等变形。这时儿童肌肉虽然在逐渐发育，但主要是纵向生长，肌肉纤维比较细，肌肉的力量和耐力都比成人差，容易出现疲劳。因此，在劳动或锻炼时，不应该让他们承担与成人相同的负荷，以免造成肌肉或骨骼损伤。写字、画画的时间也不宜过长。

（四）乳牙脱落、恒牙萌出

儿童一般在 6 岁左右开始有恒牙萌出。最先萌出的恒牙是第一恒牙——磨牙，俗称六龄齿。接着乳牙按一定的顺序脱落，逐一由恒牙继替。到 12～13 岁时乳牙即可全部被恒牙替代，进入恒牙期。替牙期是龋齿病的高发期，尤其是乳磨牙和六龄齿很容易患龋，应该注意口腔卫生。

（五）心率减慢，呼吸力量增强

小学儿童的心率约为 80～85 次/分，明显低于新生儿时的约 140 次/分和学龄前儿童时的 90 次/分左右。这时儿童的肺活量也明显增加，对各种呼吸道传染病的抵抗力也有所增强。

（六）进入青春期后，生殖系统开始发育

随着男女生先后进入青春期，小学儿童在生理上、心理上都开始发生巨大的变化。以身体形态发育的突增现象为主，女孩出现月经初潮，男孩出现首次遗精，是进入青春期的标志，在此以前两年左右，女孩最早出现乳房发育，骨盆开始变宽，臀部变圆；男孩睾丸、阴茎开始发育。

二、小学儿童身体发展的表现

小学儿童的身体不断发育和成熟，身体的发展主要表现在躯体骨骼肌肉系统的生长和中枢神经系统等的继续发育和完善上。

（一）身高和体重

如前所述，小学儿童的身体缓慢而稳步地发展，身材的变化不会像入学前那么显著，这种状况一直维持到青春期前夕的"发展期前的爆发"为止。这一时期身高的增加没有体重的增加那么显著。胸围变宽了，躯体变长了，但身体更为细长。到了 8 岁时，手臂和腿的长度比他们在 2 岁的时候增加了 50%，但他们的总高度只增长了 25%。在学龄期结束时，原来 1.1 米高、平均年龄为 6 岁的男孩，在 13 岁时将达到 1.5 米以上，女孩在 11 岁时达到同样的高度。然而平均体重却要翻一番，从 18 千克增加到 36 千克。研究表明，造成发展差异的关键是收入和教育。受过良好教育、家境丰裕的父母，不管是住在城市还是乡村，相对于那些处于较低的社会经济地位的父母，他们的孩子往往长得更高大壮实(参见阅读栏 3-1)。

阅读栏 3-1 能让孩子身高"窜"起来的两大法宝

寒暑假是孩子的"长个儿季节"，大量科学研究证实寒暑假期间孩子新陈代谢旺盛，血液循环加快，呼吸消化功能加强，内分泌尤其是生长激素分泌增多。身高的生长潜力速度是秋天的 2～2.5 倍。家长一定要在此时关注孩子的身高问题，增加营养，加强运动。无论男孩女孩，只要进入幼儿园，就能模糊感觉到自己矮小所带来的不良感受，他们往往容易受到同学的讥笑和欺负，自己也会因外形而产生自卑。矮小儿童个性和心理的行为特点常表现为内向及情绪不稳定，自我意识上也容易出现偏差。数据表明："矮小儿童的抑郁症发生率可达 52%。"如果家有身高暂时跟不上的孩子，一方面要积极寻求科学长高的方法；另一方面则要关注其心理健康，谈话时尽量避免谈及矮小话题，制止小伙伴对孩子的嘲讽及讥笑，同时还应鼓励孩子多参加体育活动，合理膳食，让他们健康活泼地成长。

可以让孩子长高的后天因素：

(1)抓住营养。营养物质是身体增长的"建筑材料"。但人体又不是营养原材料简单的堆积组合，而是把原材料彻底分解直到分子水平，然后再按着每个人各自的建筑蓝图，构建一个全新的个体。这就对建筑材料(营养物质)有两个最基本的要求：一是充足；二是全面。

助长的营养饮食：①优质蛋白：蛋白质的作用是促进生长发育和新陈代谢。组成蛋白质的氨基酸有 20 余种，体内不能合成或合成速度太慢的氨基酸都必须由食物蛋白质供给，又称为"必需氨基酸"。食物中含有的必需氨基酸越多，其营养价值越高。动物蛋白如肉类、蛋、乳均含 8 种必需氨基酸，又称优质蛋白。②多种维生素和矿物质：存在于很多食物之中，如胡萝卜、小白菜、西红柿、柑橘、柠檬、牛奶、蛋黄、鱼、肉及豆类等。③微量元素：如锌、铁、铜、钙、磷等，都是正常生长发育必不可少的元素。

(2)抓好运动。运动可以增进孩子食欲，保证睡眠质量；又能够促进血液循环，加速新陈代谢，使骨骼组织供血增加，使骨骼生长发育旺盛；运动还能促进生长激素的分泌，运动后半小时，生长激素的分泌达到最高峰。特别是运动过后，再进入睡眠，生长激素分泌就会呈脉冲式分泌，这些都将促进孩子生长。有研究表明，睡眠和运动的时候，分泌的生长激素是正常状态下的 3～5

倍，应该让孩子多到户外参加运动，刺激生长激素的分泌。但体育锻炼时注意不要做过强的压力运动，下面分别列述部分利于长高和不利于长高的运动：①利于长高的运动，如跑跳、拍球、跳绳、蹦床、过独木桥、舞蹈、做操、日光浴等。②不利于长高的运动，如负重运动、举重、哑铃、拉力器、摔跤、长距离跑步等。

躯体构造的基本形式也发生了相当大的变化，儿童的躯体在学龄期结束时将产生更大的变化。男女儿童的躯干和手臂都变长了，躯干和臀部变宽，整个骨骼结构变大变宽。而到学龄期结束时，仅仅从躯体形状和大小来区分男孩和女孩是很困难的，性别差异进一步被削弱，因为性别内部的个人差异大于性别间的平均差异。

（二）大脑和神经系统的发展

1. 大脑的发育和大脑活动

（1）大脑的发育。刚出生的新生儿，大脑皮层表面较光滑，沟间较浅、稀疏，构造简单、重量仅有390克，为成人脑重的25％。以后，大脑神经细胞胞体膨大，神经细胞突触数量和长度增加、神经纤维深入到皮层各层，将各层紧密地联系起来。随着神经细胞结构的复杂化和神经纤维的伸长，儿童的脑重逐渐增加，到六七岁时达到1280克，为成人脑重的90％；9岁时约为1350克；12岁时大约是1400克，达到了成人的平均脑重量。

小学阶段，儿童大脑的大部分都在不断增大，其中体积增大最为明显的皮层部位是额叶。生理心理学大量研究表明，额叶与人类的记忆、抑制、思维等高级心理过程密切相关。从人类的种系发展过程来看，额叶增大是现代人类和作为人类祖先的类人猿在脑解剖结构上的重大区别之一。有研究表明：额叶是脑皮层中最晚成熟的部位。因此，在小学阶段，儿童的额叶显著增大在其高级神经活动上，有重大的意义。

小学儿童所有皮层传导通路的神经纤维，在6岁末时几乎都髓鞘化了。这时的神经纤维具有良好的"绝缘性"，可以按照一定的通路迅速传导神经兴奋，极大地提高了神经传导的准确性。在小学阶段，神经纤维还从不同方向越来越多地深入到皮层各层，在长度上也有较大的增长。除了神经纤维的发展，小学儿童脑皮层神经细胞的体积也在增大，突触的数量日益增多，它们的发展共同决定了小学儿童大脑机能的完善。

（2）兴奋和抑制机能的发展。兴奋过程和抑制过程是高级神经活动的基本机能，小学儿童的这两种机能都有进一步增强。大脑兴奋机能的增强表现为儿童醒着的时间较多。新生儿每日需要的睡眠时间平均为22小时，3岁儿童为每日 14 小时，7 岁儿童为每日 11 小时，到 12 岁时每日 9～10 小时就足够了。皮层抑制方面，儿童从大约 4 岁起发展内抑制，随着生活条件和言语的不断发展，促进了儿童的内抑制机能，使得儿童能更细致地分析综合外界事物和调节控制自身行为。但是，与青少年和成人相比，小学儿童大脑兴奋与抑制的平衡性较差，兴奋强于抑制。过分的兴奋容易诱发疲劳，如学习负担过重，长时间用脑会使大脑超负荷兴奋，从而破坏兴奋与抑制过程、第一信号与第二信号系统的正常关系。相应地，过分的抑制会引发不必要的兴奋，使儿童难以忍受。

（3）条件反射的发展。皮层抑制机能是大脑机能发展的重要标志之一，抑制性条件反射是因条件刺激的出现而致使个体反应减弱的现象，对儿童来说意义重大。抑制性条件反射能加强儿童心理的稳定性，提高儿童对外界环境的适应能力。小学儿童由于神经系统结构的发展，以及第二信号系统的发展，尤其是由于学校生活的具体要求（如守纪律等），所以能更快地形成各种抑制性条件反射，并且一旦形成就容易巩固，使学生能更好地分析刺激物，更好地支配自身行为。

（4）大脑的活动特点。小学儿童的大脑活动表现出如下活动特点：①优势兴奋——小学儿童进行学习活动时，其有关的大脑皮层区域处于良好的兴奋状态。若这一区域的兴奋占有优势，就形成"优势兴奋灶"。处于"优势兴奋灶"的儿童有良好的反应能力，条件反射容易形成，学习、活动的能力和效率较高，但它比较容易消失，年龄越小这个特点越明显。②镶嵌式活动——小学儿童在学习时，大脑皮层只有相应部位的细胞群处于兴奋状态，其他部分处于抑制状态，形成兴奋区和抑制区。③动力定型——将条件刺激按固定不变的顺序重复多次后，大脑皮层上的兴奋和抑制过程在空间和时间上的关系就固定下来，由此建立的条件反射越来越稳定、准确。④始动调节——在儿童刚开始学习或活动时，大脑皮层的工作能力较低，以后逐渐提高，这种启动性现象为始动调节。⑤保护性抑制——小学儿童如果连续学习的时间过长，学习难度较大，就会使大脑疲劳，大脑皮层的兴奋转为抑制，神经细胞的活动降低，使大脑细胞暂时休息，出现保护性抑制。

2. 神经系统的发育

由于神经的髓鞘化尚不完善，兴奋过程占优势，并且容易扩散，因此儿童易激动，易疲劳。6 岁左右的儿童大脑半球的一切神经传导通路几乎都完成髓鞘化，使他们反射能力增强，条件反射的形成比较稳固。7～8 岁的儿童细胞分化基本完成，儿童运动的正确性、协调性得到一定发展。13～14 岁时，能较快地建立各种条件反射，但仍较难掌握复杂精细的动作。

（三）身体其他系统和组织的发展

1. 骨骼和肌肉系统的生长

儿童在 6～7 岁时开始用韧带固定颈椎前凸、胸椎后凸和腰椎前凸这 3 个生理弯曲，以利于身体平衡，因此应注意儿童坐、立、走的姿势和选择合适的桌椅，以保证儿童脊柱的正常形态。

学龄前儿童的肌肉有一定的负重能力，9～10 岁时男孩肌肉约占体重的 45.9%，最后超过 50%；女孩 9～10 岁时为 44.2%，然后则维持不变或略下降。

2. 呼吸和循环系统的发育

呼吸系统由呼吸道和肺两大部分组成。呼吸道由鼻、咽、喉、气管等组成。小学儿童鼻腔相对短小，鼻黏膜柔嫩，容易受感染，并且一般的感染即可引起充血、鼻塞、流涕，反复发作者易犯鼻炎。咽相对狭小且垂直，扁桃体随着淋巴组织的发育逐渐增大，4～10 岁达到高峰，12～14 岁以后又逐渐退化，所以扁桃体肥大和咽喉炎在孩子中较常见。肺是实现气体交换的重要器官，六七岁儿童的肺泡结构与成人基本相同，但数量较少，容量较小。随着年龄增长和体格的发育，肺容量逐渐加大。

循环系统是由心脏和各种血管以及血管内流动的血液共同构成的一个封闭的、连续的管道系统。儿童心脏心肌纤维短而细且间质小，重量和容量比成人小，随年龄增长心肌纤维增多增粗，收缩功能加强。6～7 岁后儿童左心室壁厚度超过右心室。心脏的容积 7 岁时约为 100～120 毫升，以后增长相对缓慢。至青春期又迅速增长，14 岁时达 130～150 毫升。孩子新陈代谢旺盛，心肺发育不完善，只有增加心跳的频率使心脏每分钟的射血量增加来适应组织的需要，因此，孩子的心率比成人快。约 10 岁以后，随着支配心肺神经发育的完善，心率才逐渐稳定（见表3-1），经常参加体育锻炼的孩子的心率可相对较慢。

表 3-1　平静时不同年龄儿童心脏每分钟收缩次数和每搏输出量

年龄（岁）	平均心率（次/分）	心脏每搏输出量（毫升）
5	100	18.2
7	92	23.0
8	90	25.0
10	86	29.0
12	82	33.4

孩子肺、肾、皮肤等处毛细血管丰富且血流量大，供血多时，身体得到的营养和氧气充足，有利于生长发育。10 岁以前肺动脉较宽，至青春期主动脉的直径开始超过肺动脉。年龄越小血管壁越薄，血管的弹力越小。到 12 岁时动脉结构与成人相似，青春期后，血管的发育则落后于心肺的发育。孩子因心脏输出量小，血管内径相对较大，血液在血管内流动的阻力小，所以血压低于成人。随着年龄增长，心脏收缩力加强，血管的弹性有所降低，外周阻力有所加大，故血压逐渐增高，直至到达正常生理水平。青春期后期，由于性腺、甲状腺分泌旺盛使神经兴奋性增高，加之血管生长落后于心肺，有些孩子可能出现暂时的血压偏高现象。这种情况会随着年龄增长和内分泌机能的稳定而逐渐改善。由于儿童体内杀菌能力强的中性粒细胞少，而杀菌能力弱的淋巴细胞多，所以儿童免疫功能较弱，易患传染病。

第二节　小学儿童运动能力的发展与身体健康

一、小学儿童运动能力的发展[①]

（一）小学儿童运动技能的发展

小学儿童精力旺盛，朝气蓬勃，充满生命的活力，在校内校外参加各种体育活动和游戏活动，喜欢玩各种乐器、模型制作和手工劳动，通过活动进一步提高了他们大运动和精细运动能力。由于小学儿童身体的生长、肌肉力量的增强和中枢神经系统的发育成熟，改善了他们的运动协调能力。与此同时，认知能力的提高和社会技能的发展使他们能掌握更复杂的运动技能并把它们运用到各种体育竞赛活动和日常生活中去。

1. 大运动能力的发展

小学儿童大运动能力的发展表现在跑、跳、掷、踢等控制身体各种动作活动的进一步完善。在各种活动中他们表现出完美协调的运动技能，他们动作活动的灵活性、力量、平衡和敏捷性（包括速度和准确性）进一步完善和提高。这一提高与小学儿童信息加工能力的提高有关，比如有研究表明，14 岁儿童对刺激物的反应时比 6 岁儿童的反应时快一倍，信息加工速度的提高，为儿童掌握更复杂的运动技能提供了前提。

---

① 方富熹，方格：《儿童发展心理学》，406～410 页，北京，人民教育出版社，2004。

小学儿童大运动能力的发展存在性别差异。女孩在涉及平衡、敏捷性方面的动作活动（如玩"跳房子"游戏、走平衡木等）优于男孩，而男孩在涉及力量、速度方面的动作活动如投掷、踢球、击球等优于女孩。尽管从生理上看，男性的肌肉组织比女性更加丰厚，但光从生物遗传因素还不足以说明大运动发展的性别差异。有研究指出，成人的体育性别成见影响孩子的自信和行为表现，因此，成人要帮助女生提高认识，增强参加体育运动的自觉性。

2. 精细运动能力的发展

小学儿童随年龄的增长，其精细运动能力也在稳定地改善，这主要表现在双手的协调能力进一步提高，他们的手更巧，能准确灵巧地完成各种复杂的动作活动，制造出各种越来越精美的手工产品。小学儿童精细运动能力的发展也明显地表现在书写技能和绘画技能的发展上，比如，小学高年级儿童能形成自己独特的字体笔迹，比较流利地记课堂笔记，已能把自己的想法用绘画的方式清晰地表达出来。

家长和教师鼓励小学儿童参加各种体育、艺术活动是十分重要的。因为通过这些活动小学儿童不仅发展了各种大运动、精细运动技能，而且能增强体质，陶冶性情，发展各种社会交往的能力。在整个小学阶段，儿童也在不断地探索和审视自己能干什么，善于干些什么。当他发现自己有某种兴趣爱好和特长的时候，他就更乐于参加他认为适合自己的活动，使某种特长或技能得到更充分的发展，从而使他受用终身。更为重要的是，成人要善于为小学儿童提供各种选择的机会。

（二）规则游戏活动的发展

除了学习，游戏也是儿童日常生活的重要组成部分，不过，小学儿童的游戏与幼儿的"假装"游戏不同，是一种讲究游戏规则的竞争性游戏，因此小学儿童的游戏又称"规则游戏"。

游戏活动的发展带有普遍性，小学儿童都喜欢玩规则游戏。一类规则游戏是成人组织的体育活动，如各种球类活动，他们有明确的正式比赛的规则，如篮球比赛规定打满一场球所需的时限，哪些动作属于犯规等等，小学儿童参加这类活动需要学习有关的规则。但小学儿童已开始认识到规则是人为制定的，只要参与者同意就可以修改这些规则或制定新的规则，因此，经常可以发现小学儿童在进行游戏前讨论有关规则，这些规则有些是对来自成人体育活动规则的一知半解的知识，有些是他们自创的，对双方都是"公平"的，可以接受的。另一类是儿童自己组织的规则游戏活动，如"跳房子""抛石子""捉人"等。这一类游戏活动的规则完全是儿童自己创造的，并随情境而改变。

如何依据小学儿童规则游戏活动的发展特点在学校中开展体育教育，仍是当前正在探索的问题。但最为重要的是，能够使小学儿童从小重视体育锻炼，形成积极健康的生活方式。因此，在组织小学儿童参加成人（如体育教师）领导的体育训练活动时要允许儿童自由选择适合自己的活动，不要强迫他们参加不喜欢的活动；对于低年级、中年级小学儿童要强调基本技能的训练，如打乒乓球如何击球、接球，踢足球如何控球、传球等，要简化游戏比赛规则，使每个参加者都有足够玩的时间；要承认个别差异，要允许每个儿童按照自己的步速练习和取得进步，要让儿童在规则游戏中感受到乐趣。

二、小学儿童的身体健康

（一）小学儿童的身体健康与疾病

1. 小学儿童身体健康的标准

小学儿童的身体健康应从以下几个方面来衡量：

第一，身体形态发育水平。即体型、姿势、营养状况、体格以及身体成分等。

第二，生理功能水平。即机体新陈代谢水平以及各个器官、系统的工作能力。

第三，身体素质和运动能力发展水平。即心肺耐力、柔韧性、肌肉力量和耐力、速度、爆发力、平衡、灵敏、协调、反应时等素质，以及走、跑、跳、投、攀爬等身体活动能力。

第四，适应能力。即对内外环境条件的适应能力、应急能力和对疾病的抵抗力。

小学儿童身体健康标准有以下指标：

形态指标——包括身高、体重、胸围、坐高、骨盆宽、肩宽等。

机能指标——脉搏、肺活量、血压等。

素质指标——50米跑、立定跳远、引体向上（男）、仰卧起坐（女）、"50米乘8"往返跑、立位体前屈等。

体格检查的项目有：视力、沙眼、心脏、肺、肝、脾、龋齿、脊柱侧弯、扁平足等。

2. 小学儿童的健康状况

由于免疫系统越来越有效，能够抵御细菌和病毒的入侵，年长的儿童比年幼的儿童更健康。急性病，如感冒和肠道感染仍是最常见的疾病，但发病率日趋下降，而慢性病则开始上升。

我国小学儿童的体质健康状况随着经济社会的发展进步、国民生活水平的不断改善以及教育事业的发展已经得到了持续的改善。学生形体发育水平继续提高，身高、体重等形态指标继续呈增长趋势。几种常见病的患病率下降，贫血患者率降低。但是，中小学生的体能素质却在大幅下降；肥胖儿童增多；学生近视眼患病率居高不下；农村地区学生口腔保健水平仍然较低。

3. 小学儿童的疾病及其对心理发展的影响

小学儿童不传染的常见疾病有近视眼、龋齿、单纯性肥胖、营养不良、贫血、蛔虫感染和脊柱弯曲异常。据统计，小学儿童的近视眼患病率在 $25\%\sim30\%$，一旦近视，对学习和生活都会造成一定的妨碍，儿童一定要学会正确用眼以预防近视。如果出现视力下降趋势，就要寻找下降原因，并采取辅助治疗手段。

小学儿童最常见的口腔疾病莫过于龋齿，也就是虫牙。我国儿童的乳牙龋齿患病率为 $80\%\sim90\%$，恒牙患病率为 40%。预防龋齿的方法主要有三点：使用含氟牙膏、窝沟封闭和早期填充。

不良的饮食习惯和不合理的饮食结构是导致小学儿童缺铁性贫血的重要原因。小学儿童一定要注意从食物中充分补充铁元素，另外增加维生素 C 的含量以促进铁的吸收。

蛔虫病是中小学生最常见的肠道寄生虫病。不剪指甲、饭前不洗手、生吃未洗净的瓜果和蔬菜、把手放在口中等不卫生的习惯，都是导致蛔虫感染的原因。蛔虫的防治应以预防为主，培养儿童良好的个人卫生习惯(参见阅读栏 3-2)。

脊柱弯曲异常是小学儿童中容易发生的姿势缺陷。主要原因是经常坐姿不正确、缺乏体育活动、营养不良和疾病。防止脊柱弯曲异常的方法有正确使用双肩书包、不背负过重物品、坚持体育锻炼和养成正确的读写、站立姿势。营养不良和儿童肥胖也是小学儿童中常见的健康大敌。

疾病会引发小学儿童一定的心理反应，有些疾病本身能影响脑功能而造成儿童心理障碍，如甲状腺功能亢进会导致儿童易怒、急躁、情绪兴奋或抑郁等。另外，儿童也会由于患有疾病而自发产生一定的心理压力，比如，不自信和自我认识的缺陷等。

阅读栏 3-2　小学儿童偏畸习惯及其矫治

儿童偏差行为中一部分属于不良癖好或偏畸习惯，如肌肉抽搐、口吃、吮吮手指、咬指甲、拔毛发等，对儿童的生活学习带来一些不良影响。生下后几个月的儿童常常有吮吸手指的现象，一般随年龄增长而消失。但有的儿童到了幼儿期或学龄期仍然吮吸手指，这就不正常了。有的还会影响牙齿发育，导致牙齿咬合不正。产生这种现象的原因可能纯粹是习惯使然，也可能是由于儿童比较孤独、没有玩具、缺少人际交流，以至于把咬手指作为一种自慰的方式。

咬指甲常见于 3～6 岁儿童，小学儿童中也有，少数可延续至成年期。若干严重的可将指甲周围的皮肤咬出血，引起感染，由咬指甲引起的分心使有的学生无法集中精力听课。从儿童常常在情绪紧张时咬指甲这一现象，可推知咬指甲可能是缓解焦虑的方法之一。

对于吮吸手指、咬指甲一类的知易行难的问题，一般采用行为矫治法予以处理。可以采用厌恶疗法，在手指上涂上苦味剂，或戴上手指套。国外还采用腭槽疗法，即用一种金属丝编织的装置覆盖整个口腔顶部，并紧紧附着于牙齿上，使牙齿保持正常位置。当儿童吮吸手指时，因手指不能与腭部接触，减少了手指对硬腭刺激所带来的强化作用，同时可预防牙齿咬合不正。国内已有小学教师用行为矫治法治疗小学儿童咬指甲获得成功的实例。

(二)小学儿童的身体健康与保健

1. 营养

(1)营养不良。学龄儿童比成人需要更多的、高质量的蛋白质以供身体的发展，需要更多的能量(单位为卡路里)以满足他们高能量的需求(见表 3-2～表 3-5)。

表 3-2　各年龄每日能量摄入量

年龄(岁)	全日能量(千卡)	
	男	女
7	1800	1700
8	1900	1800
9	2000	1900
10	2100	2000
11～12	2400	2200

蛋白质提供的能量应占膳食总能量的 12%～14%；脂肪适宜摄入量应占总能量的 25%～30%；碳水化合物是人类膳食中提供能量的主要来源，小学儿童膳食中碳水化合物适宜摄入量占总能量的 55%～65%。另外，矿物质、维生素对学龄期儿童来说也是必不可少的。

表 3-3　学龄期儿童常量元素和微量元素的适宜摄入量（毫克）

年龄（岁）	钙	磷	钾	钠	镁	铁		碘	锌		硒	铜	氟	铬
7	800	700	1500	1000	250	12		90	13.5		35	1.2	1.0	30
11	1000	1000	1500	1200	350	男	女	120	男	女	45	1.8	1.2	40
						16	18		18	15				

表 3-4　学龄儿童营养——矿物质

钙	6～10 岁钙的适宜摄入量为 800 毫克/天。奶和奶制品是钙的最好食物来源。
铁	铁缺乏除了引起贫血外，也可能降低学习能力、免疫和抗感染能力。动物血、肝脏以及红肉是铁的良好来源。
锌	儿童缺锌的临床表现是食欲差、味觉迟钝甚至丧失，严重时引起生长迟缓，性发育不良及免疫功能受损。贝壳类海产品、红肉、动物内脏等都是锌的良好来源。
碘	碘的缺乏在儿童期的主要表现为甲状腺肿。儿童少年膳食碘的推荐摄入量，6～10 岁为 90 微克/天，11～13 岁为 120 微克/天，含碘最高的食物是海产品，包括海带、紫菜、海鱼等。

表 3-5　学龄儿童营养——维生素

维生素 A	儿童维生素 A 缺乏的发生率远高于成年人。动物肝脏含有丰富的维生素 A，植物性食物只能提供维生素 A 原-类胡萝卜素。
维生素 B	广泛存在天然食物中，动物内脏和没有加工的粮谷类等。
维生素 C	我国儿童少年膳食维生素 C 参考摄入量为 6 岁 70 毫克/天，7 岁 80 毫克/天，11 岁 90 毫克/天，新鲜的蔬菜和水果是维生素 C 丰富的食物来源。

　　学龄儿童营养不良的原因很多，如不吃早餐、偏食、厌食、吃太多零食甚至减肥等。营养不良和身体状况不良经常是同时出现的，它们同时削弱了可用于学习和社交的能量和时间。有研究指出，在营养不良的儿童中，存在着反应

性和注意力的下降；另外，营养不良的儿童容易疲劳且不能维持长期的身体或精神的努力。对营养不良儿童的研究表明，身高较矮和心理能力测验的低分数之间存在显著的相关关系。

（2）营养过剩——肥胖。世界卫生组织营养委员会强调，当今营养不良的概念需要重新定义，它不再仅仅指营养缺乏，还应该包括营养过剩问题。其实没有真正的过剩，而是营养失衡。脂肪摄入量过多将增加肥胖以及成年后心血管疾病、高血压和某些癌症发生的危险性。一个不活跃的儿童如果饮食过量，则容易造成终身的肥胖。

肥胖通常用肥胖度和体质指数（Body Mass Index，BMI）进行判断。

$$肥胖度 = \frac{实测体重 - 标准体重}{标准体重} \times 100\%$$

20％以上视为肥胖，20％～30％为轻度肥胖（Ⅰ度肥胖），30％～50％为中度肥胖（Ⅱ度肥胖），50％以上为高度肥胖（Ⅲ度肥胖）。

$$BMI = \frac{体重(kg)}{\left[身高(m)\right]^2}$$

若 BMI 在 20～25 之间为正常；25～27 之间为超重；在 27～30 之间为轻度肥胖（Ⅰ度肥胖）；30～34 之间为中度肥胖（Ⅱ度肥胖）；若大于 40，则属于重度肥胖（Ⅲ度肥胖）。

中国青少年研究中心对全国六大城市 2500 名中小学生进行的调查结果显示，孩子营养过剩问题非常突出。营养过剩对儿童造成的危害主要在以下四个方面：①体重超标。血脂高的肥胖儿童更容易发生脂肪肝、脂肪性肝炎。医学研究表明，在肥胖儿童中脂肪肝的发生率可达 31.4％，患脂肪性肝炎达 7.8％。肥胖发生的年龄越小，肥胖病史越长，各种代谢障碍就越严重，成年后患糖尿病、高血压、冠心病、胆石症、痛风等疾病的危险性就越大。②儿童性早熟。儿童在生长发育过程中盲目进补、摄入过量激素可能导致性早熟，扰乱儿童自身的内分泌状态。在生理上可能导致骨骺提前闭合，影响最终身高；在行为上可能导致儿童由于性器官的过早发育和性意识的过早觉醒而产生早恋、早婚，甚至性攻击、性犯罪等问题行为。③儿童龋齿率上升。进食过多高蛋白高能量的黏糊状食物，使营养物质在乳牙边积累是龋齿的温床。④心理问题。肥胖儿童常被同伴嘲笑，因此肥胖儿童比正常体重儿童容易表现出更多的心理问题，如孤独、自我封闭、逃避社交，进而形成一种恶性循环。

对于儿童肥胖的干预方法主要有以下四种：第一，膳食干预。膳食干预也叫饮食调整，包括控制摄入的总能量和调整饮食结构。儿童处于生长发育阶段，在控制总能量摄入的同时也要保证蛋白质、维生素、矿物质和微量元素的充足供应，禁忌饥饿和半饥饿疗法。第二，运动干预。研究表明体力活动过少，比摄食过多更容易引起肥胖。有氧运动可以通过增加能量消耗促进脂肪分解，减少体内脂肪的积蓄。肥胖儿童的运动应为中、低强度有氧运动，持续时间应达到 20 分钟以上，应着重有体重移动的运动，在运动中距离比速度更重要。快走、慢跑、游泳、踢毽子、跳橡皮筋、爬楼梯、跳绳等运动方式都是富有趣味性、易于实施、便于长期坚持的。第三，行为干预。行为干预是通过矫正肥胖儿童的行为偏差，建立健康的生活方式，达到长期控制体重和预防肥胖的目的。肥胖儿童多具有相似的饮食和运动行为特点，如进食速度快，非饥饿状态下进食，睡前进食，喜好高脂高糖食品，较少户外活动、看电视、玩电脑时间长等。干预的内容涉及饮食行为和运动行为两个方面。主要包括减慢进食速度、减少非饥饿状态下进食、减少快餐次数、减少静坐时间、多进行户外运动等。第四，心理干预。往往在上述三种干预治疗的同时进行，其目的在于激发儿童及家长的强烈的减肥欲望，克服各种心理障碍，增强自信心，消除自卑心理，树立健康的生活习惯。

2. 睡眠

小学儿童如果不能够获得充足而良好的睡眠，会影响到智力发育，造成情绪、行为、注意力等方面的问题，对生长发育和学习记忆力的影响尤为明显。国外的研究表明，学龄儿童中睡眠问题的发生率为 10％～45％。儿童睡眠问题与多种因素有关，母亲孕期情绪不好和服用过量药物的，儿童睡眠问题较为严重。上学年龄偏小、儿童偏食、父母管教方式、家庭气氛、与父母合床等都对儿童睡眠产生影响。对于中国学龄儿童的睡眠不足的现状而言，学校课业负担过重则是首要的危险因素。调查显示，超过 70％的中小学生均存在睡眠不足的情况。

让儿童养成良好的睡眠习惯，专家建议如下：①每日睡眠时间不少于 8 小时；②养成合理的睡眠作息时间并遵守这一时间表；③午休时间不宜过长，一般不超过 45 分钟；④晚上睡觉时卧房保持安静、舒适和无灯光；⑤卧房最好不要摆放电脑、电话、电视等可能影响睡眠的电器；⑥最好不要与父母同睡；⑦晚饭后不饮用浓茶、咖啡等兴奋性饮料；⑧睡前不进行剧烈运动和情绪波动；⑨不在床上玩电子游戏等，床只是睡觉的地方；⑩不宜边听音乐或看电视边入睡；⑪学习日与休息日的睡眠作息时间相差不超过 1 小时；⑫家长重视孩子的睡眠时间与质量，有问题应及时寻求专业帮助。

3. 体育锻炼

体育锻炼对促进小学儿童生长发育、增强体质等具有重要的作用。而小学儿童的体育锻炼应适应小学儿童的年龄、性别和健康状况等特点。

小学时期的儿童骨骼钙化程度较低且富有弹性，不易骨折但容易发生变形，而且正处于脊柱发育阶段，因此，一定要注意坐、立、行走的正确姿势，预防脊柱弯曲异常的发生。根据肌肉在此阶段的发展规律，在选择运动项目时应当考虑加强足部弹跳训练、锻炼足弓承担自身体重、预防扁平足的发生。由于神经系统的快速发育，可以进行平衡、反应、灵敏、协调和柔韧等能力的训练。但运动强度不要太大、形式要多样、运动和休息频繁交替，不宜进行心脏负担过重的耐力性运动，多进行跑、跳、投掷、游泳、广播体操等基本机能的训练。对于不同体质和健康水平的学生，相同的运动负荷可能导致不同的结果。因此，在学校体育中，应根据学生身体的发育水平、功能状况、有无疾病及其程度等情况进行分组。

小学儿童的体育锻炼应遵循以下基本原则：第一，经常锻炼。只有坚持体育锻炼，保持锻炼的时间、次数、负荷的连续性，才能获得体育锻炼的良好效果。第二，循序渐进。儿童机体对各种体育锻炼项目都有一个逐步适应的过程。锻炼时要根据身体的不同发育水平制订运动量、动作难度和复杂性可衔接的训练计划，循序渐进地逐步提高身体素质和运动能力。第三，全面锻炼。不要片面追求运动成绩或过早侧重于单项训练，应当利用多样的运动项目促进身体在力量、速度、灵敏、耐力、柔韧、协调和平衡等方面的发展，使上下肢和躯干、粗大和细小肌肉、伸肌屈肌、腹部和腰部都得到锻炼。第四，要有准备活动和整理活动。运动前的准备活动能给神经系统和心血管系统时间，以提高其活动水平，消除肌肉和关节的僵硬状态，减少受伤的可能。剧烈运动之后进行慢跑、行走等整理活动，能逐渐恢复植物性神经系统的安静和身体其他部分的供血，以避免"重力性休克"。第五，运动和休息要适当交替。适当休息不仅可以避免生理功能的超限负荷，还能防止过度训练和运动型创伤的发生。但过长的休息时间又会加大再次调动机体活动水平的困难，增加开始运动的惰性，因此要保证合适的休息。

复习与思考

1. 小学儿童身体发展的一般特点有哪些？
2. 小学儿童身体健康的标准有哪些？

推荐阅读

1. 方富熹，方格. 儿童发展心理学. 北京：人民教育出版社，2004.

2. [美]卡尔森. 生理心理学. 苏彦捷，等译. 北京：中国轻工业出版社，2007.

3. [英]茉莉娅·贝里曼，戴维·哈格里夫，马丁·赫伯特，安·泰勒. 发展心理与你. 陈萍，王茜，等译. 北京：北京大学出版社，2000.

第四章　小学儿童的认知发展

本章重点
- 皮亚杰的儿童认知发展理论
- 维果茨基的儿童认知发展理论
- 信息加工理论的儿童发展观
- 小学儿童注意、感知觉、记忆、思维、想象的发展

　　认知是一个范围很广的概念，涉及知识的获得、加工、组织和应用的复杂的心理活动。从广义上说，认知就是指人的认识过程，包括注意、知觉、记忆、思维、想象等。狭义地说，认知就是思维或记忆。发展心理学家研究认知主要想解决两个问题[①]：一是描述儿童的认知功能是如何随年龄的变化而发展的；二是说明或揭示儿童认知功能变化的因素或机制。

第一节　儿童认知发展理论

　　儿童心理学对认知发展的探讨主要受三种理论的影响：一是皮亚杰的儿童认知发展理论；二是维果茨基的儿童认知发展理论；三是信息加工理论。

一、皮亚杰的儿童认知发展理论

　　从 20 世纪 20 年代起，皮亚杰就开始研究认知发展。他发现，在智力测验中对智力的评估是基于一个人正确回答问题的数量和类型来衡量的，然而，为什么同龄儿童会犯同样的错误呢？为此，他采用临床方法研究儿童的错误概念，结果发现年幼儿童不仅仅是没有年长儿童聪明，而且他们的思维过程完全不同。后来皮亚杰建立了自己的实验室，就认知的发展进行了长达 60 年的研究，主要探讨认知的发展过程，并试图发现儿童认知发展是如何从一个阶段过渡到另一个阶段的。

---

　　① 　刘金花：《儿童发展心理学》，77 页，上海，华东师范大学出版社，2006。

阅读栏 4-1　临床法

"临床法"也称为临床访谈法，是皮亚杰学派首创的应用于儿童心理研究的一种方法，主要指研究者通过对儿童心理进行观察、与儿童谈话、让儿童操作实物三个方面来了解、分析和综合儿童心理发展规律的一种方法。

（一）皮亚杰的儿童发展观

1. 动作的重要性

皮亚杰十分重视动作在儿童认知发展中所起到的重要作用。他认为，儿童的心理既不是起源于先天的成熟，也不是起源于后天的经验，而是起源于主体的动作。皮亚杰强调儿童与环境之间的相互作用，认为正是这种主体与客体之间的相互作用使儿童的心理不断地得以发展，而这种主体与客体之间的相互作用正是通过儿童的动作来完成的，这种动作的本质是主体对客体的适应。所谓适应，皮亚杰认为是有机体应对环境所需要的能力。例如，一个饥饿的婴儿抓起奶瓶，将它送到嘴边的行为就是一种适应性行为，一个迷路儿童问路的行为也是一种适应。随着儿童的成熟，他们获得的更复杂的"认知结构"能够帮助他们很好地适应环境。

2. 认知结构

认知结构也称为"图式"，是用来应对或解释某些经验的有组织的思维或行为模式。例如，许多3岁左右的儿童认为太阳是活的（有生命的），因为它会在早晨升起，晚上落下。皮亚杰认为，这些儿童就是根据"会动的东西都是活的"这样一个认知图式来操作的。人最初的图式来源于先天的遗传，表现为一些简单的反射，如抓握反射、吸吮反射等，也称为"遗传性图式"。以后在适应环境的过程中，原有的图式不断地得到改变，进而丰富起来，通过适应逐步建构出新的图式。任何年龄的儿童，都是基于先前的认知图式来理解周围世界的，但由于不同年龄的儿童有不同的认知图式，所以年幼儿童和年长儿童对于同样的事物常常有不同的反应。

3. 同化与顺应

皮亚杰认为儿童心理发展的真正原因就是儿童通过动作而完成的对于客观环境的认识，即主体通过动作对客体的适应。适应的本质在于取得机体与环境的平衡，达到平衡的具体途径有同化与顺应两种形式。

同化是指主体将其所遇到的外部信息直接纳入现有的图式或认知结构中去的过程。譬如，某3岁儿童认为太阳是活的，这并不是成人教给他的，而是儿童基于自己的经验建构出来的。因为他看到过很多会动的东西都是活的，因此认为所有会动的东西都是活的，也就有了"太阳是活的"的看法。

顺应是指主体通过调整自己的图式或认知结构，以使其与外界信息相适应的过程。如上例中，随着儿童的成长，他会看到许多东西虽然会动，但不是活的，比如纸飞机、遥控玩具等。这时儿童的原有图式和现实之间就有了矛盾（皮亚杰称为"不平衡"），于是儿童会逐渐对"会动的东西是活的"这个图式加以修正或改变，以更好地解释他们所遇到的事情。

皮亚杰指出，同化和顺应并不是彼此分离的两个独立的过程，二者是相互联系、相互依存的。在同一个认知活动中常常包含着两个过程，只是在某些活动中同化占支配地位，而在另一些活动中顺应占支配地位。因此，在任何时候，个体都可以通过同化和顺应这两种形式来达到机体与环境的平衡。

4. 影响儿童发展的因素

皮亚杰认为，支配儿童发展的因素主要有四个：成熟、物理环境、社会环境和平衡。

成熟是指机体的生长，特别是神经系统和内分泌系统的成熟。生理上的成熟为儿童的认知发展提供了必要的条件，但是，单靠成熟本身并不能使儿童获得认知发展。

物理环境因素包括物体经验和数学逻辑经验。物体经验是个体作用于物体得到来自物体本身的经验。数学逻辑经验是高级的抽象经验，是个体在作用于客体的过程中，从动作过程中得到的，是辨别动作中相互协调的结果。例如，在认识数与排列的关系上，虽然两列棋子一样多，但3岁前的儿童可能认为分散排列的棋子多，而更大一些的儿童则知道数量与排列无关。这个经验是从动作过程中得到的，更大一些的儿童从排列棋子的动作过程中得知不管怎样排列，其数量不变，这个经验是来自动作协调的结果，而不是来自客体本身。物理环境是影响儿童发展的一个重要因素，但它不起决定作用。

社会环境包括社会生活、文化教育、语言等。它同样也是儿童心理发展的必要条件，而不是充分条件。皮亚杰认为，环境与教育只能促进或延缓儿童的心理发展，而不能对儿童的心理发展起决定性的作用。

平衡就是个体保持认知结构处于一种稳定状态的内在倾向性。这种倾向性是潜藏在个体发展背后的一种动力因素。当某种作用于儿童的信息不能与其现有的认知结构相匹配时，就会引起一种不平衡的状态，其内部感受是一种不协调、不满足感，儿童会努力地去克服这种消极感受，以恢复旧的平衡或建立新的平衡。这种不断的平衡—不平衡—平衡的过程就是适应的过程，也是儿童心理发展的本质和原因。

（二）儿童认知发展的阶段

皮亚杰提出了认知发展的四个主要阶段：感知运动阶段（0～2岁）、前运算阶段（2～7岁）、具体运算阶段（7～11岁）和形式运算阶段（11岁以后）。皮亚杰认为这些阶段的发展顺序是一定的，不可逾越和逆转，所有儿童都是按照这四个阶段发展。这些阶段之间有着质的差别，每个阶段都有它独特的图式，标志着这个阶段的年龄特征。同时，每两个阶段之间又不是截然分开的，而是有着一定的交叉和重叠。

尽管皮亚杰认为认知发展四个阶段的顺序是不可改变的，但他也承认，儿童进入特定阶段的年龄存在很大的个体差异。文化及其环境因素可以促进或延缓儿童认知的发展速度，因此，达到各阶段的年龄标准只是一个粗略的估计。

1. 感知运动阶段（0～2岁）

在这个阶段，婴儿主要使用感知、动作来探索环境并获得关于环境的基本知识。在刚刚出生时，他们只能做一些简单的反射活动，到了感知运动阶段的后期，他们能够做一些较复杂的协调动作。

这个阶段两个主要的发展是客体永存性（object permanence）和表象思维。客体永存性是指当物体不在眼前或通过其他感官不能察觉时仍然认为物体是存在的。表象思维指的是对外界刺激形成好的心理表征或观念，例如，一个具有表象思维的婴儿在头脑中对他所喜爱的拨浪鼓有良好的表象，无论拨浪鼓是否在他眼前，他都能够回忆起它，思考它。表象思维发生在感知运动阶段的末期，通常是儿童出生第18个月以后，不会晚于第24个月。

2. 前运算阶段（2～7岁）

前运算阶段的儿童已经可以凭借表象来进行思维，并开始使用符号（如词汇或物体）来代表和理解环境中的事物，可以说，符号功能的出现是这一阶段的标志。这一阶段儿童能够根据物体和事物的不同性质来对它们做出不同的反应。但是，他们的思维仍然是直觉的，缺乏逻辑，而且表现出明显的自我中心特征。具体而言，这一阶段儿童思维活动具有如下特点：

（1）自我中心性。儿童总是站在自己的角度看问题，不能协调自己和别人的想法，不能从对方的立场或观点考虑问题。如图4-1所示三山实验，就很好地说明了这一点：实验者从A、B、C、D四个角度拍摄照片，前运算阶段的儿童站在上述四个位置之一，给他们看拍摄照片，让他们根据自己看到的情境选择一张正确的图片，这是没有问题的，但要求其挑选出对面位置上的人所看到的是哪张照片时，就很难完成了。另外，受自我中心思维影响，此阶段儿童说话往往也是以自我为中心的。

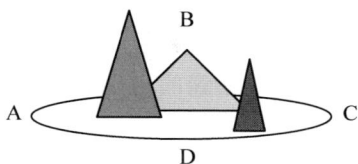

图 4-1　三山实验

（2）泛灵论。此阶段儿童经常会将无生命物体赋予生命或者生命特质（如具有动机和意图）。例如，4 岁儿童认为风吹来是给他降温的，这表明，幼儿很可能表现出"泛灵论"逻辑。

（3）现象学因果论。对因果关系的认识具有局限性，若两件事情连续发生，此阶段儿童会认为第一件事情是引起第二件事情的原因。

（4）相对的具体性。此阶段儿童能借助表象进行思维活动，据此可以进行各种象征性游戏、延迟性模仿以及绘画活动等，但还不能进行抽象思维。

（5）不可逆性。在儿童的认知世界里，关系是单向的、不可逆的。例如，问一个 3 岁的女孩："你有姐妹吗？"回答："有。"问："她叫什么名字？"答："莉琪。"再问："莉琪有姐妹吗？"回答："没有！"另外，前运算阶段的儿童还不具备守恒能力。所谓守恒，是指物体的外观在某些表面特征上发生变化时，仍能认识到物体的特性并没有改变。

3. 具体运算阶段（7～11 岁）

小学儿童正处于皮亚杰所说的具体运算阶段。这个阶段儿童已迅速获得了认知操作能力，并能运用这些重要的新技能思考事物。认知操作是一种内部的心理活动，它使儿童能够修改和重组已有的表象和符号，从而得出符合逻辑的结论。由于具有强有力的新的认知操作能力，小学儿童快速跨越了前运算阶段儿童思维的局限性，具体而言，具有如下特点：

（1）思维具有可逆性，获得了守恒性。思维的可逆性在这一阶段出现，也就是说这个阶段的儿童在思考问题时，可以从正面去想，也可以从反面去想；可以从原因看结果，也可以从结果去分析原因。这为他们的命题思维打下了基础，比如，他们知道加与减的运算是可逆的，如果 7 加 8 得 15，那么 15 减 8 就得 7。

具体运算阶段的儿童能容易地解决一些皮亚杰设计的守恒问题。例如，一个具有具体运算能力的 7 岁儿童（参见阅读栏 4-2），面对液体守恒问题时，会同时考虑到两个容器的高度和宽度，从而获得了去自我中心性。同时，他也表现出可逆性，即从头脑中反向思考转换容器的过程，想象把液体仍倒回原容器的情形。由于具备了这些认知操作能力，他现在知道两个不同容器盛有同样多的液体，并能运用逻辑推理而不是错误的表象来得出结论。

阅读栏 4-2　皮亚杰的柠檬汁实验

在实验中，研究者将同样多的柠檬汁分别倒进两个相同的杯子中，要求儿童判断哪个杯子中的柠檬汁更多。这时候，5 岁和 7 岁的儿童都认为两个杯子中的柠檬汁一样多。然后，研究者当着儿童的面，将其中一个杯子中的柠檬汁倒入一个又高又细的杯子中，要求他们再次进行判断。这时候，5 岁的儿童虽然知道高杯子中的柠檬汁还是原来的柠檬汁，但却坚持认为这个杯子中的柠檬汁变多了，而 7 岁的儿童还是认为两个杯子中的柠檬汁一样多。

（2）能进行关系推理。具体运算思维的一个显著特点是，能很好地理解数量关系和逻辑关系。具体运算阶段的儿童对体育课老师"按由高到矮的顺序排队"这样的指令就能很容易完成，由于他们具备了心理序列（心理排序）能力，即按照高度、重量等数量维度为标准对物体进行排序的能力。与此相关的是，此阶段儿童也已掌握了传递性的相关概念，即已具备对一个序列中各元素的关系进行推理的能力，例如，对于"小明比小亮高，小亮比小红高，三个人中谁最高"这样的问题，小学儿童均能解答。但值得注意的是，这种传递推理能力还依赖于具体事物，还不能将这种逻辑关系运用到使用 A、B、C 等抽象符号上。

（3）去自我中心性。在"三山实验"中，处于前运算阶段的儿童不能很好地回答问题，因为他们的自我中心倾向使他们不能从对方的立场或观点考虑问题，但进入具体运算阶段的儿童逐渐克服了自我中心。譬如，两个男孩要给妈妈选生日礼物，3 岁半的小男孩可能选一辆玩具车送给妈妈，因为他不明白妈妈的兴趣可能与他不一样，而 7 岁的男孩则会努力去选适合妈妈的东西，开始能站在他人的角度考虑问题了。

（4）掌握了类包含的概念。此阶段的儿童掌握了一类物体与其子类的关系。例如，给学龄前儿童呈现一束有 4 朵红花和 2 朵白花的花束，问儿童红花多还是白花多，儿童一般能正确回答红花多，但是当问红花多还是花多时，学龄前儿童就不能正确回答。但是处于具体运算阶段的儿童，由于具备了类包含的能力，对此类问题大多能正确回答。

按照皮亚杰的观点，由于处于具体运算阶段的儿童从知觉表象中去自我中心性，并获得认知操作能力，使儿童能够理解算术并对语言及其特性进行思考，能够对动物、人类、物体和事物进行分类，并且能够理解字的笔画、笔顺，字词与句子之间的关系。所以，儿童从 6～7 岁开始可以接受正规教育了。同时，由于这个阶段的儿童思维活动还不能摆脱对具体事物的依赖，他们在学习抽象知识的时候常常需要具体形象的教学方式，否则学习就会发生困难。总之，具体运算阶段是儿童从以具体形象思维为主向以抽象逻辑思维为主的转型阶段。

4. 形式运算阶段(11 岁之后)

这个阶段儿童的思维经过不断的同化、顺应、平衡，在具体运算思维结构的基础上逐渐出现新的运算结构，即和成人思维接近的、达到成熟的形式运算思维。形式运算思维或称命题思维，它最大的特点是儿童的思维此时已经摆脱具体事物的束缚，把内容和形式区分开来，能根据种种可能的假设进行推理。例如，如果 $3x+2=20$，那么 x 等于多少？这种问题如用苹果、橘子等具体实物无法解决，只能用数字和字母，这就是一个基于假设的问题。

(三)对皮亚杰理论的评价

皮亚杰对儿童心理学的贡献是其他人无法比拟的，他的研究方法和他所提出的理论都有着重要的突破意义，皮亚杰开创了认知发展的研究领域，发现了儿童发展方面的许多规律，对于儿童心理学的发展有着广泛而深远的影响。

尽管皮亚杰似乎已充分描述了认知发展的一般顺序，但他总是试图从认知任务表现来推断儿童潜在的能力，这常常会导致低估儿童的认知能力。也有一些研究者质疑皮亚杰有关发展的阶段性理论；另外一些研究者则批评皮亚杰没有说明儿童的认知是如何从一个阶段发展到下一个阶段的，而且皮亚杰还低估了文化和社会对认知发展的影响。

(四)皮亚杰认知发展理论对小学教育的启示

根据皮亚杰的认知发展阶段理论，小学儿童正处于具体运算阶段，这个时期是儿童逻辑思维初步发展的阶段，对于儿童的思维发展有着极其重要的意义。因此，在小学教育中不能一味地追求知识的量，更要重视儿童思维能力的培养。

皮亚杰认为认知发展是呈阶段性的，处于不同认知发展阶段的儿童其认识和解释事物的方式有别于成人，因此，要根据小学儿童所处阶段的认知发展特点来设计教学。比如，小学儿童思维活动具有很大的具体形象性，一般还离不开具体事物的支持，在教学中，要尽可能地使用一些挂图、模型等直观教具来帮助学生理解相应的知识，即使在条件不允许的情况下，也应该使用各种办法帮助学生形成思维的表象，对小学高年级阶段，可以适当减少教具的使用，多使用语言引导学生进行想象，适当增加一些理论、定理等抽象内容，帮助他们的思维活动逐渐摆脱对具体事物的依赖。

皮亚杰是活动教学法的积极倡导者，他十分强调活动（即动作）在儿童认知发展中的作用，认为知识的获得是儿童主动探索和操纵环境的结果。因此，在小学教学活动中，注意发挥学生的主体性，尽量多给学生自己发现问题、解决问题的机会，使他们在自主学习和探索活动中掌握知识。同时，要创造有利于活动课教学的环境和条件，正确地引导学生开展多种多样的活动，让学生真正在活动中学习，在活动中成长。

二、维果茨基的儿童认知发展理论

维果茨基是苏联著名的心理学家，创立了心理发展的社会文化理论。他指出：认知发展发生于社会文化背景中，社会文化影响着认知发展的形式；儿童的许多重要认知技能是在与父母、教师以及更有能力的同伴的社会交往中逐渐发展起来的。

（一）心理发展的实质

维果茨基将心理机能分为两种：低级心理机能和高级心理机能。所谓低级心理机能，是指依靠生物进化而获得的心理机能，是指个体早期以直接的方式与外界相互作用时表现出来的特征，如感觉、知觉、无意注意、机械记忆、形象思维、情绪、冲动性意志等。高级心理机能是社会历史发展的结果，以人类特有的语言和符号为中介，受社会历史发展规律的制约，如思维、有意注意、逻辑记忆和高级情感等。可见，低级心理机能是动物和人类所共有的，而高级心理机能则是人类所特有的。

维果茨基指出，个体的心理发展就是在环境与教育的影响下，在低级心理机能的基础上，逐渐向高级心理机能转化的过程。心理机能由低级向高级发展主要有四个标志：

1. 心理活动的随意机能

所谓随意机能，是指心理活动的引起是主动的、随意的，是由主体按照预定的目的而自觉引起的。心理活动的随意性有多种表现形式，它既表现在心理过程上，如在无意注意的基础上产生有意注意，又表现在个性特点上，如自我意识能力的发展，根据社会的要求自觉地调节和控制自己的行为等。儿童心理活动的随意性越强，其心理水平则越高。

2. 心理活动的抽象概括机能

随着儿童的发展，他们所掌握的抽象语言符号越来越多，也逐渐开始具备了一些概括性的知识经验，这些都促进了他们抽象概括能力的发展，最后形成了高级的意识系统。例如，在具体形象思维的基础上产生了概念思维，在再造想象的基础上产生了创造性想象，在低级情感基础上产生了理智感、道德感等。

3. 形成以抽象符号为中介的高级心理结构

在儿童与环境的相互作用过程中，各种心理机能之间的关系不断地变化、组合，形成了间接的、以符号或词为中介的更高级的心理结构。例如，在 3 岁前儿童的意识系统中，以知觉、直观思维为中心；学龄前儿童形成新的意识系统，记忆处于这个系统的中心；小学儿童的各个心理机能重新组合，发展为以逻辑记忆和抽象思维为中心的新的意识系统。儿童心理结构越复杂、越间接、越简缩，其心理水平则越高。

4. 心理活动的个性化

在儿童心理发展的过程中，他们的心理活动逐渐出现了一些个性化特征，这种个性的形成是高级心理机能发展的重要标志。

维果茨基还进一步阐述了从低级心理机能向高级心理机能发展的原因：首先，从根本上看，人类所使用的工具——语言与符号，凝结着人类的间接经验，即社会文化知识经验，这就使人类的心理发展规律受社会历史规律的制约。其次，就个体发展而言，儿童在与成人交往的过程中通过掌握高级心理机能的工具——语言、符号这个中介环节，使其在低级心理机能的基础上形成了各种新质的心理机能。最后，是高级心理机能不断内化的结果。

由此可见，维果茨基的心理发展观是与他的文化—历史发展观密切联系在一起的，他强调，心理发展的高级机能是人类物质生产过程中发生的人与人之间的关系和社会文化—历史的产物。他强调心理发展过程是一个质变的过程，并为这个变化过程确定了一系列指标。

(二)语言与认知发展

维果茨基认为，语言在认知发展中起着两个关键作用：第一，语言是成人把有价值的思维方式和问题解决方法传递给儿童的主要工具；第二，语言本身就是一种非常有效的思维工具。

在语言与思维的关系问题上，维果茨基与皮亚杰的观点是明显对立的。皮亚杰把儿童在日常活动中经常跟自己讲话的自言自语称为自我中心言语，即讲话时不指向任何特定的人，也不会为了使同伴理解，做任何有意义的调整。皮亚杰认为，这种语言仅仅反映了儿童正在进行着的心理活动，对认知发展的作用很小。另外，他也发现，这种言语的发展到前运算阶段的末期逐渐社会化，而自我中心逐渐减少。

维果茨基在研究中则发现，儿童这种自言自语的行为并不会随时随地都会发生，当儿童在试图解决问题或完成重要的任务时，这种"与自己对话"的行为出现得更多也更加频繁。因此，维果茨基认为，儿童的这种非社会言语并不是反映了他们的自我中心，这种言语的目的同样是交流，儿童是通过"与自己对话"完成与自己交流的目的，并且这种"自我对话"可以帮助儿童去做出计划、选择策略和调节行为，从而使他们能够更好地完成任务。因此，语言在儿童的认知发展中扮演着十分重要的角色，它使儿童逐渐成为有能力的问题解决者。维果茨基还指出，之所以随着年龄的增长这种"自我对话"逐渐减少并最终消失，是因为它变得隐蔽起来，变得没有声音或称作内部言语，变成了一种用来组织和调整日常活动的掩蔽的言语思维。近年来的研究更支持了维果茨基的观点，表明语言在儿童认知发展中起着重要的作用。

（三）教学与发展的关系

与皮亚杰一样，维果茨基认为，儿童是在积极探索环境的过程中不断获得新信息和新规则的。但是，他并不像皮亚杰那么重视儿童自发的探索和发现，而是更强调社会因素特别是教育对于儿童认知发展的作用。

维果茨基认为，儿童真正有机制的重要发现是在与教师或指导者的交流和合作中完成的。在这个过程中，教师通过语言、动作等来传递信息，而儿童不断地去理解教学内容，然后将这些信息内化，用以指导自己的行动。

在教学与发展的关系上，维果茨基提出了三个重要的问题：最近发展区；教学应走在发展前面；学习的最佳时期。

1. 最近发展区

维果茨基认为，儿童心理发展有两种发展水平，第一种是儿童的现有的发展水平，即儿童在独立的活动中能够达到的解决问题的水平；第二种是儿童可能的发展水平，即在有指导的情况下，借助别人所达到的解决问题的水平。这两种水平之间的差距，即儿童的现有水平与经过他人帮助可以达到的较高水平之间的差距，就称为最近发展区。

2. 教学应走在发展前面

最近发展区的思想注重儿童发展的可能性，并向传统教育中的"量力性"或"可接受性"等教学原则及"成熟优势论"等提出了挑战。维果茨基指出面向儿童发展的"昨天的教学"是没有积极作用的，它不会引起发展过程而只是充当发展的尾巴。所以，教学应该面向儿童未来的发展可能，他提出了"教学应走在发展前面"，主张教学内容应该略高于儿童现有的水平，这样教学才能促进发展。这是他对教学与发展关系问题的最主要的理论，也就是说，教学可以定义为

"人为的发展"，教学决定着智力的发展，这种决定作用既表现在智力发展的内容、水平和智力活动的特点上，也表现在智力发展的速度上。

3. 学习的最佳时期

维果茨基认为发挥教学最大作用的途径就是抓住"学习的最佳时期"。他认为儿童在学习任何内容时，都有一个最佳年龄，如果脱离了最佳年龄，过早或过迟的学习均不利于发展，会造成儿童智力发展的障碍。因此，教学必须以儿童的成熟和发育为前提，在相应的最佳时期内进行，但更重要的是教学必须首先建立在正在开始但尚未形成的心理机能的基础上，走在心理机能形成的前面。

（四）认知发展的内化说

在皮亚杰看来，发展大部分来源于"由内向外"，环境和教育所起的作用只是促进或延缓儿童的心理发展。维果茨基的观点正好相反，他强调环境和社会因素在儿童发展中的作用，他认为，发展大部分得益于"由外向内"的内化过程，即个体从社会环境中汲取知识，获得发展。

内化说是维果茨基心理发展观的核心思想，他用内化说来解释人类高级心理机能的形成，即"一切高级心理机能都是内化了的社会关系"，他认为人类的高级心理机能起源于外部活动，然后才内化为个人内部的心理机能。如言语最初是作为儿童与周围人之间进行交往的手段而产生的，只是到了后来，言语才转化为内部言语，成为内在的心理机能，即成为儿童自身思维的基本方式。

（五）评价与启示

1. 对维果茨基认知发展理论的评价

维果茨基对儿童心理和智力的研究十分深刻、全面和系统，几乎涉及儿童发展的每一个方面。他的社会文化理论强调了社会文化对于儿童认知发展的作用，为人们认识儿童认知发展的实质提供了一个新的视角。

但是，对于维果茨基的理论也存在一些意见和批评：①在人类心理的历史发展中，起影响作用的因素非常多而且复杂，随着社会发展的不同阶段而存在不同的因素，但社会文化理论仅强调语言符号的作用，具有一定的局限性。②维果茨基认为，内部言语起源于自我中心言语，是"对自己"的言语，而外部言语则是"对他人"的言语，自我中心言语是从外部言语向内部言语过渡的中心环节，是内部言语的早期表现形式。而反对者认为，内部言语和外部言语是同时发展起来的，因为任何人在说与听的过程中都不可避免地要进行思考，因此内部言语同样是社会交流所产生的言语，它的起源并不是自我中心言语。

2. 对小学教育的启示

维果茨基所提出的"最近发展区""教学应走在发展前面""最佳学习时期"等观点，对于小学儿童教育工作具有重要的指导作用。教师应该注意教学内容的选择，既不要超越了学生的最近发展区，把太深太难的内容强加在学生身上，又要注意提供略高于学生发展水平的内容，给予学生一些挑战。

重视教师在学生学习中所扮演的重要角色，在教学过程中教师应实行"有指导的辅助学习"，例如，在课堂学习中，教师应先为学生提供学习的"支架"，即为学生的学习和问题解决提供线索、暗示、鼓励等帮助，然后逐渐让学生自己动手去做，教师可以借助适合学生当前水平的学习材料进行辅助教学，对复杂的问题实行"小步子"教学，引导学生循序渐进地学习。因此，要注意教师和同伴对儿童认知发展提供的是一种"支架"，即提供的帮助要恰如其分，过多的帮助会造成儿童依赖的心理。教师也安排合作学习训练，鼓励儿童彼此协助，小组中较低能力的成员会从较高能力同伴的指导中受益，而高能力成员也会在充当教师角色的过程中获益。同时，在教学中要充分重视语言符号的作用，与学生充分交流。

三、信息加工理论

信息加工是心理学研究认知过程的一个重要途径，它把人类大脑对信息的加工过程类比为计算机的信息输入、加工和转换输出的过程。

（一）信息加工理论的基本假设

信息加工理论将人脑与计算机进行类比，将人脑看做类似于计算机的信息加工系统。与计算机类比，人的信息加工系统参见图4-2。

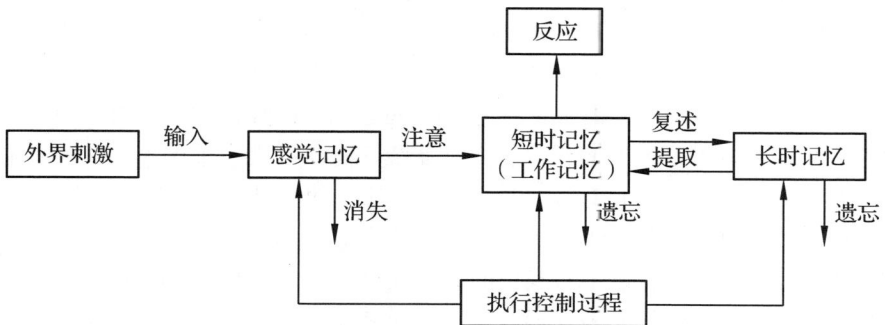

图 4-2 人类信息加工系统示意图

在图4-2中，环境中的刺激既可能是人，也可能是物，物包括一切物理刺激、化学刺激以及抽象的符号等。外界刺激作用于人的感觉器官后，刺激的信息被暂时地保存下来，这被称之为感觉记忆，感觉记忆中的内容十分丰富，但如果没有进一步加工，这些内容很快就会消失（目前，对其具体机制尚不明确）。

当感觉记忆中的信息被注意后，就进入短时记忆之中。短时记忆存储的时间可以达到几秒钟，但只能存储有限的信息，约 7 ± 2 个块（chunk），"块"是一个有意义的信息单元，可以是单一的数字、字母、音节，也可以是一个单词、短语或句子。例如，数字 1，9，1，9，5，4，凡熟悉中国现代史的人都能形成一个块；人们把在编码过程中，将几种水平的代码归并成一个高水平的、单一代码的编码过程叫组块（chunking）[1]。同样，进入短时记忆中的信息，如果没有得到进一步的加工，会很快地被遗忘。由于所有意识的认知活动都始于这里，所以有时也把短时记忆称之为工作记忆。短时记忆或工作记忆有两个功能：一是暂时存储一定数量的信息；二是运用这些信息帮助人们做一些特定的事情。

最后，进入短时记忆中的信息，如果进一步地加以复述，这些信息就会进入长时记忆之中。长时记忆可以储存大量的信息，存储的时间也相对更持久。长时记忆内容包括：个体掌握的知识，个体对过去经历事件的映像以及个体在加工信息和解决问题时所运用的策略。

个体在信息加工过程中，信息在不同记忆系统或加工单元中的转换是由人类个体主动控制的。除此之外，在信息加工过程中还存在执行控制过程，即计划和监控个体注意什么样的信息，以及怎样处理这些信息，这种执行控制过程称作元认知——关于自我认知能力和思维过程的知识。

执行控制过程是在个体随意控制之下的，这也是人类信息加工过程与电脑操作过程最大的区别。也就是说，与电脑不同，人类个体必须主动发起、组织和监控自己的认知活动，即自己决定注意哪些信息，自主选择使用哪种策略来保存和提取输入的信息，自己选择解决什么样的问题，并自行组织解决问题的程序。

（二）信息加工理论的儿童认知发展观

信息加工理论认为儿童的认知加工与电脑类似，随着年龄发展，大脑的硬件（如大脑和边缘系统）和软件（如注意、知觉、记忆、思维和语言等认知加工）也发生变化。

像皮亚杰一样，信息加工理论也承认生物成熟因素对认知发展的重要作

---

① 彭聃龄：《普通心理学》，220 页，北京，北京师范大学出版社，2004。

用，然而皮亚杰对生物成熟和认知发展的关系没有阐述清楚，信息加工理论却对此做了明确的阐述，该理论认为，大脑和神经系统的成熟使儿童对信息加工得更快。因此，不断发展的个体能够更好地维持注意，辨认和储存与任务相关的信息，并利用所存信息回答和解决问题，执行心理程序。而且，信息加工理论也清楚地意识到儿童注意和储存信息的策略受他们经验的影响；具体来说，这些策略受他们接受到的问题类型、在家庭和学校受到的指导，甚至儿童所在的文化和亚文化规定的必须掌握的技能的影响。

信息加工理论认为认知发展是连续的，而非阶段性的。随着年龄的增长，儿童的注意、记忆、提取信息和提出问题解决策略的能力也逐渐发展。在收集、储存、提取和加工信息的策略对儿童而言都是逐渐发展的，但是从信息加工角度来讲，这种认知发展是小的量变过程，并非大的质变过程。

（三）对信息加工理论的评价

信息加工理论提供了许多认知能力发展的新见解，这是皮亚杰没有强调的，他们的研究也填补了皮亚杰早期理论的许多空白。而且，信息加工研究者所采用的严密而精深的研究方法，使他们能够识别儿童是如何解决问题的，以及他们为什么会犯逻辑错误。教育学家已经看到了这种研究的实际应用价值：如果教师能正确理解儿童为什么存在阅读、数学等方面的困难，就容易提出帮助学生学习的有效策略。

尽管信息加工理论有很多优势，但是也受到了广泛的批评：①一些人认为该理论基于儿童在人为设计的实验室研究之上，因此对理论的适用性提出了质疑，认为它不能真实反映儿童日常生活的思维。②以计算机模拟为基础的信息加工理论严重低估了人类认知活动的丰富性和多样性。③人类能梦想、创造、反省自己和他人的意识状态，而电脑不能，因此信息加工理论不能充分揭示这些认知活动。④信息加工理论忽视了神经系统和社会文化因素对认知发展的影响，没有提供一个广泛而完整的儿童认知发展理论。

第二节　小学儿童信息加工能力的发展

如前所述，皮亚杰的认知发展理论主要关注的是不同发展阶段所发生的认知结构或思维方式的整个转变，与此相对照，信息加工的研究取向则着重探讨各种不同的认知功能的发展，如注意、感知觉、记忆、推理等能力的改善和提高。这些不同的认知功能对儿童每一种认知活动都是不可或缺的，因此了解它们的发展变化是十分重要的。研究者还十分关心如何帮助小学儿童把日益提高的信息加工能力运用到学习中去，以提高他们的学习效率。在本节中，将在信息加工理论框架下，具体阐述小学儿童信息加工能力的发展变化。

一、小学儿童注意的发展

人的心理活动总是在睡眠状态、觉醒状态或注意状态下产生的，注意是心理活动对一定对象的指向与集中，它不仅是一切认知过程的开端，而且伴随着心理过程的始终。

（一）小学儿童无意注意与有意注意的发展

心理学家根据注意过程中是否具有目的性及是否需要意志努力，将注意分为有意注意和无意注意。

我国学者采用不连续图形（见图 4-3）作为刺激材料对小学儿童的注意进行了研究[1][2]，其图形为被 5条白横线分割成 6 部分的大写字母"K"，图形画在卡片上，用速示器呈现给被试。被试为小学二年级和小学五年级的儿童。通过让学生估计字母"K"上白横线的数目（呈现时间为 0.5 秒），比较小学儿童有意注意和无意注意的发展水平。

研究结果发现：①小学二年级和小学五年级学生在无意注意条件下对线条估计的正确率分别为27％和31％，差异不显著。表明小学二年级和小学

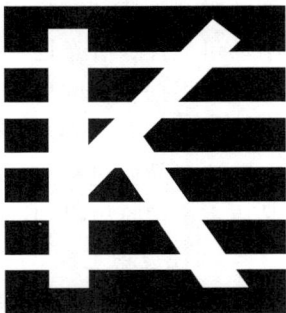

图 4-3 不连续图形

五年级学生的无意注意基本处于同一水平。②二年级学生在有意注意条件下对线条估计正确率较无意注意条件下对线条估计正确率低。表明小学二年级儿童的有意注意还处于发展阶段，自觉控制注意的能力差，容易被其他刺激分心，无意注意在认知活动中仍很重要，而有意注意的作用与无意注意的作用相当。③小学五年级儿童的实验结果与小学二年级相反，表明小学五年级儿童的有意注意比小学二年级儿童有了进步，在其认识活动中，有意注意已逐步取代无意注意，占主导地位。

概括起来，小学儿童注意的发展表现出如下特点[3]：

---

① 阴国恩，沈德立：《中国儿童注意的发展》，载《天津师范大学学报（社会科学版）》，1989(5)，26～33 页。

② 阴国恩，曾隶：《关于中小学生无意注意发展的研究》，载《心理科学》，1990(5)，36～39 页。

③ 伍新春：《儿童发展与教育心理学》，64～65 页，北京，高等教育出版社，2004。

(1)有意注意在认知活动的作用逐渐提高。在个体发展中，无意注意的发生先于有意注意。小学低年级儿童的无意注意已相当成熟，一切能引起成人无意注意的对象也能引起小学低年级儿童的注意，因此他们的认知活动常依赖于无意注意，运用无意注意的效果也要比运用有意注意的效果好，如生动、新异的刺激物，就能引起他们的注意。到了小学中高年级，有意注意发展迅速，儿童在日常生活中更多地依赖有意注意，而且有意注意的效果明显高于无意注意，占据主导地位。

(2)注意的有意性由被动变得更加主动。小学低年级儿童的有意注意缺乏自觉性，表现为自己不会主动确立目的，需要教师或其他成人给定目的；在注意过程中不会组织自己的注意，需要他人不断提醒。一旦没有外在的帮助，儿童常常会不清楚或忘掉由他人给定的目的，使注意中止和分散。随着儿童心理活动目的性、有意性、自控性的逐渐增强，小学高年级儿童逐渐能自行确立目的，并根据一定的目的，独立地组织自己的注意。

(二)小学儿童注意品质的发展

注意品质包括注意稳定性、注意广度(范围)、注意分配和注意转移。这些品质在小学阶段得到进一步发展。

1. 注意稳定性

注意稳定性又称持续性注意，是指对同一对象或同一活动注意所能保持的时间，这是注意在时间上的品质。有研究表明，7～10岁儿童聚精会神地注意某一事物的时间平均是20分钟左右；10～12岁儿童是25分钟左右；12岁以上儿童是30分钟左右。可见，小学儿童注意稳定性的发展非常迅速。有研究者在综合几项实验结果的基础上指出[1]，小学儿童注意稳定性存在性别差异，女生优于男生；但随研究方法和研究手段的改进，新近的一项研究[2]，采用颜色、图形和数字信号监测的三种警觉任务形式探索了7～11岁儿童持续性注意能力的性别差异，结果表明，男女儿童持续注意随年龄增长的变化趋势一致；7岁男性儿童的持续注意能力优于女性儿童，而9岁和11岁男女儿童的持续注意能力各有自己的风格，男性儿童反应快而正确率低，女性儿童反应慢而正确率高，即从绩效角度无法判断男女学生持续注意能力的好坏，但可以说男女

---

[1] 阴国恩，沈德立：《中国儿童注意的发展》，载《天津师范大学学报（社会科学版）》，1989(5)，26～33页。

[2] 李靖，钱秀莹：《7～11岁儿童持续注意能力的性别差异研究》，载《应用心理学》，2000，6(2)，25～28页。

学生持续注意风格存在差异，男生趋向于求速度，女生倾向于求精度。

2. 注意广度

注意广度也叫注意的范围和注意的限度，是指一个人在同一时间内能够清楚地觉察或认识客体的数量，这是注意在空间上的品质。

有研究用速示器在 1/10 秒时间内呈现圆点图，考察了小学二年级和小学五年级儿童的注意广度[①]，研究结果表明：①小学二年级儿童能注意到的圆点数（即注意广度）一般少于 4 个，小学五年级儿童的注意广度为 4～5 个，即随着年级的升高，小学儿童注意广度在不断发展。②注意广度存在性别差异，女生的注意广度高于男生。③注意广度的大小除了与知识经验有关以外，还与材料的呈现特点有关，如在该项研究中发现分组点子较散状点子的估计正确率高。

3. 注意分配

注意分配是指同一时间内把注意指向不同的对象。有一项使用"注意分配仪"对小学儿童注意分配发展的研究表明[②]，小学二年级和小学五年级儿童的注意分配能力基本处于同一水平。注意分配能力迅速发展时期只有在幼儿期至小学二年级这一阶段，随后，儿童注意分配能力发展较慢。

4. 注意转移

注意转移是指个体根据一定的目的，将注意主动从一种对象或活动转移到另一种对象或活动上。对小学二年级和小学五年级儿童注意转移的研究表明[③]，小学五年级儿童注意转移的速度较小学二年级明显变快；在小学二年级，男生的注意转移速度比女生慢，到小学五年级，男生和女生的注意转移速度基本上处于同一水平。

概括起来，小学低年级儿童注意转移的能力还不强，他们还不善于把注意从一件事情转移到另一件事情上；小学中年级以后，儿童的注意转移能力逐渐发展。小学儿童注意转移能力发展存在性别差异，男生发展速度比女生快。另外，小学儿童注意转移的快慢和难易，主要取决于对先后两种注意对象的兴趣。如果对原来的注意对象感兴趣，而对后来的注意对象不感兴趣，注意的转

---

① 刘景全，姜涛：《关于小学生某些注意品质的实验研究》，载《天津师范大学学报（社会科学版）》，1993(4)，31～35 页。

② 刘景全，姜涛：《关于小学生某些注意品质的实验研究》，载《天津师范大学学报（社会科学版）》，1993(4)，31～35 页。

③ 阴国恩，沈德立：《中国儿童注意的发展》，载《天津师范大学学报（社会科学版）》，1989(5)，26～33 页。

移就比较困难；如果对后来的注意对象更感兴趣，转移注意就比较容易。例如，由课间游戏转入课堂学习比较难，儿童的注意往往还停留在游戏当中。

二、小学儿童感知觉和观察力的发展

感知觉是人类认识活动的开端，是思维活动的基础。观察是感知觉的高级形态，是一种思维参与其中的感知活动。研究发现，在学习过程中，小学儿童的感知功能和观察能力有了长足发展。

（一）小学儿童感觉的发展

感觉是人脑对直接作用于感觉器官的客观事物个别属性的反映，是一切心理活动的基础。因此，儿童感觉的发展，尤其是视觉和听觉的发展，对于小学儿童心理发展具有十分重要的影响。

1. 视觉的发展

研究表明，在正常成人所获得的信息量中，80％来源于视觉。但视觉在认知活动中的作用并非生来如此，而是随着儿童年龄的增长而提高的，小学儿童视觉发展主要表现在视敏度和颜色视觉发展两个方面。

（1）视敏度。视敏度俗称视力，指在一定距离上感知和辨别细小物体的视觉能力。有人认为，儿童年龄越小，视力越好。事实并非如此，10岁前儿童的视力随年龄增长稳步发展，8～9岁时视力发育基本完成，见表4-1。10岁时儿童的视觉调节能力范围最大，远近物体都能看清；10岁以后，随着年龄增长，视力逐渐下降，这种变化一方面与眼睛的生理机能变化有关，另一方面也与儿童用眼习惯有关，因此，科学保护眼睛和矫正视力非常重要。

表 4-1　儿童视敏度的发展

年龄（岁）	1～2	3	4～5	5～7	8～9
视力	0.5～0.6	0.6～0.8	趋于稳定	1.0	视力发育基本完成

（2）颜色视觉。颜色辨别能力随年龄增长而提高，并表现出初步的颜色偏好。6岁前的儿童已能区分各种原色，对比反差大、浓烈、鲜艳的纯色都能引起他们强烈的兴趣，鲜艳的颜色容易引起视觉兴奋，有利于视力发展，也有利于儿童心理的发展。小学一年级儿童已能正确辨认各种颜色，能正确匹配各种不同颜色，对经常见到的颜色也能叫出名称。如果加以训练，小学儿童能对不同饱和度以及混合色进行辨认，比如，随着年级的升高，小学儿童能辨认12种红色、10种黄色、6种绿色和4种蓝色。同时，随着辨色能力的提高，小学儿童已具有对颜色的偏好倾向。在红、黄、绿、橙、蓝、紫、棕、灰、黑、白

10 种颜色中，儿童多偏爱红、绿、黄，而很少偏爱灰、棕、黑，这可能与实践活动及客体固有颜色有关，如画兔喜欢用白色，画自然风光则用绿色。

小学儿童的颜色视觉也表现出性别差异。一般情况下，女生比男生的颜色视觉能力要高一些，可能是女生在生活中接触有颜色的东西更多，对颜色更有兴趣的缘故。另外，男、女生对颜色有不同的偏爱，男生最喜爱黄色、蓝色，其次是绿色和红色；而女生最喜爱红色、黄色，其次是橙色、白色和蓝色。

2. 听觉的发展

儿童的听觉能力在 11～15 岁时基本达到成熟。据国外对 5～14 岁儿童的研究发现，不论男孩和女孩，白人和黑人，儿童在十二三岁以前，听觉敏感度一直在增加，但到了成年期以后，听觉能力便逐渐下降。

（1）纯音听觉。小学儿童的听觉敏感度逐渐提高，一项对儿童辨别音调高低能力的研究表明，如果以 6 岁儿童辨别音调的能力为单位（单位为 1），则 7 岁为 1.4；8 岁为 1.6；9 岁为 2.6；10 岁为 3.7；19 岁为 5.2[①]。

（2）语音听觉。在语音教学特别是汉语拼音教学的影响下，语音听觉发展迅速。有研究表明，一年级末的小学儿童辨音能力已达到成人水平，他们已能很好地辨别汉语的四声（平声、上声、去声和入声）和相近的字音（如 sh 和 s，ch 和 c，zh 和 z，d 与 t，n 与 l 等）。另外，儿童的语音感知能力受方言的影响，农村儿童略低于城市儿童，这是由生活环境和教育条件造成的，另外，声音感知能力的发展还受听觉感受器、听觉中枢、言语运动中枢和言语器官等物质基础的影响，有较大的个别差异，但都可以通过训练提高。

由于儿童语言的习得，对音乐和节奏等的把握都依赖于听觉刺激，当儿童听力受损不能正常接收声音时容易造成语言障碍或延误。因此，教师要重视对小学儿童听觉器官的保护与训练，对有听力缺陷的儿童应早发现，早治疗。

3. 感觉统合

感觉统合（Sensory integration）是指将人体器官各部分感觉信息输入大脑，经过大脑的统合作用，完成对身体内外知觉，并做出反应。只有经过感觉统合，神经系统的不同部分才能协调工作，使每一个个体与外界环境顺利接触。

（1）感觉统合失调现象。有调查显示 80％的幼儿和小学儿童身上有注意力不集中、多动、胆小、人际关系不佳、语言发展迟缓等行为现象，这些主要是由感觉统合失调引起的。目前儿童感觉统合失调的人数大约要占到学生总数的 5％～10％，感觉统合失调的小学儿童主要表现为看上去很聪明，可是听课注

---

① 朱智贤：《儿童心理学》，335 页，北京，人民教育出版社，1993。

意力难以集中；好像很懂事，却脾气急躁，动辄哭闹、打滚；看着可爱，可就是胆小害羞，适应新环境困难；看上去伶俐，但动作不协调、笨手笨脚，难以完成手工活动。

（2）儿童感觉统合失调的原因。主要是中枢神经系统不健全，如发育迟缓，轻度大脑功能失常；此外，与有些环境因素也有关，如早产或剖宫产；活动空间狭小，导致爬行不足；过度保护或管束过严；缺少同伴群体；缺少各种运动；过早进行认知教育；儿童以电视、游戏机为主要的玩具等。

儿童如果存在感觉统合失调，必须及时进行治疗。6 岁前为感觉统合失调的最佳预防期；7～10 岁为最佳治疗期。除了进行专门的训练之外，可以采取一些简便易行的感觉训练活动，参见阅读栏 4-3。

阅读栏 4-3　简便易行的感觉训练活动

大运动方面——游泳、球类、跳绳、踢毽子、滚铁环、"跳房子"等活动项目，每天保证 40 分钟。

精细活动方面——穿珠子、夹豆子、装模型、做手工等，每天练习 15 分钟。

游戏活动方面——爬行、翻滚、平衡、飞行、摇摆等活动，每天玩乐 30 分钟。

另外，还有不定期的出游、爬山、远足等。

（二）小学儿童知觉的发展

知觉是人脑对直接作用于感觉器官的客观事物整体的反映。知觉以感觉为基础，但不是后者的简单相加，包含了觉察、分辨和确认等一系列过程。根据知觉对象的属性，可以把知觉分为空间知觉、时间知觉和运动知觉。

1: 空间知觉的发展

空间知觉是人脑对物体的大小、形状、方位、距离等空间特性的反映。总体而言，小学儿童的空间知觉能力随年龄的增长而增强，在空间能力的加工方式、加工精确性及加工策略上均存在性别差异，而在加工速度上不存在性别差异。

（1）大小知觉。儿童大小知觉的发展较早，一般从婴儿期就开始了。刚入学的一年级小学儿童，对数学中出现的图形大小的比较，主要以直觉判断为主，即通过目测来比较，如一大一小两个圆，儿童一看就可以判断大小。随着年龄的增长，小学儿童对于物体或图形大小的辨别，已经从直觉判断过渡到能逐渐用推理来进行辨别，比如在数学教学中，通过被占面积的比较，推断出剩余面积的大小。有研究发现，对图形空间面积大小的判断能力，7～8岁儿童处于直觉判断和推理判断相交叉的过渡阶段，小学高年级儿童85％以上已经能运用推理判断来比较空间和面积的大小。

（2）形状知觉。儿童进入小学以后，由于接受有计划的数学教学，在形状知觉能力方面将得到进一步的培养，对几何图形及其概念有了初步了解，但其形状知觉的发展水平较低。特别是低年级的小学儿童，在学习几何图形时，常常需要与具体的事物联系在一起，到了小学高年级时，能脱离具体事物，认识到图形的一般特征。小学儿童对几何图形的认识，是由对具体直观图形的认识过渡到对一类图形共同特征的掌握。

林崇德①曾调查初入学儿童掌握方形、圆形、三角形、梯形四种几何图形的情况，结果表明：初入学儿童对几何图形及其概念已有初步了解，对几何图形的辨认和与具体事物形状相联系的百分率大大高于对图形本身认识的百分率，即前科学概念多于科学概念（参见表4-2）。初入学儿童掌握几何图形和几何概念与儿童的"接触程度"有关，儿童对梯形的认识不如其他图形，是由于儿童平时不常接触梯形的缘故。在以后的数学教学中，小学儿童逐渐知道了一些几何图形的名称，也掌握了一些几何图形的概念，使小学儿童的形状知觉有了较快的发展。

表4-2　初入学儿童正确掌握几何图形名称的百分率

图　　形							
叫出名称情况的百分率％	正方形	方块等	圆	圆圈等	三角形	三角等	梯形	自编名称
	31	68	29	80	24	73	5	12

赖昌贵等人②的研究发现，小学儿童正确识别及正确绘制垂线、直角三角形、正方形、平行四边形、梯形、圆形的成绩，一般都超过正确说明他们特征的成绩。这反映了从对具体直观图形的认识过渡到对一类图形共同特征的掌

① 林崇德：《学龄前儿童数概念与运算能力发展》，载《北京师范大学学报（社会科学版）》，1980（2），76～77页。
② 赖昌贵、王秉铎：《小学生掌握几何图形识别几何概念的心理特点》，载《心理科学通讯》，1982（3），30～37页。

握，需要一个过程。李文馥等人[①]对 5～10 岁儿童认知几何图形干扰因素的研究发现，语言对儿童确认和鉴别图形有显著性影响。随着儿童年龄的增长，他们认识几何图形的能力逐步提高，而且男女生没有差别。

概括起来，在教育的作用下，小学儿童形状知觉水平逐年提高，他们不仅能正确辨认几何图形，而且能正确绘制各种图形，最后还能用语言正确说明图形的特征，即小学儿童对几何图形的认识，已由对具体直观图形的认识过渡到对一类图形共同特征的掌握。

（3）方位知觉。方位知觉是对物体所处的空间位置和方向的知觉，如前后、左右、上下及东、南、西、北的知觉。一般而言，刚入学的小学儿童即可较好地辨别前后、上下、左右等方位，但对左右方位的辨别未达到完善程度。因为左右方位与其他方位比较而言，相对性更突出，常常要和具体事物相联系才能辨别。

20 世纪 60 年代，朱智贤通过实验研究了儿童的左右概念的发展，提出了儿童左右概念发展的三个阶段：

第一阶段（5～7 岁）：能比较固定化地辨认自己的左右方位。儿童大部分能辨认自己的左右手（脚），但不能辨认对面人的左右。

第二阶段（7～9 岁）：初步地、具体地掌握左右方位的相对性。此时不仅能以自己的身体为参照辨别左右，而且能以别人的身体为参照辨别左右，但在辨别他人的左右时，常要依赖直观表象，所以说是初步的和具体的。

第三阶段（9～11 岁）：能在抽象概括水平上掌握左右概念的相对性。

20 世纪 80 年代，陈敦淳[②]发现随着社会的发展，儿童的左右概念已经有极大的进步，他指出已有 75% 的 8～9 岁的儿童能灵活、准确掌握左右概念，这比过去的研究提早了 2 岁；而且他认为 6～7 岁是儿童左右概念发展的飞跃期。

2. 时间知觉的发展

时间知觉是客观对象的持续时间、速度和顺序性在头脑中的反映。小学儿童在入小学前，他们能掌握和辨别今天、昨天、后天等时间词汇，也能告诉你他们的年龄，但当涉及较小的时间概念（如对分钟、秒钟的认识）时，他们的认识是不确切的，很多时候他们都无法回答。黄希庭的研究发现[③]，7 岁儿童开

① 李文馥，王贞琳，梁萍：《儿童认知几何图形干扰因素的研究》，载《心理学报》，1997（4），377～385 页。

② 陈敦淳：《儿童左右概念发展的实验研究》，载《心理科学通讯》，1982（6），29～33 页。

③ 黄希庭，张增杰：《五至八岁儿童时间知觉的实验研究》，载《心理学报》，1979（2），166～174 页。

始能用时间标尺，但主要是外部标尺，而且使用水平不高，仅有35％的儿童使用了时间标尺；8岁儿童基本能主动利用时间标尺，时间知觉的准确度接近成人水平。

小学儿童入学后，在教学活动的引导下，开始对自己经历过的时间有了估计，如"一节课""日""周"，但对离自己很远的时间概念往往理解困难，如"纪元""世纪""光年"等，直到三四年级才能理解"月"的实际意义，进而认识"日"与"月"的关系等。

总之，时间知觉与儿童的年龄和经验成正比，随着儿童年龄的增长，时间观念渐趋稳定，其精确性、主动性都会有极大的提高。

3. 运动知觉的发展

运动知觉是对物体位移和速度变化的反映，包括大肌肉运动知觉和小肌肉运动知觉。大肌肉运动知觉成熟较早，刚入学的小学儿童已有相当发展，能自如地做各种基本动作，如走、跑、跳、爬行、攀登、伸展、弯腰等。小肌肉运动知觉的发展较迟，以手部的运动知觉为例，在小学阶段手部的关节有了较大的发展，但还未成熟。从解剖学上看，腕骨的骨化过程在6～10岁发展明显；掌骨的骨化在6岁左右开始明显发展；指骨的骨化在5岁左右开始明显发展。腕骨、掌骨、指骨的骨化只有在14～16岁才基本完成（女孩14岁，男孩16岁）。因此，刚入学的儿童，手指、手腕运动不够灵活协调，尤其是在写字、画画、手工活动的时候显得动作僵硬，肌肉紧张，不能良好地舒展开来，但随着年龄的增长，运动知觉的灵活性和协调性有了很大发展。

整个小学阶段，儿童大、小肌肉运动知觉都在发展中，其发展速度、水平与训练有直接关系。因此，教师应充分利用课内外各种活动，从耐力、速度、灵活性、协调性等方面加强对小学儿童的训练。但训练要循序渐进，切忌操之过急、过量训练，例如，写字要先用铅笔，铅笔运用自如了再用钢笔；严格要求学生练习生字时的笔画顺序，增强运动的精确性；练习写字时先用"田"字格，再用方格，最后用横格的稿纸，稳步发展小学儿童的运动知觉。

(三)小学儿童观察力的发展

观察是一种有目的、有计划、比较持久的知觉，是知觉的高级形式。观察力是一种"思维的知觉"，是视觉、听觉、触觉、嗅觉等多种感觉器官协同活动的结果，是一种高级的视知觉活动能力。

1. 小学儿童观察力的发展阶段

我国心理学家丁祖荫曾对儿童图画观察能力的发展进行了研究，结果发现，儿童观察能力的发展可分为四个阶段：

①认识"个别对象"阶段：儿童只看到图画中的个别对象，或各个对象的一个方面，看不到对象之间的相互联系。

②认识"空间联系"阶段：儿童看到了各对象之间能够直接感知的空间联系。

③认识"因果联系"阶段：儿童认识对象之间不能直接感知到的因果联系。

④认识"对象总体"阶段：儿童能从意义上完整地把握对象总体，理解图画主题。

研究指出，小学儿童分属于②③④阶段。其中小学低年级儿童大部分属于认识"空间联系"和"因果联系"阶段；小学中年级儿童大部分属于认识"因果联系"阶段；小学高年级儿童大部分属于认识"对象总体"阶段。

研究还发现，小学儿童观察发展的阶段性，在很大程度上受到图画内容的影响。图画内容涉及儿童生活经验，能为他们所理解，便表现出较高的观察水平；反之，儿童对于不甚熟悉的内容只能列举或描述，而且往往出现错误答案。观察的结果在一定程度上也受指导语的影响，当要求儿童说出图中"有些什么"时，观察易于偏向"列举"；要求说出"在做什么"时，观察多属"描述"及"解释"；要求说出"画的是什么事情"时，容易注意整个图画内容，属于"解释"阶段。

2. 小学儿童观察品质的发展特点

王唯[①]通过对小学一年级、三年级、五年级儿童的观察品质进行研究发现，小学儿童观察品质的发展主要表现在以下几个方面：

(1)观察的目的性。一年级小学儿童观察的目的性较差，一般还不会独立地给自己提出观察任务，即使教师提出任务，他们也不能很好地排除干扰、集中注意力；他们的知觉主要受刺激物的特点和个人兴趣爱好影响，排除干扰能力较差，集中注意观察的时间较短，观察的错误较多。小学三年级和五年级儿童有所改善，但无显著差异。

(2)观察的顺序性。一年级小学儿童没有经过训练，观察事物凌乱、不系统，看到哪里，就是哪里。小学中高年级儿童观察的顺序性有较大发展，一般能有始有终，并能一边看一边说，而且在观察表述前往往能先想一想再说，即把观察到的点滴材料进行加工，使观察内容更加系统化。但从总体上看，五年级和三年级差异不显著，说明五年级小学儿童还不能系统地进行观察。

(3)观察的精确性。一年级小学儿童观察事物极不细心、不全面，常常笼

---

① 王唯：《小学儿童观察能力的研究报告》，载《心理发展与教育》，1985(3)，26~31 页。

统、模糊，只能说出客体的个别部分或颜色等个别属性，对事物间细微的差别难以察觉，不能表述。如一年级小学儿童对刚学的字常常不是多一点就是少一横，对类似于"已"和"己"等形近字常混淆。三年级小学儿童观察的精确性明显提高，五年级小学儿童略优于三年级。

(4)观察的概括力。低年级小学儿童对所观察的事物作整体概括的能力很差，往往较注重事物的表面的、明显的、无意义的特征，而看不到事物之间的关系。到了三年级，小学儿童的概括力有较大提高，五年级又有显著发展，观察的分辨力、判断力和系统化能力明显提高。

综上所述，小学一年级儿童观察品质各方面的水平都较低，经过两年的教育和训练，到小学三年级，儿童的观察品质已有明显发展。

三、小学儿童记忆的发展

记忆是人脑对经历过的事物的反映，包括识记、保持、回忆或再认三个环节，按记忆保持时间的长短，可分为瞬时记忆、短时记忆和长时记忆。记忆是整个心理活动的基础，是积累经验、丰富知识的基本手段。

(一)小学儿童记忆发展的特点

1. 小学儿童记忆量的发展

(1)短时记忆容量。通常，人们通过测量记忆广度来确定短时记忆容量。心理学的研究证明：成人的短时记忆容量为 7 ± 2 个块(单元)，儿童的短时记忆与成人有很大不同。钱含芬的研究[1]表明小学一年级与三年级、五年级儿童数字记忆广度差异明显，三年级与五年级儿童数字记忆广度则无差异。这表明 $7\sim9$ 岁是儿童短时记忆容量迅速发展的时期，但小学儿童短时记忆容量具体多少，尚无定论。

科文(N. Cowan)等人的一项研究为短时记忆容量存在发展性差异提供了有力的证据[2]。科文考察了理解广度的年龄差异，理解广度是指人们一次所能记忆下来的项目数量，或是指没有对信息进行心理加工而立即注意到的项目数量。在科文的研究中，让一年级、四年级的小学儿童与成人同时玩一个电脑游戏，在玩游戏的过程中被试会听到一些数字，即使他们带着耳塞也仍然可以听得见，然后，在被试没有预期的情况下，突然让被试按顺序回忆他刚刚听到的

①　钱含芬：《小学儿童短时记忆发展特点的初步研究》，载《心理科学通讯》，1989，57(2)，12~16 页。

②　[美]沙夫等：《发展心理学——儿童与青少年(第八版)》，邹泓，等译：275 页，北京，中国轻工业出版社，2009。

那一系列数字。由于被试没有有意去注意这些数字，便也不太可能使用任何编码策略来记忆，所以这可能是测试短时记忆容量的一个比较好的方法。研究发现，成人的理解广度平均为 3.5 个数字，四年级小学儿童约为 3 个数字，一年级小学儿童约为 2.5 个数字。科文认为，这种显著的年龄差异恰恰反映了短时记忆容量的发展性差异，也是记忆广度任务中产生年龄差异的原因所在。

(2)记忆保持时间。记忆保持时间是指从识记材料开始到能对材料回忆之间的间隔时间。洪德厚对儿童记忆发展的研究结果表明：儿童记忆保持时间随着年龄的增加而延长，记忆保持时间在 8 岁、10 岁、12 岁有较大幅度的增长[1]。儿童记忆保持时间的长短还受很多因素的影响。一般而言，儿童感兴趣、能引起儿童强烈情绪体验的事物和儿童易于理解的事物记忆保持时间较长一些。

2. 小学儿童记忆质的发展

(1)由无意识记为主向有意识记为主转化。识记根据是否有预定目的和是否需要意志努力可分为有意识记和无意识记。入学时，小学儿童无意识记占重要地位，表现为无意识记和有意识记的效果相当。有一项研究对小学二年级学生与小学四年级学生的无意识记和有意识记进行了比较[2]，结果表明，小学二年级儿童无意识记的正确回忆率为 42.8%，有意识记的正确回忆率为 43.0%；而随着心理活动有意性的发展，有意识记的正确回忆率逐年提高，到小学四年级时，无意识记正确回忆率为 43.8%，有意识记正确率上升到 51.5%，小学二年级到小学四年级期间，儿童有意识记发展最为迅速，小学高年级以后，儿童有意识记趋于成熟，发展速度减慢。

可见，小学低年级是有意识记迅速发展的关键时期，尽管不能否定无意识记在小学儿童学习中的作用，但有意识记逐渐占主导地位。

(2)由机械识记为主向意义识记为主转化。机械识记是在对识记材料没有理解的情况下，依靠材料的外部联系、先后顺序、机械重复进行的识记；意义识记是在对材料理解的情况下，根据材料的内在联系，运用自己的知识经验进行的识记。一般来说，小学低年级儿童机械识记起主导作用，小学中年级、高年级儿童多采用意义识记的方法，大致在三年级、四年级时，逐渐超过了机械记忆。

在小学阶段，不论识记材料是便于意义识记还是只能采取机械识记，其识

---

① 洪德厚：《3～4 岁儿童记忆发展的某些特点》，载《心理科学》，1991(1)，28～31 页。
② 朱智贤：《中国儿童青少年心理发展与教育》，64～65 页，北京，中国卓越出版公司，1990。

记效果都随年龄增长而提高，也就是说，小学儿童机械识记和意义识记效果均随年龄而提高。一项研究结果表明，意义识记正确回忆项目数，小学二年级儿童为 2.22，小学五年级儿童为 3.22；机械识记正确回忆项目数，小学二年级儿童为 1.09，小学四年级儿童为 1.99[①]。另外，小学儿童意义识记的保持量总是高于机械识记的保持量。大量实验研究证明，在小学的各个年龄阶段中，儿童意义识记的保持量都比机械识记的保持量高。

同样，值得指出的是，在整个小学阶段，意义识记和机械识记在小学儿童的学习活动中都起着各自的重要作用。

（3）具体形象记忆的基础上语词抽象记忆迅速发展。小学低年级儿童的具体形象记忆要明显优于语词记忆，他们擅长记忆具体的事物，而对于公式、法则、规律等还不善于记忆。随着教学的深入、年龄的增长和学习任务的提高，不但要记住一些具体的事实或形象，而且要记住一些概念、公式、原理，儿童的语词记忆迅速发展起来。语词记忆中，具体词的记忆又优于抽象词的记忆，年龄越小，越明显，如表 4-3[②]。

表 4-3 三种不同性质材料重现的平均百分数(％)

年级	即时重现			延缓重现		
	形象	具体词	抽象词	形象	具体词	抽象词
一	51.9	41.7	26.4	45.4	17.0	6.4
三	72.6	68.2	52.6	67.3	64.6	34.4
五	82.6	70.0	64.6	81.3	71.0	65.4

由表 4-3 的数据可以看出：①无论哪个年级，都表现出形象记忆最容易，具体语词记忆次之，抽象语词记忆最难；②从年级的增长速度上看，形象记忆增长速度最慢，抽象记忆增长速度最快；③从差异上看，小学低年级形象记忆和抽象记忆的差异大，高年级的差异明显减小。

（二）小学儿童记忆策略的发展

记忆策略是指个体提高记忆效果的有意识活动。儿童记忆策略的数量和有效性都随年龄的增长而增长，一般可分为三个阶段：①没有策略；②不能主动应用策略，但经过启发，可能使用；③能主动地、自觉地使用策略。随着年级

---

① 林崇德：《发展心理学》，323 页，杭州，浙江教育出版社，2002。

② 沈德立：《小学儿童发展与教育心理学》，57 页，上海，华东师范大学出版社，2003。

的升高，小学儿童记忆策略的发展逐渐从第二阶段向第三阶段过渡。

在小学阶段，儿童主要使用的记忆策略包括：复述、组织和精加工策略。

1. 复述策略

复述是最简单的一种记忆策略，即对信息进行多次重复，以保持信息的一种记忆策略。小学儿童复述策略的发展具有如下特点：

第一，小学儿童与学龄前儿童相比，开始逐渐有效地采用复述策略。学龄前儿童一般是不会采用复述策略的，直到进入小学以后，儿童才逐渐有效地使用复述策略，而且在此方面有了非常明显的进步。弗拉维尔（J. Flavell）的研究表明[1]，7岁左右是儿童由不进行复述到自发进行复述的过渡期，7～10岁儿童能有效使用复述策略，而且复述的越多，记忆成绩越好。

第二，随年龄的增长，小学儿童复述的质量不断提高，主要表现为复述方式由被动的复述模式向主动的复述模式转变。

第三，小学儿童使用复述的灵活性随年龄的增长而不断发展。

2. 组织策略

记忆的组织策略是指记忆者在识记过程中，发现记忆材料所包含的意义联系，并据此进行记忆的过程。"组织"实质上是一种更复杂、更深层次的编码，是对信息进行深加工。如下例：

第一组：小船、火柴、钉子、外套、草、鼻子、铅笔、狗、杯子、花

第二组：刀、衬衫、汽车、叉子、小船、裤子、短袜、卡车、调羹、盘子

尽管这两组词语的记忆难度可能相当，但事实上，对许多人来说，第二组更容易记忆，因为第二组词语可以明显地分为予以区别的三个类别（餐具、衣服和交通工具），这可以成为存储和提取词语的线索。研究表明，直到9～10岁，儿童对语义上能进行组织的项目的记忆成绩才会好于难于分类的项目。年幼儿童可以通过训练使用组织策略，但存在策略"产生性缺陷"，即表面上儿童虽然能够组织信息加以回忆，但往往无法自动产生这类策略。小学五年级儿童才能自发使用该策略[2]。

另有研究也表明，儿童在进入学龄期后，其记忆的组织策略才开始明显地发展起来，9～10岁的儿童在使用记忆策略方面的能力明显高于5～6岁的儿童，这种年龄差异体现在使用组织策略的数量和质量方面。

---

[1] 伍新春：《儿童发展与教育心理学》，77页，北京，高等教育出版社，2004。

[2] ［美］沙夫等：《发展心理学——儿童与青少年（第八版）》，邹泓，等译，294～295页，北京，中国轻工业出版社，2009。

一项小学儿童记忆中组织策略发展的实验研究结果发现，小学儿童记忆组织策略的发展可分为产生性缺损和成熟运用策略两个阶段①。小学一年级儿童处于产生性缺损伴随中介性缺损的阶段，也就是说，小学一年级儿童已经具有中等的运用组织策略的能力，但还不能自发地使用该策略，通过策略指导可以学会使用组织策略，却不能提高回忆量。小学三年级儿童处于产生性缺损但已不伴随中介性缺损的阶段，即小学三年级儿童虽然仍不能自发地产生和运用组织策略，却能通过策略训练学会使用组织策略，并且通过运用学到的组织策略使回忆量显著提高。小学五年级儿童则处于成熟运用策略阶段，他们能自发运用组织策略，这对回忆具有积极的效果。小学一年级、三年级儿童对记忆手段和记忆目标之间的关系即对策略的有效性缺乏清晰的认识，他们在记忆情境下倾向于使用那些自己熟悉的、简单的但却无效的策略，他们关于记忆材料的知识也较为缺乏，这就是年幼儿童出现产生性缺损的原因。

3. 精加工策略

精加工策略是指儿童在遇到难记的材料时，找出材料之间的某种联系，并赋予其一定意义从而来提高记忆效果。比如，要记住一个电话号码，数字本身没有意义，但可以赋予它们以某种意义，使其记得又快又牢。

研究发现，精加工策略发展比较晚，一般要到小学高年级和中学阶段才能出现。有人研究发现：年龄较小的儿童所找出来的一些关系具有呆板和固定的特点，而年龄较大的儿童所找出来的关系则更加生动。年龄小的儿童容易从实验者指出的关系中受益，而年龄大的儿童则容易从自己找出的形象或语词关系中受益。

(三)小学儿童元记忆的发展

为什么年幼儿童即使会利用诸如复述和组织等记忆策略，却不能自发地那样去做呢？弗拉维尔作了这样的解释：儿童还不具备对记忆策略的认识或不具备什么时候利用这些策略的最为合适的经验。年龄大一些的儿童就知道该如何去记忆，也能较准确地评估自己的记忆的能力，如，他们知道要把记的对象大声地说出来，写下来，把类似的项目组合在一起，这一切都有助于他们完成记忆任务。实际上，这些就是元记忆要研究的核心问题。

元记忆最早由弗拉维尔提出，是指个体对自己记忆过程的理解和认识，具体而言，主要包括元记忆知识、元记忆体验和元记忆监控三个方面。

---

① 庞虹:《小学儿童记忆中组织策略发展的实验研究》，载《心理学报》，1992(4)，356~361 页。

1. 元记忆知识

元记忆知识主要包括三个方面：有关记忆主体方面的知识，有关记忆任务方面的知识和有关记忆策略方面的知识。

有关记忆主体方面的知识是指对记忆主体的认识和了解。小学儿童随年级的升高，有关记忆主体方面的知识不断增加。例如，小学儿童已经能够对记忆能力形成一种稳定的看法。他们意识到记忆能力是因人、因情境而异的。有关记忆任务方面的知识是指对记忆任务要求方面的认识和了解。研究发现，小学儿童随年龄的增长，逐渐认识到回忆比再认难，逐字逐句地记忆比只记大意难。有关记忆策略的知识是指个体对记忆策略方面的认识和了解。随着小学儿童年级的升高，他们逐渐掌握了一些记忆策略，如向他人询问、查笔记、听录音等，并且大部分小学儿童能说出一种以上的记忆方法。

2. 元记忆体验

元记忆体验主要是指伴随在记忆活动过程中的情绪、情感体验，不仅包括对"知"的体验，而且包括对"不知"的体验。有一项研究以舌尖体验为指标，研究小学儿童元记忆体验的发展。所谓舌尖体验就是话在嘴边但一时说不出来。研究发现小学三年级儿童就具有了与成人一样的舌尖体验[1]。

3. 元记忆监控

元记忆监控指主体在进行记忆活动的过程中，将自己正在进行的记忆活动作为意识对象，不断地对其进行积极的、自觉的监督、控制和调节。小学儿童元记忆监控能力是随着年级升高而逐渐发展的。

庞虹的研究发现，一年级小学儿童尚无有效的监测，即相应的元记忆知识比较少，而且与记忆行为无关；大部分小学三年级儿童监测好，控制差，即已经知道组织策略有益于记忆，对自己的记忆状态也有清晰的认识，但这方面的知识不能促进他们在记忆中的策略行为；小学五年级儿童的监测和控制都较好，即有关组织策略知识和对自己记忆状态的清晰意识促进了他们的策略行为。这一研究结果表明，随年龄的增长，元记忆监测和元记忆控制之间趋于协调，同时还表明良好的监测并不意味着良好的控制[2]。

四、小学儿童思维的发展

思维是通过分析、综合、比较、抽象、概括等过程以间接途径获得的对事

---

[1] 沈德立：《小学儿童发展与教育心理学》，62 页，上海，华东师范大学出版社，2003。

[2] 庞虹：《儿童有关组织策略知识和记忆监控的发展以及它们与记忆行为的关系》，载《心理科学》，1991(6)，23～27 页。

物本质和规律的认识，是认识的高级形式。根据皮亚杰的认知发展阶段理论，小学儿童正处于具体运算阶段，他们的思维发生了巨大的变化，能够建立关于转化以及转化"逆运算"的心理表征，达到数量守恒。儿童掌握各种守恒有一定的顺序，最先掌握的是数目守恒（6～7岁）；接着是物质守恒、长度守恒（7～8岁），面积和重量守恒（9～10岁）；最后是体积守恒（12岁）。另有许多实证研究表明，小学阶段是儿童思维发展的一个重大转折时期。

小学儿童自入学后，就开始从事正规的有系统的学习，在学习过程中，儿童的各种心理过程的有意性和抽象概括性也随之获得发展。新的学习活动、集体活动等对儿童提出了新的要求，从而引起小学儿童思维发展的种种新的需要，并和儿童已达到的原有心理结构、思维水平之间产生了矛盾，构成了小学儿童思维发展的动力。

（一）小学儿童思维发展的基本特点

小学儿童思维发展的基本特点是从以具体形象思维为主要形式过渡到以抽象逻辑思维为主要形式，但这种逻辑思维在很大程度上仍然是与感性经验相联系的，仍然具有很大成分的具体形象性。

1. 小学儿童的思维逐步由具体形象思维向抽象逻辑思维过渡

小学低年级儿童的思维具有明显的具体形象性。他们掌握的概念大部分是具体的、可以直接感知的，他们难以指出概念中本质的东西，思维活动在很大程度上还是与所面临的具体事物或其生动的表象联系着。小学中高年级儿童的思维以抽象逻辑思维为主要形式，他们逐步学会区分本质的东西和非本质的东西，初步掌握科学定义，学会独立进行逻辑论证。

值得指出的是，小学低年级儿童的思维具有明显的具体形象性，并不是说他们不能进行抽象逻辑思维，不能学习理论知识，不会进行抽象概括或判断推理，不能得出合理的结论。认识到这一点，可避免在教学中盲目地用一些感性知识去充塞小学儿童的头脑，以致他们掌握的是一些支离破碎的知识。同样，小学中高年级儿童能够进行抽象逻辑思维，也不等于他们不再需要具体形象思维了。恰恰相反，整个小学阶段的儿童，其中也包括小学高年级儿童，他们的思维还带有很大的具体性，他们的抽象和概括还多是对事物的具体、直接的属性的抽象和概括。忽视这一点，很容易导致教学失去针对性或成人化。

小学儿童思维在由以具体形象思维向以抽象逻辑思维主要形式的过渡中，存在一个转折期，这个转折期也就是小学儿童思维发展的"关键年龄"。一般认为，这个关键年龄在小学四年级（约 10～11 岁）。我国心理学家林崇德的研究认为[①]，小学儿童思维发展的转折点在何时实现，主要取决于教育的效果，只要教学得法，小学儿童思维发展的关键年龄可以提前到小学三年级。

在从具体形象性向抽象逻辑性的过渡中，存在不平衡性。不平衡性既表现为个体发展的差异，也表现为思维对象（不同学科、不同教材等）的差异，例如，有些儿童可能在数学学习中表现出较高水平的抽象逻辑思维，但在语文学习中表现出的抽象逻辑思维水平较低。小学儿童的抽象逻辑思维水平在不断提高，他们思维中的具体形象成分和抽象逻辑成分的关系在不断发生变化，这是发展的一般趋势，但是具体到不同的个体及不同的思维对象，这个一般的发展趋势又常常表现出很大的不平衡性。

2. 小学儿童逐渐具备了人类思维的完整结构，但这个结构还有待进一步发展与完善

小学儿童思维的发展显示出思维结构从不完善向完善水平的过渡，具体表现在[②]：①思维的目的性增强；②表现出完整的思维过程（如分析与综合，抽象与概括，比较等）；③有着较完善的思维材料和结果，思维品质的发展使个体思维表现出显著的差异性；④思维的监控能力日益增强。

另外，小学儿童的思维虽然主要属于初步的抽象逻辑思维，但它具备了一切逻辑思维形式，包括辩证逻辑思维的萌芽。杨建军等人的研究发现[③]，小学一年级至小学三年级是辩证思维萌芽期，小学四年级是辩证思维发展的转折期，但即使到小学六年级，仍处于辩证思维能力的初级阶段。研究还发现，小学儿童辩证思维发展在水平上无明显的性别差异，但在发展速度上存在着差异，男生略快于女生。

3. 元思维从不自觉性向自觉性发展

元思维是指儿童能意识到自己的思维过程。例如，在解答数学题时，能意识到第一步该怎么做，第二步该怎么做；在下棋的时候，能意识到怎样下才能战胜对方。

元思维是思维的高级状态，它的发展同样存在一个过程。小学低年级儿童

---

① 林崇德：《小学儿童数概念与运算能力发展的研究》，载《心理学报》，1981(3)，289～298 页。
② 林崇德：《发展心理学》，290 页，北京，人民教育出版社，1995。
③ 杨建军：《1～6 年级小学生辩证思维能力的实验研究》，载《心理发展与教育》，1991(4)，24～31 页。

虽然已学会一些概念，并能进行判断推理，但还不能自觉地来调节、检查或论证自己的思维过程，他们常常能够解决某种问题或完成某项任务，却说不出自己是如何思考、如何解决的。到小学中高年级才能逐渐意识到自己的思考过程，如此时在解数学题时能说出自己的解法以及检查自己的对错处。这种从不能意识到自己思考过程发展到能自觉意识的过程，即为小学儿童元思维产生和发展的特点。

(二)小学儿童思维基本过程的发展

人类的思维活动过程表现为分析、综合、比较、抽象、概括和具体化，在此，主要介绍小学儿童概括能力、比较能力和分类能力的发展。

1. 概括能力的发展

随着年级的升高，小学儿童的概括能力逐步从对事物外部特征的概括过渡到对事物本质特征的概括。研究表明，小学儿童概括水平的发展大体经历了如下三个阶段[1]。

第一个阶段，直观形象概括水平(7~8 岁)。此时，小学儿童的概括水平和幼儿的概括水平差不多，以直观形象概括为主，他们所概括的事物属性，一般为事物的直观形象和外部属性。

第二个阶段，形象—抽象概括水平(8~10 岁)。此时，小学儿童的概括水平处于从形象水平向抽象水平的过渡状态，在他们的概括中，直观的、外部的特征或属性成分逐渐减少，形象的、本质的特征或属性的成分逐渐增多。

第三个阶段，初步本质抽象概括水平(10~12 岁)。此时，小学儿童的概括水平开始以本质抽象概括为主，不过，小学儿童对那些与他们的生活领域距离太远的科学规律进行概括是非常困难的，所以此时的抽象概括还只能是初步接近科学的概括，还有待于进一步发展、提高。

2. 比较能力的发展

小学儿童比较能力的发展随年龄和年级的增长而不断提高[2]。比较能力的发展表现为：①从正确区分具体事物的异同逐步发展到区分抽象事物的异同；②从区分个别部分的异同逐步发展到区分许多部分的关系的异同；③从直接感知条件下进行比较逐步发展到运用语言在头脑中引起表象的条件下进行比较。

小学儿童比较能力的发展，在不同的条件下具有不同的特点。在某些条件下，他们既能在相似事物中找出相同点，又能找出其细微差别；而在另一些条

---

① 朱智贤：《中国儿童青少年心理发展与教育》，258~259 页，北京，中国卓越出版公司，1990。

② 魏牟长：《小学生比较能力发展特点的研究》，载《心理学报》，1964(3)，274~280 页。

件下则不然。所以，不能笼统地认为小学儿童，尤其是小学低年级儿童一般容易找出事物的相异点。在教学中，应根据不同的教学内容确定不同的重点，采用不同的方法进行比较。

3. 分类能力的发展

有研究表明，小学儿童分类能力的发展表现出如下特点[1]：6 岁以后儿童能进行一级独立分类(如白鸽、麻雀、乌鸦为鸟；虎、狮、象为野兽)的人数超过一半；小学二年级儿童可以完成对自己熟悉的具体事物的字词概念的分类；至 9 岁基本上已经掌握一级概念。按二级概念分类(如鸟、野兽为动物；水果、蔬菜为植物)，7 岁以前的儿童都表现出不甚理解的情况，对二级概念的独立分类要到 8 岁以后才能超过半数，9 岁的正确率也只能达到 58.3%，能正确说明分类的根据，则要晚得多，也就是说，将二级概念真正按类概念分类，要到小学中高年级以后才能完成。

(三)小学儿童思维形式的发展

概念、判断和推理是思维的基本形式，心理学可以通过对思维形式的研究来认识人类思维活动过程的规律性。

1. 概念的发展

概念是人脑反映客观事物本质特征的思维形式，是思维活动的基本单位。小学儿童掌握概念是一个主动的、非一次性完成的、不断充实和改造的过程。

儿童在概念掌握上表现为三级水平[2]：

第一级：用"具体实例"和"直观特征"来解释概念。所谓"具体实例"是应用个别具体的实际事物对概念加以解释，如"皇帝——秦始皇""水——河里的水"。所谓"直观特征"就是用可以感知的事物的特征来描述概念，如"灯——玻璃做的""野兽——在树林里会伤人的"。小学儿童采用"具体实例"和"直观特征"来解释概念的人数占有很大的比例，小学低年级、中年级、高年级分别为47.9%、50.34%、34.70%。其中，"具体实例"式随年龄增长而减少，而"直观特征"式随年龄增长而增加。这表明小学儿童掌握概念带有明显的具体形象性。

第二级：用"重要属性"和"实际功用"来解释概念。所谓"重要属性"是从概念所反映的事物的某些重要意义的属性来解释概念，如"三角形——三个角的

---

[1]　刘静和，王宪钿，范存仁，张梅玲：《4 至 9 岁儿童类概念的发展实验Ⅰ：分类与分类命名的实验研究》，载《心理学报》，1963(4)，287~295 页。

[2]　伍新春：《儿童发展与教育心理学》，83~84 页，北京，高等教育出版社，2004。

形状"。所谓"实际功用"是以实物的功用来阐明概念，如"水——能喝的""灯——能照亮"。小学儿童采用"重要属性"和"实际功用"来解释概念的人数随年级增加而增加，小学低年级、中年级、高年级分别为 3.25％和 3.59％、5.04％和 6.50％、7.92％和 7.69％。这表明小学儿童思维的具体形象性，同时也表明儿童抽象概括能力迅速发展。

第三级：用"种属关系"和"正确定义"来解释概念。所谓"种属关系"是以事物内部的逻辑关系，即以"上下"概念关系来解释概念。例如，"三角形——一种图形""皇帝——剥削阶级的头子"等。"种属关系"反映儿童的思维已有较高水平的发展。所谓"正确定义"是用定义的形式揭示概念的本质特征。例如，"水——会流动、无色无臭、透明的液体""三角形——三条线组成的面，有三个角"等。"正确定义"是掌握概念的完善形式，反映儿童思维达到了较高水平。随着小学儿童年级的增加，小学低年级、中年级、高年级用"种属关系"和"正确定义"来解释概念分别为 6.75％和 5.30％、7.35％和 14.87％、11.88％和33.25％。采用第三级来解释概念，是抽象思维发展的标志。

总的来说，在整个小学阶段，儿童所掌握的概念还是不复杂的、不完整的，最多只是一些初步的科学定义，因此，过早地向儿童提出复杂的、完整的科学定义，是不恰当的。比如，在小学的科学教材中，只能提出"水是没有颜色、没有气味、没有味道、透明的液体"，而作为水的本质特征的化学成分，就不是他们所能理解的。

2. 小学儿童判断的发展

小学一年级儿童的判断大多是根据事物的外部特征进行，如"他是老师""这是椅子""鱼是能吃的"等。小学一年级儿童判断的另一个特点是对事物的因果关系的简单认识，不会从多方面寻找事情的原因，常作出绝对的判断。如"老师没来上课，准是病了""他脸红了，这东西一定是他拿走了"。

小学二年级儿童能对同一事实作出不同的解释。如"某某同学今天没来上课，他可能是病了，可能家里有事，可能是起床晚了等"。但此时，他们还不能自觉地去论证自己的假设。从小学中年级开始，儿童开始比较独立地、有根据地论证一些比较复杂的判断，表现为：不仅懂得自己的判断是真实的，而且初步学会对提出的判断进行逻辑分析和证明，不仅能运用直接论证，而且能运用间接论证；不仅能提出各种可能的原因，而且能从中确定真正的原因或主要的原因。

3. 小学儿童推理的发展

推理是判断与判断之间的联系，是从一个或数个已知判断推出新的未知判断的思维形式，也是事物之间的联系和关系在人脑中的反映。如，果实是植物中有种子的部分(判断)；杏中有种子(判断)；杏是果实(新判断)。推理主要分为归纳推理、演绎推理和类比推理三种形式。

林崇德的研究表明，小学儿童的归纳推理和演绎推理的发展具有如下趋势：①小学儿童的归纳和演绎两种推理能力的发展存在年龄差异和个别差异。②随着年龄的增长，小学儿童推理范围的抽象程度加大，推理的步骤简练，推理的正确性、合理性和推理品质的逻辑性和自觉性也在加强。③在运算能力的发展中，小学儿童掌握归纳与演绎两种形式的趋势和水平相近。

就小学儿童类比推理而言，其发展也存在年龄阶段性，即小学低年级、中年级、高年级有显著的水平上的差异；教育条件的好坏显著地影响类比推理发展的水平，教育条件差的学校的高年级学生的正确类比推理比率还停留在教育条件好的学校的较低年级水平上。

(四)小学儿童思维品质的发展

思维品质是思维发生和发展中表现出来的个性差异，体现了个体思维的水平和能力，主要包括深刻性、灵活性、敏捷性和独创性四个方面。

1. 小学儿童思维深刻性的发展

思维的深刻性具体体现在善于深入地思考问题，抓住事物的本质和规律、预见事物的发展过程。如"打破砂锅问到底，但又不钻牛角尖"。小学三年级、四年级是小学儿童思维深刻性发展的关键期。

2. 小学儿童思维灵活性的发展

思维的灵活性是指思维活动的智力灵活程度，具体体现在：思维起点灵活；思维过程灵活；概括迁移能力强；善于组合分析；思维的结果往往是多种合理而灵活的结论。例如，在运算中思维灵活性的发展表现为：①一题多解数量增加；②灵活解题的精细性增加；③儿童组合分析水平不断提高。

小学儿童思维灵活性的发展过程比较稳步，没有突变转折，随着年级的递增，思维灵活程度的差异越来越明显。

3. 小学儿童思维敏捷性的发展

思维的敏捷性是指思维过程的速度，在处理具体问题的过程中能够迅速进行判断，迅速作出反应，迅速得出结论，这就是思维的敏捷性，如"眉头一皱，计上心来"。思维的敏捷性要求快而且准确，快而不准不是思维的敏捷性，而且思维的敏捷性与思维的灵活性和深刻性密切相关。小学儿童思维的敏捷性是不断发展的，表现为运算速度不断提高，得出正确结论的能力越来越强。

4. 小学儿童思维独创性的发展

思维的独创性是指思维活动在独立性、发散性和新颖性上的表现。小学儿童思维独创性的发展趋势表现在两个方面：①从对具体形象材料加工发展到对语词抽象材料的加工；例如，小学低年级儿童描述最可爱的小动物时，多是对自己曾看到的某种小动物的描述，但小学高年级儿童可能还会加上自己没有亲眼见过但曾在文学作品中读过的相关描述。②从先模仿到半独立性的过渡，再发展到独创性。例如，在小学儿童自编应用题的学习中，一般是从模仿书本例题开始，经过补充应用题的问题和条件，有一个半独立性的过渡，逐步发展为独立地编拟各类应用题。小学四年级是思维独创性发展的一个转折点。

总之，在教育中，教师必须正确认识小学儿童思维发展的特点和过渡性思维的关键年龄。如果只强调小学儿童思维发展的具体形象性，就会使教学内容过于简单，影响教学质量；如果只强调思维发展的抽象逻辑性，忽视思维具体形象性的支持作用，使教学内容过难，就会使教学工作出现事与愿违的结果。就小学儿童的思维品质而言，也存在明显的年龄特征。一般说来，小学儿童思维的敏捷性和灵活性是稳步发展的，思维的深刻性在发展中既表现出不断发展的趋势，又有一个三四年级的转折或关键期；思维的独创性比其他思维品质发展要晚，要复杂，涉及的因素要多，所以教师既不能忽视小学儿童独创性品质的发展与培养，也不能过高地估计他们独创性思维品质的水平。

五、小学儿童想象的发展

想象是对头脑中已有的表象进行加工改造，形成新形象的过程。根据有无预定目的，可将想象分为无意想象和有意想象；根据新颖性和独创性的程度不同可分为再造想象、创造想象和幻想等形式。

小学儿童入学后，在学校教育的影响下，想象有了进一步的发展，表现出如下特点。

1. 想象的有意性迅速增长

小学儿童想象的有意性，随年龄增高而不断提高。入学不久的小学低年级儿童，仍带有幼儿时期的特点，在想象时往往容易离开想象的目的和主题，根据自身过去的经验做自由联想。在讲述时常常根据自身的经验添枝加叶，不由自主地想出许多在原文里或事件里没有的新鲜事件或细节。到了小学高年级，他们的智力活动的控制能力增强了，能围绕主题进行想象。

小学儿童想象有意性的发展与小学教学的要求密切相关。入学后的儿童，更多地从书本中获得间接经验，在教学过程中，教师要求儿童按照教学的目的产生符合教材内容的想象，因此，想象的有意性、目的性就迅速增长起来。例如，在阅读课中，要求儿童进行有系统的、生动的讲述或表情朗读；在作文课中，要求儿童围绕主题进行连贯的构思；在绘画中，要求儿童通过想象来设计富有美感的构图等。具体而言，从小学三四年级开始，有意想象逐渐发展并占主要地位，从而使他们能顺利完成各门课程的学习任务。

2. 想象中的创造性成分日益增多

小学低年级儿童的想象富于模仿性、再现性，创造加工的成分不多，儿童想象的内容常常是事物的简单重现。这种情况是和儿童的抽象逻辑思维水平发展很低这一事实密切相联系的。在教学影响下，随着儿童言语和抽象思维的发展，想象中的创造性成分便日益增多，想象也更富有逻辑性。例如，小学低年级儿童所讲的故事往往都是他们从广播、教师或者其他人那儿听来的，在讲述中从内容到表情、动作也都是模仿他人的；到了小学中年级、高年级，他们不仅在再造想象中创造性成分越来越多，而且能对已有表象做出真正的创造性加工，能独立地进行创造性想象；小学高年级儿童在讲述故事时，复制和模仿的性质逐渐减少，对情节的创造性改造日益明显和增多。他们根据自身的知识经验，创造出全新的、别出心裁的故事内容，想象中的创造性成分日益增多。

3. 想象逐步变得富于现实性

想象的现实性指想象的形象受现实的制约，能真实地反映现实。小学低年级儿童想象的内容常脱离现实，或者不能准确地反映客观现实。在教师的指导下，以及学习内容的丰富和知识经验的逐步积累，到小学中年级、高年级时，他们想象的内容逐渐符合客观现实。

王耘的研究表明[1]，随着年龄增长，儿童想象中的幻想日益减少，而现实性不断增加，表现为儿童的想象越来越合乎逻辑。主要表现为：

第一，从热衷于完全脱离现实的神话虚构，逐渐转向对现实生活的幻想。譬如，在小学儿童对文艺作品的喜爱方面，爱听童话故事、神话故事，爱看动画片，会对童话、神话信以为真。随着教学活动的发展和思维水平的提高，小学三年级以后的儿童，就逐渐过渡到以现实为主的阶段，他们的兴趣逐步从童话故事转移到与现实生活较为接近的题材上。同时，在对未来生活的向往方面，小学低年级儿童往往爱想入非非，幻想做一个像动画片中的具有非凡本领的人，而小学高年级儿童开始联系自己的生活前途，如考上理想的中学，做一名对社会有用的人等。

---

① 王耘：《小学儿童创造性想象发展的实验研究》，载《心理发展与教育》，1989(2)，9～15 页。

第二，想象所反映的形象越来越接近现实事物。学龄前儿童的想象常常不符合现实事物，或不能确切地反映现实事物。小学低年级儿童也具有这个特点。例如，学龄前初期儿童只能以几根乱七八糟的线条来表现一个人、一只动物、一幢房子或一棵树。而学龄前晚期和小学低年级儿童，就能有简单的布局和突出的细节。但是由于他们知识经验水平的限制，他们所画的事物还常常是不完整的，而且大小比例、前景后景一般表现得不正确、不符合现实事物。在教学的影响下，由于儿童知识经验的积累，小学中年级以上的儿童，在绘画的时候，就能不但注意所画的事物的完整性，而且能初步运用透视关系来更好地、更真实地表现事物。

复习与思考

1. 皮亚杰与维果茨基的认知发展理论对小学教育有何启示？

2. 皮亚杰强调教学要根据不同发展阶段儿童的心理特征来进行，教学不能超越发展；而维果茨基认为教学在依据儿童已有认知结构的同时，应该走在发展的前面。对这两种观点，你有何看法？

3. 如何正确认识小学儿童认知发展与教学之间的关系？

推荐阅读

1. 陈威. 小学儿童心理学. 北京：中国人民大学出版社，2009.

2. [美]沙夫等. 发展心理学——儿童与青少年（第八版）. 邹泓，等译. 北京：中国轻工业出版社，2009.

3. 沈德立. 小学儿童发展与教育心理学. 上海：华东师范大学出版社，2003.

4. 王惠萍，孙宏伟. 儿童发展心理学. 北京：科学出版社，2010.

5. 伍新春. 儿童发展与教育心理学. 北京：高等教育出版社，2004.

第五章　小学儿童的言语发展

本章重点
- 语言和言语的概念及其关系的理解
- 语言获得的理论
- 小学儿童言语发展特点与能力培养
- 第二语言的学习
- 小学儿童常见的言语发展问题与对策

　　交流是社会生活中不可缺少的部分。人类的交流方式有很多，有使用语言的交流，也可以通过人的面部表情及其他肢体动作来达到交流的目的。但是语言是其中最重要的，也是最方便的媒介，实际上，像面部表情和相关肢体动作，在语言学的研究中往往也称为副语言。在心理学上，我们习惯把个体运用语言进行交流和表达的心理现象称之为言语。语言是我们思维的工具，个体的言语水平制约其认知的发展；较好的语言表达能力也是一个人的财富，"会说话"常常会给一个人带来美好的人生。林崇德等人（1981）在对小学儿童字词概念发展的研究中，发现小学四年级上学期是儿童掌握字词概念发展的一个重大转折点①。小学儿童和幼儿相比较，已经掌握了相对比较丰富的词汇和基本语法结构，言语的表达能力也得到了改善，但整个小学阶段仍然是一个学习语言和言语表达的重要时期。语言对于儿童而言既是学习的工具，也是学习的内容。言语的发生和发展将促进儿童思维的发展。作为小学教育工作者很有必要通过学习来了解一些儿童言语发展理论，掌握小学儿童言语发展的年龄特征，形成正确的儿童言语发展观。

第一节　语言和言语

　　语言和言语有紧密的联系，在生活当中经常出现交换使用的情况，但这两

---

① 　林崇德：《发展心理学》，315 页，杭州，浙江教育出版社，2002。

个概念是有区别的。总的来说，语言是一种社会现象，而言语是一种心理现象。

一、语言

（一）语言的概念

语言是以语音或文字为物质外壳，以词为基本单位、以语法为构造规则的一种符号系统。语言有物质化的语音或字形，因而个体可以通过一定的语言把自己的思想情感表达出来传达给别人。所以语言是人们用以思维和交际的工具，它是一种社会现象，人们借助语言保存和传递人类文明的成果。语言也是民族的重要特征之一，一般来说，各个民族都有自己的语言，如汉语、英语、法语、俄语、西班牙语、阿拉伯语等。当今世界，汉语是使用人口最多的语言，英语是使用最广泛的语言。

（二）语言的特性

语言的词汇标示着一定的事物，它的语法规则反映着人类思维的逻辑规律。人类语言具有规定性与创造性、指代性与意义性、社会性与个体性等特性。

规定性与创造性。语言是一套共同采用的沟通符号、表达方式与处理规则，大家只有按照这些规定去思考去交流，才能获得相互理解。语言的创造性主要表现在人们使用有限的词和合并这些词的规则，能产生或理解无限数量的语句；创造性还表现在词义的演变中，近年来出现的流行语"神马""浮云"等就是一种新的发展。

指代性与意义性。语言的各成分都指代一定的事物或者抽象概念，语言中的一个词或一句话都有一定的含义。一定的社会有一定的语言，语言的指代性那是人们在长期生活当中对一定的事物或抽象概念形成的共识；语言各成分意义性的存在，才使不同区域、不同民族的相互交流变成了可能。

社会性与个体性。语言是一种社会现象，语言的形成和发展都依赖于一定社会的存在，与社会的经济、政治、文化等都有着密切的关系，并且对这个社会的经济、政治等也会产生重大影响。在新中国成立后，提出了民族平等的政策，有语言文字研究工作者就指出"语言问题是民族问题中的一个敏感问题"[①]。同时，语言又必须通过个体运用语言符号进行的交际活动，才能赋予语言生命力。语言的存在与发展与个体的生存和发展离不开，所以，语言也具有

---

① 王均：《〈中国少数民族语言文字应用研究〉序》，载《语言文字应用》，2000(2)，83～85页。

个体性特点。

（三）语言的结构

语言具有层级性，语言是按层次结构组织起来的。语言表达的基本形式是句子。句子下面可以分为短语、词、语素和音位等不同层次，每一个层次又都包含一定的语言成分和将这些成分组织起来的规则。人们按照这些规则可以将音位组成语素，然后由语素组成词，再由词组成短语和句子。

1. 音位

音位是能够区分意义的最小语音单位。凡是具有对立性差别的音素（在一次发音中从音质的角度切分出来的最小语音单位，分为元音、辅音两大类）视为不同的音位，如汉语中［b］、［p］就是不同音位，它们有区别词素和词的意义作用。音位分为音段音位和超音段音位，前者是从音素的对立性差别中归纳出来的，后者则是在语流中并不占位置而只是被添加到音段音位的序列上的音位。如［b］、［p］、［a］等就是音段音位；而汉语中的声调就是一种超音段音位，所以也有人把这种音位称之为韵律特征或动态特征。

2. 语素

语素也称词素，是语言中音意结合的最小单位，也是语法分析的最小单位。语素词的组成要素，它的功能是构词。汉语中语素可分自由语素和黏着语素。前者如汉语中"人""我"等，能够独立成词也可以同语素结合成词；后者又往往被称为语缀，如汉语中的"者"、"阿"等只能跟其他语素一起才能组成词，本身是不能独立成词的。

3. 词

词是语言中可以单独运用的最小音义结合单位。词由语素构成，分为单纯词和合成词。语素是语言中音义结合的最小单位，但是语素不能独立运用，是一种构词单位，而词则是可以独立运用的。由一个语素构成的词即称单纯词，由两个或者两个以上的语素构成的词即称合成词。根据词的句法功能又可将词分为名词、动词、形容词、数词、连词等 10 种词类。

4. 句子

句子是可以表达比较完整语义的语言结构单位。传统的语言学家把语法分为词法和句法两类。词法指词的构造和变化规则；句法指组词成句的规则。语言有层级性，句子的结构也有层级性，从一个句子可以分出若干的成分即句子的结构。如长句可以划分为若干个短句。

语言主要是语言学的研究对象，在心理学当中更多的是探讨语言的习得、语言的接收和发展的过程等，由此我们在这里就对语言本身的知识就不做过多的讨论。但对于小学儿童而言，需要强调的是语言是他们的一个重要学习内容。事实上，孩子的年龄越小就越擅长学习语言，学习语言对他们来讲就像游戏一样轻松自如。

二、言语

(一)言语的概念

个体运用某种语言表达思想、情感或与他人进行交际的过程就是言语活动。在生活中，人们运用一定的语言，进行各种形式的交际。言语是人运用语言进行交际的活动，是受个人心理现象调节的活动。

一般说来，在言语活动中包含着两个过程：言语的表达过程，言语的感知和理解过程。言语的表达是由思想到说话或写作的过程，反映了一个人运用某种语言形式来达到其预定的目的和意图的过程。言语的表达过程是指说话的人或写话的人，在大脑活动控制之下，选择表达思想所必需的和适当的词，按照语法规则把它们联结起来，通过发音器官，或手部动作，把它们说出来或写出来，从而使自己的思想愿望或情感表达出来。言语的感知和理解过程是指听话的或阅读的人，听到对方发出的语言或看到对方写出的文字，在头脑中思索理解，从而领会其中所表达的思想、愿望或情感。言语的理解实质上也就是在言语感知的基础上在头脑中建立语义的过程。心理发展水平不同的个体，言语活动过程也有差别。如言语的理解有不同的水平，对单词的理解是言语理解的初级水平，在单词的理解上产生对个别单词所构成的短语和句子的理解就是较高的水平了。

(二)言语的种类

言语的种类是指根据言语活动的性质或特点而形成有关言语门类的认识。比如根据言语内容的社会性质可以分为恶言、谎言、戏言、闲言等。在心理学上将言语活动分为外部言语和内部言语两种形式，这是依据个体的言语活动是否能被他人感知而划分的。用来进行交际、能够清楚使他人感知的言语叫外部言语。内部言语为一种自问自答或不出声的言语活动，是用来支持个体思维活动进行的言语。

1. 外部言语

具体来说，外部言语可以进一步细化分类。"说出来"的外部言语又叫口头言语，有对话言语与独白言语两种形式。对话言语是指多人进行直接交际时的言语活动，它是一种最基本的言语形式，其他形式的口语和书面言语都是在对话言语的基础上发展起来的。对话言语是一种情境反应性言语，交际的双方在一定的特定情境下进行言语沟通，并根据对方的言语内容进行回应。由于这种直接交流，有很多信息可以省略或者能从类似于表情等其他方面得到信息补充，所以对话言语往往也是一种简约性的言语，在对话中，双方往往只需用简单的句子，甚至个别单词来表达自己的思想。像朋友之间的谈心，儿童娱乐、游戏之间的交流大多都属于对话言语。口头言语的另一种形式是独白言语。独白言语是个人独自进行的，与叙述思想、情感相联系的，较长而连贯的言语。独白言语是说话者独自进行的言语活动，是一种有准备、有计划的言语。像舞台背景介绍与教师在讲授时候的言语活动，大多就属于独白言语。

"写出来"的外部言语又称之为书面言语，它是指一个人借助文字来表达自己思想或者通过阅读来接受别人言语的影响。书面言语比口语出现得晚，其特点有严谨性、开展性和计划性。书面言语要求用精确的词句、正确的语法和严密的逻辑进行陈述，且具有较强的计划性，一般常以腹稿、提纲等形式表现出来，然后经过修改、补充和润色使之趋于完善。像生活当中的写信就是一种书面言语活动。

2. 内部言语

内部言语是一种自问自答、且不出声的言语活动，是自己对自己说话。这种言语显然不是与其他人直接进行交流的，它是用来支持个体进行思维的言语活动。我们在听别人谈论的时候，我们在考虑该用什么样的内容、什么样的方式进行回应，这实际上就属于内部言语活动。我们很多时候讲反思、沉思，这些也属于内部言语活动。内部语言是幼儿在口头言语或称为有声言语的基础上发展起来的。当孩子学会说话以后，有一段时间他会经常一边做事一边说，后来他慢慢地说得不多了，再后来干脆不出声了。这实际上是在进行一种内化过程，它使有声的言语过渡到了内部言语。维果茨基认为，内部言语在儿童接近学龄期才产生，我国研究者的实验研究结果发现，儿童内部言语产生的时间是4岁[①]。

外部言语和内部言语是人类言语活动的两种形式，两者有着不同的表现，但实际上两种形式之间又存在密切的关系。内部言语是在外部言语的基础上产生的。儿童先发展外部言语，学会与别人进行言语交际，以后才逐步由外部言语经过内化作用而产生内部言语。当人们对外部言语作计划时，内部言语常常起着重要的作用。因此，一方面，没有外部言语就不会有内部言语，内部言语的发展离不开外部言语的发展；另一方面，如果没有内部言语的参与，人就不

---

① 李玮：《儿童内部言语产生时间的实验研究》，载《现代中小学教育》，1992(1)，58～62页。

能顺利地进行外部言语活动。

（三）言语的功能

1. 交流功能

通过言语活动，人们能相互传递信息，沟通情感，表达意愿，起到交流思想的作用。言语活动不同于人的其他心理活动，如思维、记忆等。言语活动是出声的活动，发出的声音可以被别人感知、理解，并且加以记录。因此人们不仅可以通过言语活动与他人直接交流思想，也可以通过言语活动的记录——书籍，继承人类的文明遗产，以间接的方式接受前人的思想。我们固然无法与古人直接对话，却能从古人留下的文化遗产中，了解古人的喜、怒、哀、乐，了解古代的政治、经济、文化、风土人情，从而使人类的智慧在历史的长河里不断发展、丰富。

2. 符号功能

言语中的词总是标志着一定的对象或现象。任何一种语言中某个词和它所标志的对象之间的关系是人们在长期交际过程中约定俗成的。使用这种语言的人都了解，并且具有相对稳定性。当人们在言语活动中说出某个词，其他人便能正确理解。懂汉语的人讲到"红色"，便知道中国国旗的颜色，早晨太阳的颜色，或鲜血的颜色，而不必对"红色"再进一步解释为"波长760纳米的颜色"。这种符号功能使得人们的交流变得十分方便。

3. 概括功能

言语中的词是客观事物的符号，它总是代表着一定的对象或现象。言语不仅标志着个别对象或现象，还可以标志某一类的许多对象或现象。人们在交流过程中使用的大部分词都是一类事物的概括。如"书"这个词就概括了所具有"成本的著作"这个本质特点的所有对象。对"书"的概括性小一点儿的词，如"教科书"，也概括了所有供教师、学生使用的各个层次、各种门类、各个学科的书。正因为词是对象或现象的概括，就使得言语活动能摆脱交际环境的束缚，而具有极大的灵活性。

（四）言语的生理机制

1. 言语的发音器官

人的发音器官包括三部分。①呼吸器官：肺脏呼吸时所产生的气流是人类发音的原动力。肺的扩张和收缩，使气流吸入和呼出。当气流通过管道上的某些部位发生的冲击摩擦就形成声音。②喉头和声带：声带是主要的发声体。喉头起调节声带开闭或松紧的作用。③口腔、鼻腔和咽腔：它们是一个共鸣器，使声音产生各种不同的语音音色。人类就是通过这些发音器官的作用，发出各种各样带有个人特色的语音。人类的言语不仅有声音，更重要的是有意义。对词的理解和词汇的选择，这是一个非常复杂的过程，是在大脑两半球的皮层上实现的。

2. 言语的神经生理机制

最早发现人的左半球和右半球在高级心理活动上各有侧重的是法国医生布洛卡(P. P. Broca)。他发现人的左脑受到损害后会出现言语障碍，最后经过研究他确定了与说话有关的语言区，位于左半球的额下回靠近外侧裂的部位，后来这个区就叫布洛卡区或运动性语言区。这一中枢受到损伤将会产生表达性失语症，即患者虽然发音器官正常，但却发音困难、说话迟钝费力，不能说出连贯、流畅的语言，称之为运动性失语。但布洛卡区并不是唯一参与言语活动的皮质部位。1874 年德国学者威尔尼克(Wernicke)发现，位于顶、枕、颞叶交会处的颞上回受损后，患者的听觉器官尽管还是正常的，但却不能分辨语音，对字词也失去了理解的能力，称之为感受性失语，这一区域后来被称为威尔尼克中枢。在后来的研究中还发现有一些人既有说话上的问题也有听力方面的障碍，称之为混合性失语，这是多个区域受到损害的原因。但不管怎样，研究都表明人类是在用左脑说话。且当布洛卡宣布其研究成果以后，唤起了人们对脑机能定位的研究兴趣。近年来的一些研究又发现了与人类的言语机能相关的基因，称之为 FOXP2 基因，引起了学术界的轰动[1]。

三、语言和言语的关系

如前面所讨论的，言语与语言是两个不同概念，它们是有区别的。语言是在社会发展过程中形成发展起来的符号系统，人们约定俗成的思维和交际的工具；不同区域、不同民族的人往往拥有不同的语言；语言是一种社会现象，它是随着社会发展而发展，会随着社会消亡而消亡的。言语是使用语言这种工具进行交际沟通的过程，它是一种心理现象；言语活动具有个体性，每个人有自己的言语风格，在不同情境下也会有不同的表现形式。

言语与语言又是密切联系的，心理语言学学科的出现也充分说明了语言现象与言语现象之间的密切联系。首先，言语必须借助语言才能进行，离开了语言这种工具，人就无法表达自己的思想和情感，也无法进行交际活动。而且在言语活动中，个体只有遵循语言中的词汇和语法规则，才能进行正确表达自己，进行正常的交际。其次，语言也离不开言语，言语活动是语言存在的客观

---

① 尹文刚：《大脑潜能》，101～102 页，北京，世界图书出版公司，2005。

基础。任何一种语言都必须通过人们的使用，它的言语活动才能发挥它的交际工具作用。离开了人的言语活动，语言也就变成了"死的语言"，会从社会中逐渐消失。

阅读栏 5-1 那些正在消失的语言

全球约有 6900 种语言，但语言学家估计，至少有一半会在下个世纪消失。语言如流体，不断地改变并随说话者的需要作调整，语言的消失也是这个过程中很自然的事，但问题是消失得太快。每隔 10 天左右，就有一位最后能操某种流利古语的人死去，带走了重要的语言学信息。语言消失不利于科学发展，少数民族的语言可以增进对自然世界的知识，也有助于洞悉人类的迁移。

在我国，专家们指出，少数民族语言大多将濒危或面临消亡，能长久保存的将是文字。历史较长的民族语言将继续存在，如藏语、蒙古语、维吾尔语等。大多汉语方言濒危或消亡，能长久保存的将是几个大城市的方言，如上海话、香港和广州粤语等，同时还将产生大量新的"方言"，即地方普通话。在未来，汉语方言的差异只是口音不同，而非不能沟通。

第二节 语言获得的理论

人对言语掌握有一个过程，这个过程需要跨越许多年的时间。关于个体是如何获得言语的，不同的心理学流派提出了各自的语言获得理论。科学家研究的结果也表明，个体言语的发展也是有规律可循的，存在一些阶段性的标志。

一、环境决定论

环境论者强调环境和学习对个体语言能力发展的决定性影响，主要有模仿说和强化说。

1. 模仿说

模仿说是以行为主义为理论背景的后天环境决定论中的一派观点。行为主义心理学认为行为不是由遗传决定，而是在环境因素的影响下，经被动学习以后的结果。因此，儿童是通过对成人言语的模仿而学会言语的。成人的言语是刺激（S），儿童的模仿是反应（R）。这实际上是认为，儿童学习的语言是通过社会观察和模仿而获得的，对儿童语言发展起重大作用的是社会语言范型。如果没有这种社会语言范型，儿童就不可能获得词汇和语法结构。儿童即使并不立即模仿成人说话，也能从中获得语言信息。对于儿童言语的发展来说，社会语言范型是必不可少的条件，没有这个必要条件，儿童言语便无从发展。

2. 强化说

强化说的代表人物是斯金纳，他用操作性条件反射理论和强化概念来解释语言的获得。这一理论认为，一个操作行为发生后，接着呈现有意义的刺激，那么，这个操作行为再发生的强度（频率）就增加。斯金纳认为，语言和其他行为功能一样，是通过操作性条件反射获得的，语言的发展是一系列刺激与反应的连锁和结合，通过强化使儿童获得语言及其发展。比如，引导幼儿发出"ma"这个音后，予以应答，并给出一定赞赏和鼓励（强化），孩子发"ma"这个音的行为频率和强度就会增加。所以，我们在生活场景中，就会看到孩子受到鼓励后，就不停地喊"妈妈"。

模仿说和强化说都很重视社会环境对儿童言语发展的作用，所以称其为环境决定论，这两种理论都能在一定程度上说明个体语言获得或言语能力发展的原因。但是有一些现象，该理论并不能支持。比如，解释不了儿童言语发展的速度。有人计算过，一个儿童在能说出英语之前必须先听过 1030 个有 20 个词的句子！当然，这是不可能的。可见，儿童的全部语言不是逐字逐句模仿得来的。

二、遗传决定论

遗传决定论否定环境和学习是言语获得的决定因素，强调先天的禀赋作用，所以又称为先天决定论。遗传决定论认为个体的心理发展由先天的遗传基因决定，个体的心理发展过程是这些内在的遗传因素的自我展开的过程，环境的作用仅在于引发、促进或延缓这种过程的实现。遗传决定论主要有以下两种观点。

1. 先天语言能力说

先天语言能力说在 20 世纪 60 年代提出后，一时震撼了美国语言学和心理学界，被称为语言学的革命，掀起了研究儿童语言获得的热潮。从根本上改变了行为主义的儿童被动模仿的看法，注意到了儿童获得语言的先天因素和儿童的主动性、创造性。这一学说对于儿童语言获得过程中所出现的"过分概括"等现象，可以给出较为简便的解释。因此是具有一定的理论价值和学术史意义的重要学说。先天语言说强调先天因素对言语发展的决定作用，认为儿童言语的发展决定于成熟，所以也称自然成熟说。其代表人物是乔姆斯基（Chomsky），他在对斯金纳的强化说批判的基础上提出了生成语法理论（Transformational Grammar，TG）。该理论认为决定儿童获得语言的主要因素不是经验和学习，是先天的语言能力——普遍语法（Universal Grammar，UG），它是人脑中生而有之的语言知识，是先天遗传下来的特定的结构或属性，是人类掌握语言的内在依据。

对乔姆斯基的理论，学术界也是有批评的，主要是集中在以下方面：第一，乔姆斯基的理论是思辨的产物，在观点上是先验的、唯理论的。第二，根据先天普遍语法理论，幼儿在言语的开始就有了与成人相当的言语水平和能力，事实上，儿童言语特点与成人是有区别的，它过于低估后天语言环境作用。第三，先天语言能力说非常强调儿童本身在获得语言过程中的作用，但既然人类生来就拥有一套现成的、可以规定本族语言如何理解和产生的普遍语法规则系统，就无需儿童再作什么探索和发现了，因此事实上否定了儿童在言语获得中的主动性和创造性。

2. 勒纳伯格的自然成熟说

勒纳伯格（E. H. Lenneberg）以生物学和神经生理学为理论基础提出了自然成熟说，其主要观点是，生物的遗传素质是人类获得语言的决定因素。人类大脑具有其他动物没有的专管语言的区域，所以语言为人类所独有。语言是人类大脑机能成熟的产物，当大脑机能的成熟达到语言准备状态时，只要受到适当外在条件的激活，就能使潜在的语言结构状态转变成现实的语言结构，言语能力就被获得。比如，儿童生下来时不会走路，但已具有了走路的可能性，后天的生理发育一旦成熟，儿童就会自然而然地走路。儿童生下来时也已具有了语言能力，这种能力在后天的逐渐发育中成熟。

自然成熟说的某些观点，如语言发展关键期学说让我们了解了成人与儿童之间语言学习等问题。但勒纳伯格的自然成熟说也否定了环境和语言交往在语言发展中的重要作用，忽视了后天环境的影响因素。他的潜在语言结构和现实语言结构与乔姆斯基的普遍语法和个别语法亦颇相似，但这种理论无法解释何以生活在不同语言社会的儿童会获得不同的语言系统，能听、说不同的语言，像本身听力正常而父母聋哑的儿童为什么不能学会正常人的口语而只能使用聋哑人的手势语。

阅读栏 5-2　美"兔女"被父虐待 12 年，终生不会说话

这起惨剧发生在 1958 年，当时仅 20 个月大的吉妮被认为智力迟钝，父亲克拉克·威利以保护她的名义将她单独锁在一间黑暗的房间中，强行将其与母亲和 6 岁的哥哥分开，导致她一生不会说话，走路像兔子，手指如爪子。

理论语言学家苏茜·柯蒂斯认为，吉妮其实非常爱交际，尽管她掌握的所有单词不超过 20 个，但她经常可以用手势或其他方法让人们知道她的想法。

她先后被六个家庭抚养，包括心理治疗师詹姆士·肯特和"极端社会隔离可能导致的结果"的领导者大卫·瑞格勒医生。

本故事后来被改编成小说和电影《知更鸟不歌唱》，又名《嘲鸟难鸣》。

三、环境与主体相互作用论

环境与主体相互作用论的观点认为，儿童语言是在个体与环境的相互作用中，尤其在与人们语言交流中，在认知发展基础上发展起来的。儿童语言富有创造性，但模仿、学习在语言获得中仍起着不可低估的作用。

1. 认知说——先天与后天相互作用论

儿童语言获得相互作用论以瑞士著名的儿童心理学家皮亚杰的认知论为理论基础，认为儿童的语言发展是天生的能力与客观的经验相互作用的结果。儿童的语言学习是建立在儿童认知能力发展的基础上的。皮亚杰提出人类有一种先天的认知机制，但它不是乔姆斯基所说的语言习得机制，而是人类的一般性的加工能力，它不仅适用于人类的语言活动，也适用于人类其他的认知活动。儿童并没有特殊的语言学习能力，儿童的语言学习能力只是一般人类认知能力的组成部分。语言是个体认知发展到一定阶段的产物。语言的发展以最初的认知发展为前提。儿童的语言发展能力不是先天就有的，也不是后天学习得来的，它是儿童的认知能力与现实的语言环境和非语言环境相互作用的结果。

相互作用论吸收了"先天论"的合理因素，实际考察了儿童的语言运用，认为儿童语言的获得既要依赖于生理的成熟，又必须有一定的认知基础，这样就比较多地反映了客观规律，能够解释"刺激—反应论"所不能解释的许多问题。同时又避免了极端先天论的一些固有问题，能解释很多语言学习的现象。但语言发展受许多因素的影响，只强调认知一个因素，也不可能是全面的，而且语言和认知的关系也是相互的，语言的发展也能促进认知的发展。

2. 社会交往说

社会交往说（社会交互作用说）是20世纪70年代以布鲁纳（J. Brunner）、贝茨（E. Bates）、麦克惠尼（B. Macwwhinney）等一批学者，综合前人研究之长提出的新理论。它批判地继承了行为主义的一些合理的思想和先天论学派的观点，认为儿童和他的语言环境是一个统一的整体，是一个动态系统，在这整个系统中，儿童不是被动的接受者而是主动的参与者。语言获得不仅需要先天的语言能力，而且也需要一定的生理成熟和认知发展，更需要在交往中发挥语言的实际交际职能。布鲁纳指出，儿童不是在隔离环境中学习语言，而是在社会交往中学习语言。他强调社会交往对语言获得的决定性影响，认为如果从小剥夺儿童的社会交往，儿童就不可能学得语言。社会交往几乎可以看作是儿童的一种天性。

社会交往说具有很大的合理性，但也有不少问题。例如，不能说明儿童如何在交往中，在语言输入的基础上形成发展语言能力；另外，也不能说明语言输入在儿童语言获得中究竟起什么作用。社会交往说的特点是折中主义，很多细节都未具体化，还不能完整地阐述个体语言获得的过程和机制。

第三节　小学儿童的言语发展

一、小学儿童言语发展的任务

现有研究表明，人类的口头言语的关键期一般是 2～3 岁，书面言语的关键期是 4～5 岁，小学阶段是儿童言语功能的最佳发展时期。进入小学，儿童无论是口头言语、书面言语还是内部言语都有更进一步的发展。通常，入学儿童的口语交际水平是较弱的，表达能力有待提高。小学儿童在语言的感知和理解上有所欠缺，只有通过大量的训练，才能得到发展。由此看来，小学儿童的言语发展不容忽视。

小学阶段，皮亚杰认为儿童的认知处在具体运算阶段，这一阶段的儿童，其符号象征机能已大大发展，这是一个儿童言语发展的重大转折期[1]，这一阶段言语发展的任务既有口头言语——语用能力的发展，又有书面言语——读写能力的发展，尤其是后者。小学语文教学主要是帮助学生逐步掌握书面语言，促进他们由具体形象思维向抽象逻辑思维过渡。

二、小学儿童言语发展的特点与能力的培养

(一)小学儿童口头言语的发展

1. 小学儿童口头言语的发展特点

小学儿童的独白言语开始迅速地发展起来，较学前时期，儿童入学后在口头言语发展上有个暂时后退的阶段——即口头言语相比较于学前儿童，反而变得单调、不大连贯、平淡而缺乏情感。因为此时的注意力转向言语的发音和内容的组织方面，以致产生这种暂时的现象。

---

[1]　刘眉：《皮亚杰的"发展阶段论"与儿童言语阶段发展规律》，载《重庆师范大学学报(哲学社会科学版)》，2005(1)，119～124 页。

此时，小学儿童口头言语的发展还体现在语用能力的发展。语用能力是指交谈双方根据意图和语言环境有效地使用语言工具的一系列技能，包括说者和听者两方面的技能。说者必须善于吸引听者的注意，讲话的内容和方式须适应听者的水平和需要，并应根据听者的反馈以及不同的交谈情境随时调整自己的语言，而听者必须能从直接的和间接的言语中推断出说者的意图，须能对所听消息的可靠性和明确性作出判断和估计，并能及时反馈。

儿童对言外之意的理解是儿童语用能力发展研究的重要领域，言外之意包含习语、暗示、隐喻、夸张、反语等。有研究发现，6～10岁期间，儿童逐渐从对静态的知觉相似性的隐喻的理解过渡到对抽象的概念相似性的隐喻的理解，11岁儿童已经能够精确地理解一般的隐喻关系。但是，对于某些采用隐喻形式的复杂的格言，11岁儿童只能对其中的10%做出恰当解释，13岁儿童的理解成绩也低于50%。由此可知，6岁以前的儿童尚不具备理解会话中的隐喻的能力，6岁以后的儿童理解隐喻的能力持续发展。发展趋势主要表现为从对知觉相似性的隐喻的理解过渡到对概念相似性的隐喻的理解。随着儿童年龄的增长，在逐渐地学习和生活经验的积累下，听的技能也在提高。在马克曼（Markman，1977）的一项实验中，让一年级和三年级的小学儿童玩一个游戏，其中把关键性的、缺此就不能开展游戏的信息省略。实验结果表明，一年级的小学儿童并不能意识到重要信息的缺漏，而是听完之后就试图去做不可能进行的游戏；相反，三年级小学儿童则能较快地发觉信息的缺漏。

2. 小学儿童口头言语的培养[①]

(1)训练小学儿童说话完整。说话完整即用语言表达完整的话，训练儿童说完整的话能让儿童形成良好的语言表达习惯，促进儿童语用能力的提高。有的小学儿童回答问题时，往往只说半句话，或者只说一个词，甚至用动作或表情来代替。例如，一个儿童对教师说："老师，掉了。"虽然老师明白他指的是橡皮掉了，但为了引导儿童说完整的话，启发问："什么掉了?"儿童答："橡皮掉了。"问："谁的橡皮?"答："我的。"然后教师让儿童说出"我的橡皮掉了"的完整句子。

(2)加强口头造句的练习。指导儿童用学过的词汇进行造句练习，不仅能丰富儿童的词汇，还有助于提高他们的口语表达能力。如，让儿童用"快乐"造句。口头造句的练习不但能锻炼儿童的口头言语能力，还能促进儿童的语言系统能力发展。

---

① 陈威：《小学儿童心理学》，177～179页，北京，中国人民大学出版社，2009。

（3）加强朗读训练。朗读是小学儿童学习语言的一种重要方式，朗读的质量标准是正确、流利、有感情。正确，即不读错字、不添字、不丢字、不颠倒、不重复字句、并能用普通话朗读。流利，即不读断句，快慢近乎平时讲话，但不等于快，不是越快越好，允许低年级儿童一字一顿地读，但要求连续；纠正口吃、嗫嚅和乱加"口头语"等不良的口语习惯。有感情，即在理解的基础上把言语方面的思想感情表达出来，主要凭借讲话的语调、节奏等。

（4）加强课堂教学中师生的对话。在课堂教学中加强师生对话，这是有目的、有计划、有系统地培养小学儿童口头言语表达能力的极好形式。教师在组织课堂师生对话时应注意启发儿童的思想，把完整的文句表达出来。同时，要多照顾口头言语表达能力差的儿童，鼓励他们多练习、多给他们练习的机会。

（二）小学儿童书面言语的发展

1. 小学儿童书面言语发展的特点

书面言语是个体借助文字表达自己的思想或借助阅读接受他人思想的言语形式。真正的书面言语在小学阶段出现，小学初期书面言语落后于口头言语，在正确的教育下，到小学二年级下半学期，书面言语发展水平赶上口头言语发展水平；到小学四年级下学期，儿童书面言语水平，逐渐超过口头言语的发展水平。

小学儿童书面言语的发展具体体现在识字、阅读、写作和语法上。儿童的识字过程实际上就是在头脑中建立字的音、形、义的巩固联系过程。识字贯穿整个小学阶段，一直延续到中学。小学一年级、三年级和初中二年级是关键的年龄段。字形学习是儿童识字教学的重点和难点，理解字义是儿童识字的中心环节。在阅读方面，小学儿童呈现出先朗读，再默读的特点。阅读能力主要表现在阅读速度、阅读理解这两方面。小学儿童的写作能力的发展从口头造句、看图说话开始，然后逐渐地由口述阶段过渡到独立写作。掌握语法发展的年龄是小学三四年级，此时儿童才能自觉地掌握语法结构。

2. 小学儿童写作能力的培养

对于低年级小学儿童，重点抓口述向笔述的过渡。对于小学一年级儿童，应训练其讲完整的话，组织观察课文插图，训练看图说话，加强造句练习和看图写话的练习，对于基础好的儿童，也可进行模仿写作训练；对于小学二年级儿童，可以训练忆"图"写话。小学一二年级实际上是完成实物—表象—书面言语复述的过程；小学三年级，作文课进入语文教学中，可选择范文进行教学；从小学四年级开始，通过范文分析，引导儿童对主题、选材、布局等加以摸索，逐步进行独立的构思和写作。鼓励儿童勤观察、勤思考、勤练习，启发儿童主动、独立地练习写作。

总的来说，小学阶段儿童言语能力得到精细发展。小学阶段正规的朗读和发音训练使他们发音更加的清晰，更善于表达感情。在阅读和扩大化的人际交往中，儿童的词汇量显著扩大，特别是抽象的词语和多重语义的词语量增加相当快。他们理解语言的能力增强。不仅能够理解结构复杂的句子，还能体会句子里包含的隐含意义、幽默感和感情色彩。他们对语言的审美能力也有所增强，能够在优美的文章里享受到美感，甚至对语法规则以外的精妙的句子也有了自己的感性体悟。儿童的沟通能力和表达技巧在此阶段也得到进一步发展。儿童在这一时期开始学习写作，他们的书面表达能力也在逐步增强，甚至有些儿童在书面表达上的精彩表现是相当令人吃惊的[1]。"以言语运用为中心"是儿童提高言语能力的根本途径与方法，应当将言语能力的培养和思维能力的培养结合起来。

（三）小学儿童内部言语的发展

幼儿在游戏活动中发出一种自言自语的独白言语，这种独白言语既具有外部言语出声的特点，又具有内部言语只对自己说话的功能。进入小学以后，学习成为新的主导活动，学习任务需要小学儿童独立思考，先想后说，先想后写，先想后做，这使得他们的内部言语逐渐发展起来。整个小学阶段，内部言语的发展大体可以分为三个阶段。

第一阶段，出声思维阶段。初入学的小学儿童在阅读课文时往往"唱读"，在演算时往往边自言自语边演算，而且出声的言语内容与演算内容、书写内容或眼看字、词、句的内容基本同步。

第二阶段，过渡阶段。通过教育训练，小学儿童从低年级开始能在运算中短时间地运用无声思维。比如，当低年级小学儿童在回答比较容易的问题时，教师可以提醒儿童：好好想一想再回答。有了这种训练基础，当向儿童提出较困难而复杂的问题时，可以要求儿童进行比较长时间的思考，使他们的无声言语出现更长的时间。

第三阶段，无声思维阶段。小学三四年级以后，随着儿童抽象思维和独立思考能力的发展，无声思维基本上占主导地位，但当阅读或演算遇到困难时，往往还会出现有声思维。这说明内部言语在小学阶段并未达到完善的程度，它在以后的各个时期甚至终生，都在不断地发展和完善。

---

[1] 张倩：《小学阶段儿童言语创造力培养研究》，硕士论文，成都，四川师范大学，2007。

三、小学儿童第二语言的学习

一般而言，第二语言的学习发生在母语的基本掌握之后。随着各国、各民族之间的交流增多，许多儿童在熟练掌握他们的母语之后，开始学习第二语言，尤其是入学后儿童开始在学校接受正规的语言学习。我国当前对儿童第二语言的学习也提出了要求，在各大、中、小城市从小学一年级开始就开始了第二语言学习的课程（主要是英语），在农村也普遍从小学三年级开始就进行了英语教学。

阅读栏 5-3　大人说方言宝宝学双语，语言混淆张口便结巴

《武汉晚报》2006 年 7 月 4 日的一篇文章题名为"大人说方言宝宝学双语，语言混淆张口便结巴"，家人带孩子到省妇幼保健院咨询，该院儿保科主任医师介绍，婴幼儿大脑未完全发育，只是简单模仿，无法自学英文，当思维与表达发展不平衡，易造成记忆混淆而口吃。报道认为，儿童过早习得双语会造成语言混淆，并且可能会引发失语症，原因是幼儿大脑未完全发育，不适宜过早习得双语或多语，身处多种语言环境会导致思维混乱。

对于大多数儿童来说，学习第二语言常常是有益的。虽然在双语学习的早期，两种语言之间会形成相互干扰，但随着第二语言学习的深入，第二语言对母语不但不会产生威胁，还会促进各种综合认知技能的发展，这称为"附加的双语"，因为学习第二语言会增强儿童的综合能力。[1] 有研究表明，熟练的双语儿童在分析性推理、概念形成和认知灵活性的测验中得分比单语儿童高。此外，熟练的双语儿童对语言的反省能力较强，如他们认识到语言是社会上继承下来的标志事物的符号。如"球"这一物品，在汉语中称它为"球"，在英语中则称它为"ball"。他们也更能理解语言的结构，对语法错误更敏感等。因此，第二语言的教育不仅应该加强，而且应该提前，在可能的条件下，越早越好。[2]

阅读栏 5-4　小学阶段是第二语言学习的关键期

目前，在我国的小学中，普遍从小学一年级就开始英语教学。这是符合儿童语言发展规律的。小学一年级的孩子还只有 6、7 岁，学习第二语言的能力很强。这时候的英语课将对他们一生的英语学习产生重要的影响。而在教学中，应该充分重视语言学习关键期的作用，力图找到最适合孩子年龄特点的方法开展教学，比如将听、说的教学放在读、写前面，将语言的流畅性放在准确

---

① ［美］丹尼斯·库恩：《心理学导论》，376 页，北京，中国轻工业出版社，2007。

② 方富熹，方格：《儿童发展心理学》，443～444 页，北京，人民教育出版社，2004。

性前面等，而不应该使用成人学习的方法和标准来要求孩子。

四、小学儿童言语发展的问题

影响儿童言语发展的因素是多方面的，既可能有听力缺失这种生理的原因，也有可能是语言刺激环境的缺乏而导致的，甚至有社会观察学习而带来的口吃问题等。在小学教育中，作为教师应当留意儿童言语发展的表现，对于出现的问题与障碍进行及时的纠正或排除。

（一）常见的小学儿童言语发展问题

1. 小学儿童言语交往能力障碍

研究表明，人的言语交往能力的养成是终其一生的事情，但其形成关键期是在儿童和少年期。由于儿童的年龄不同，心理发展水平不一样，实际的言语交往环境不一致，因此，儿童的言语交往能力有高有低。在实际教学中，我们常常发现儿童的言语交往能力的发展存在一些障碍。这些障碍或表现在儿童的口头言语交往能力方面，或表现在儿童的书面言语交往能力方面，尤其是存在于儿童的书面言语交往能力发展过程中，这就导致了一批所谓的"差生"的出现。不但影响了儿童认知的发展，甚至导致了严重的心理健康问题。

有研究者指出[①]，小学儿童在口头言语交际能力这方面的障碍在听说方面的主要表现为：①不能使用普通话或者普通话不标准，造成发音怪异，使旁听者无法听懂其所说的内容。②在进行表达时紧张不安，造成暂时"失语"。③言语单调、不大连贯、平淡而缺乏情感。④不愿意与人交谈，与周围形成无声对抗。

2. 习惯性的言语缺陷

习惯性的言语缺陷主要指的是口吃现象，通常称之为结巴。口吃表现为说话时字音不断重复或词句时时中断。这类现象的出现，牵涉到遗传基因、神经生理发育、心理压力和语言行为等诸多方面，是非常复杂的语言失调症。

研究表明，大多数口吃并非是神经生理发育的问题，而是在一定生活环境中逐渐发展起来的。比如，在语言学习阶段，遇到口吃情节时，儿童强烈的好奇心导致出现言语活动的模仿，长时间下来，便成为了口吃者。也有由于精神紧张而引发口吃的，主要是因为我们的教育者尤其是父母对孩子要求过高，而关心甚少，孩子经常受到惊吓，长期处于紧张、愤怒、焦虑等情绪状态下，极

---

① 喻肤英：《儿童言语交往能力发展障碍及排除策略初探》，硕士论文，南昌，江西师范大学，2006。

有可能造成孩子的口吃。

3. 特殊儿童言语障碍

这里的特殊儿童指的是在心理上、精神上存在一定的缺陷或病态的儿童。此类儿童在临床上常见的言语障碍主要有以下几种。

(1)缄默不语。原先具有正常的言语能力，由于精神障碍而表现沉默不语，对任何人的询问均不回答，不与别人交往谈话。常见于儿童精神分裂症和儿童孤独症、癔症性缄默。

(2)持续言语。患儿持久地重复别人对他所讲的话。常见于儿童精神分裂症、脑器质性精神病。

(3)模仿言语。像回声一样，患儿重复别人对他所讲的话。常见于精神分裂症、儿童孤独症或抽动—秽语综合征。

(4)语音、语调特异变化。患儿原先言语正常，起病后语音、语调或节律发生特异性变化，令人难以听懂，持续反复出现，并非调皮开玩笑的表现。常见于儿童精神分裂症和儿童孤独症。

(5)言语不连贯。一般 5～6 岁的儿童可以连贯地表述言语，连贯性言语的发展是思维逻辑发展的重要环节。言语不连贯是指说话词句之间互不相关，缺乏意义上的联系，所说的内容别人无法理解。常见于儿童精神分裂症和急性器质性脑病。

(二)小学儿童言语发展问题的对策

小学儿童言语在发展中出现的各种各样的问题，作为教育者需要认真去观察其原因，有些问题是可以通过教育者的教育和帮助予以纠正的，有的就需要接受系统的治疗。就学校教育而言，从心理学角度提出如下建议。

1. 营造良好的语言环境，提供锻炼

作为教师要为儿童营造良好的语言环境。教师本人的言语必须是清晰易懂的、精确的、连贯的、规范的。教师应该为儿童提供各种语言训练的机会，让学生锻炼口头表达能力，大力培养学生有关听、讲的各种必要的能力和良好的习惯，对那些发音不准的学生要及时加以纠正。作为教师还应该注意交流环境的和谐与宽松，避免给学生带来情绪上的压力。

2. 指导小学儿童掌握语言规律，提高学习兴趣

小学儿童的思维发展还处在由具体形象思维向抽象思维发展阶段，认知水平受其限制。作为教育者应该认真去探索语言规律，采用简单直观的方式和学生进行交流，减少其学习压力，提高学习兴趣。

3. 多鼓励和引导小学儿童言语活动，表现出耐心

每个儿童都有交流和表达的欲望，希望得到他人的赏识，作为教育者要多鼓励和引导他们的言语活动，避免孩子出现对一些不良语言现象的模仿，并要注意对一些如发音不准、表述不流畅的现象表现出耐心，表示理解和支持。

4. 尽早发现小学儿童言语发展中的问题，及时处理

不管是生理的原因还是心理的原因导致的言语问题，都需要早发现，及时处理。对于一般教育辅导不能解决的问题，就应该早转介、早治疗。

复习与思考

1. 什么是语言？什么是言语？二者之间有何关系？

2. 试评价环境决定语言获得理论。

3. 言语的种类有哪些？

4. 比较各种语言获得理论之间的差异。

5. 小学儿童言语发展的特点有哪些？

6. 你认为应该如何对待儿童言语发展中的各种问题？

推荐阅读

1. [美]丹尼斯·库恩. 心理学导论. 北京：中国轻工业出版社，2007.

2. 彭聃龄. 普通心理学(修订版). 北京：北京师范大学出版社，2004.

3. 郭亨杰. 童年期发展心理学. 南京：南京大学出版社，1999.

4. 尹文刚. 大脑潜能. 北京：世界图书出版公司，2005.

5. 郑希付，陈娉美. 普通心理学. 长沙：中南大学出版社，2002.

第六章 小学儿童情绪、情感和意志的发展

本章重点

- 小学儿童情绪、情感发展的一般特点
- 小学儿童高级情感的发展
- 小学儿童意志发展的特点
- 小学儿童意志品质的培养

第一节 小学儿童情绪、情感的发展

情绪是心理生活中的一个重要方面，它和认知活动一样，都是个体对客观事物的一种反映。儿童有着广泛的情绪反应范围。他们有时候喜气洋洋，有时候闷闷不乐；有时候愤怒暴躁……了解儿童情绪的发展，有利于进一步了解儿童，走进儿童内心。

一、情绪与情感概述

(一)情绪、情感的含义

人在社会中生活，难免会要遇到荣或辱、得或失、美或丑这样一些情境，由此带来或者快乐或者痛苦的感受，这些感受所体现的就是情绪和情感。情绪、情感反映的是个体对客观事物是否符合需要、观点和愿望而产生的内在体验。情绪和情感反映了有需要的个体和客体之间的关系，如果客观事物满足了个体的需要，个体将产生积极的体验，如感觉到快乐、愉悦、兴奋、轻松等；如果客观事物没能满足个体的需要，个体将产生消极的体验，如感觉到懊恼、悔恨、愤怒、痛苦等。

严格意义上来讲，情绪和情感是不同的。首先，从需要角度来看，情绪是和个体的生物需要相联系的体验形式，好奇、惊讶、快乐、悲哀、愤怒、恐惧是常见的基本情绪。情感则是同个体的社会性需要相联系的，如友谊感、道德感、审美感与理智感。其次，从发生角度看，情绪发生较早，是人类和动物所

共有的一种反映形式；而情感体验发生得较晚，为人类所特有，是个体社会化进程的产物。最后，从稳定性程度来看，情绪带有情境的性质，表现是不持久的，常随情境的变化而变化。情感则可能既具有情境性，又具有稳固性和长期性，这种稳固的情感体验是情绪概括化的结果。

但对于人类来说，情绪与情感的这种划分只是相对的，实际上两者是密切联系的。情感在情绪的基础上产生，并对情绪产生巨大影响。它们是一种心理活动过程的两个不同的侧面。所以在日常生活中，人们对这二者往往是不加区分的，一个人在聚会场合中谈论他的"情绪"时，很可能是在谈他的情感。

(二)情绪、情感的功能[①]

1. 情绪与情感是个体适应生存的心理工具

当婴儿从母体降生后，在很长一段时间内，他都缺乏独立生存的能力，还需要父母或其他成年个体的抚养。在这个过程中，孩子并非完全是被动的，当他们的生存需要或其他一些有利于生存需要未被满足时，他们会借助哭闹不安等情绪和情感反应来引起其监护者的注意，提醒其监护者采取举措来满足他们的生存需要。即使是个体成年后，情绪和情感的这种作用仍然存在，人们在相互交往中依然倾向于观察对方的情绪和情感反应，并根据对方的情绪和情感反应来调节其自身的行为反应，以更好地适应社会，求得更好地生存和发展。

2. 情绪是唤起心理活动和行为的动机

情绪和情感在人的整个心理结构中，是一个基本的动力结构。一百多年来，从赫尔(Clark L. Hull, 1976)到弗洛伊德均认为：生物内驱力是动机的基本来源。日常生活中如饥饿、干渴、呼吸等所引起的紧迫感，都成为理论家们所捕捉的基本例证。例如，个体在缺水或缺氧的情况下，缺水或缺氧的生理需要提供的信息是内驱力，这种内驱力刺激有机体产生补充水分或呼吸的需要，由此驱动人的行为。但对于人类来说，仅仅只按固定的生物节律出现的内驱力的作用是不够的，还不足以激起个体去行动。在这个过程中，情绪、情感起了一个关键的作用。当个体的需要没有得到满足时，会促使个体产生一种紧张感，如人在缺氧的刹那间产生恐慌感，在缺水时产生急迫感，这种紧张感将增强和放大生理内驱力，使之成为驱策人行动的强大动力。

情绪和情感的动机作用还能体现在人类的高级目的行为中。严格意义上来说，认知和目的本身并不包含活动的驱动性，促使人去行动的是兴趣和好奇，驱策人去实现目标的是愿望和期待的情绪和情感。实现目的的愿望越强烈，它

---

① 孟昭兰：《情绪心理学》，13～16 页，北京，北京大学出版社，2005。

所激活的驱动力越大。

3. 情绪和情感是心理活动的组织者

心理学家索夫（L. A. Sroufe，1976）认为情绪和情感作为脑内的一个检测系统，对其他心理活动具有组织的作用。情绪、情感可以调节认知加工过程的人的行为，可以影响知觉对信息的选择，监视信息的活动，促进或阻止工作记忆，干涉决策、推理和问题解决。因此，情绪、情感可以驾驭行为，支配有机体同环境相协调，使有机体对环境信息作最佳处理。一般来说，正面的情绪和情感起协调、组织作用；负面的情绪和情感起破坏、瓦解或阻断的作用。唐代诗人杜甫的名篇《春望》中有句"感时花溅泪，恨别鸟惊心"，生动地表明了情绪、情感的这一特点。心理学家巴农（Baron，1993）在实验中也表明情绪、情感对人认知的影响：此实验要求被试对一些条件含糊的求职者打分，结果发现，当个体处于积极的情绪和情感时，他们倾向于用赞许的眼光去知觉和评价当前的刺激，从而对求职者打高分；当个体处于消极的情绪和情感时，他们倾向于用批评的眼光去知觉和评价当前的刺激，从而对求职者打低分。

4. 情绪和情感是人际通信交流的手段

情绪、情感与语言一样，具有服务于人际间互相交往的通信职能。人们常常在实际的生活中借用情绪和情感的外部表现——表情来进行沟通。表情由面部的肌肉运动模式、声调变化和身体姿态变化所构成。人们在人际交往中，通过这三种表情的整合，来实现信息传递以达到相互了解。心理学家梅瑞宾认为：交谈双方的相互理解＝声调（38％）＋表情（55％）＋语言（7％）。

从个体发展方面来说，感情传递比言语交际开始得早，新生婴儿同成人之间建立的最初的社会性联结就是通过感情传递来实现的。幼儿处于陌生的、不确定的情境时，会从成人面孔上搜寻表情信息，然后采取行动。

5. 情绪与情感是个体生理健康的影响者

美国心理学家爱尔玛曾经做过一个很特殊的实验，他收集了人们在不同情况下所呼出来的气体，包括有悲伤、悔恨、愤怒或平静、感恩、快乐等不同的情绪反应。若是心平气和时，所呼出来的气体与测试用的实验水混合沉淀后，则实验水仍显现得无杂色、清澈透明；可是悲痛时所呼出来的气体沉淀物在实验后却呈现白色；生气时呈现的是紫色，这种紫色的气体沉淀物有异味、有毒素，而紫色沉淀物随着情绪的波动而增减。愤怒情绪越猛烈，分泌的有毒气体沉淀物就越深、越浓。把一定量的这种"生气水"注射到大白鼠身上，几分钟之后，大白鼠就一命呜呼了。

俗话说："笑一笑，十年少，愁一愁，白了头。"情绪、情感能影响个体的生理健康，《素问·阴阳应象大论》"怒伤肝，思伤脾，恐伤肾"、中国古代《黄帝内经》"百病生于气"等朴素观念表明了情绪、情感对我们健康的影响，现代医学研究发现。像胃溃疡、心血管疾病等与个体长期处于紧张状态紧密相关。

二、小学儿童情绪、情感发展的特点

小学阶段在人的一生发展中属于"儿童中期"[①]，是人的一生中情绪、情感发展的极其重要的阶段，在这个阶段教育引导得好，就能为情绪的有效调控和积极情感的发展奠定一个良好的基础。

(一)儿童情绪、情感发展的阶段性

儿童情绪的发展必须要经历社会化的过程才能逐渐形成自我调节机制。每个社会都有一系列的情绪表达规则，规定着在各类场合下哪些情绪可以表达而哪些不可以表达。例如，儿童都懂得他们在收到奶奶的礼物时应表示高兴和感激，即便这些礼物并不是他们想要的，也要掩饰自己的情绪。情绪表达的规则有点类似语言的应用规则：儿童必须学习并运用它们，从而能够与人相处并获得他人的认同。

心理学研究表明，儿童情绪、情感的发展具有明显的阶段性：几个月大的婴儿至少有除"悲哀"之外的五种明确的情绪表情[②]。2岁左右，幼儿开始表现出比较复杂的情绪，例如尴尬、害羞、内疚、嫉妒和骄傲。到了3岁，儿童能够更好地评判自己表现的优劣，他们成功地完成一项困难的任务后开始表现出骄傲，也会在未能完成一项简单任务后表现出羞愧。父母对儿童自我评价性情绪的体验和表达有显著影响，4～5岁的孩子在成功时表现出骄傲和在失败时表现出羞愧的程度很大程度上取决于父母对他们成绩的反应。那些更关注消极表现，在儿童失败时给予严厉指责的父母，其孩子在失败后表现出较高水平的羞愧，却很少在成功后感到骄傲。与此相对，那些更倾向于在孩子成功时做出积极反应的父母，他们的孩子在感到成功后更骄傲，而在未能实现预期目标时表现出的羞愧则很少。可见，幼儿的自我评价性情绪在很大程度是由他们对于成人评价的预期而产生的。

儿童要到学龄阶段才可能完全内化众多的规则和评价标准，从而能够在没有外部监督的情况下为自己的行为感到骄傲、羞愧或内疚。在整个小学阶段，

---

① [美]费尔德曼等：《发展心理学——人的毕生发展(第四版)》，苏彦捷，等译，18页，北京，世界图书出版公司，2007。

② [美]沙夫等：《发展心理学——儿童与青少年(第八版)》，邹泓，等译，390页，北京，中国轻工业出版社，2009。

儿童对社会所认可的表达规则有越来越清楚的认识，更了解哪些情绪应在特定的社会情境中表达，或哪些应该抑制。也许是因为父母更强调女孩的举止得体，比起男孩，女孩更愿意遵循这些规则，在学校的表现中，她们也的确做得更好一些。此外，如果在母子互动中母亲积极情绪表达越多，其子女往往能克服可能产生的消极情绪。值得注意的是，简单的规则也需要花费大量时间才能完全掌握。

表 6-1　情绪发展阶段总结[①]

年龄	情绪表达／调节	情绪理解
1～6 个月	①所有基本情绪出现；②积极情绪的表达受到鼓励并更为经常地出现；③通过吮吸和回避方式调节消极情绪。	①婴儿可以对快乐、愤怒、伤心等面部表情加以区分。
7～12 个月	①愤怒、恐惧和悲伤等消极的基本情绪更为经常地出现；②婴儿通过滚动、撕咬或远离令人不安的刺激物等方式对情绪进行自我调节。	①能更好地再认他人的基本情绪；②社会参照的出现。
1～3 岁	①出现复杂（自我意识的）情绪；②幼儿通过转移注意力或者控制刺激物的方式调节情绪。	①幼儿开始谈论情绪和掩饰情绪；②同情反应出现。
3～6 岁	①出现了调节情绪的认知策略并不断细化；②对情感的掩饰以及对一些简单表达规则的遵守开始出现。	①儿童开始从躯体动作中识别情绪；②对情绪产生的外在原因和后果的理解能力增强；③移情反应更为常见。
6～12 岁	①对表达规则进一步遵守；②自我意识的情绪与行为"对错""好坏"标准的内化联系更加紧密；③自我调节策略（包括适当的时候对情感的激发）更加多样和复杂。	①儿童整合内外部线索来理解他人情绪；②移情反应增强；③儿童意识到不同的人对于同一事件会有不同的情绪反应；④知道他人会有矛盾的情感体验。

(二)小学儿童情绪、情感发展的一般特点

儿童进入学校以后，由于生活环境的变化，有了社会性较强的各种要求、

---

① [美]沙夫等：《发展心理学——儿童与青少年(第六版)》，邹泓，等译，403 页，北京，中国轻工业出版社，2005。

经常性的责任和任务，儿童逐渐学会整合内外部线索来理解他人的情绪，对表达规则进一步遵守。自我意识的情绪与行为"对错""好坏"标准的内化联系更加紧密。自我调节策略更加多样和复杂。情绪、情感的移情反应增强，对他人的情感体验逐渐有所了解。这一时期是儿童情感发展的关键期，他们的情绪、情感在内容、可控性、深刻性、稳定性等方面都有了进一步发展。

1. 小学儿童情绪、情感内容不断丰富

情绪、情感的丰富性即情绪和情感各类的多样性。个体的情绪和情感与其需要紧密联系，儿童的情绪和情感也与其需要密切相关。进入小学后，随着儿童生活空间的扩大，人际互动的增多，儿童的活动需要、认知需要、交往需要和成就需要等不断产生和发展，从而也就带动儿童情绪和情感丰富性的发展。

（1）多样化的活动丰富了小学儿童的情绪、情感。在学习活动中，丰富的学习内容不断丰富儿童的情绪、情感，如：有关祖国悠久的历史文化、辽阔的国土、美丽多娇的大自然，都会激发儿童对大自然的热爱，探索自然界奥秘的兴趣和热爱祖国的情感。科学家废寝忘食和刻苦钻研的精神、英雄模范百折不挠的意志、劳动人民朴实的情感、奥运会上中国运动员勇夺金牌的毅力等，会大大地感染和丰富小学儿童的情感。同时，学习的结果会引起小学儿童许多不同的情感体验，学习成功效果好就会产生骄傲、自信、愉快的情感，学习失败效果差则产生失望、遗憾、痛苦的情感。这类情感伴随着他们的小学生涯，处理得好，如学习效果好则产生愉快、自信而不自负的情绪和情感；学习效果差则更加发奋、努力、毫不气馁，就会形成良性发展。而处理不好则会形成恶性循环，乃至长期受其拖累。

其他的集体活动，如文体、劳动和公益活动也丰富着小学儿童的情感。小学儿童在这些活动中，体验着各种各样的人际关系。良好的社会关系会使他们体验到团结、友爱、互助以及荣誉感、责任感、进取心等积极情感；而不良的关系则会使他们感受到排斥、孤独、嫉妒、自卑等消极情感。文体和公益活动以及劳动会使他们获得快乐、成就感和奉献精神带来的美好心境，当然从中也会有因成败体验而带来的不同的情绪、情感反应。

（2）小学儿童的情感进一步分化，表现更为丰富。由于多种活动丰富了小学儿童的情绪、情感，小学儿童的情感分化逐渐趋于精细、准确。如雨天同学在地上摔了一跤，实在忍不住要笑，他不会表现出开怀大笑，而是表现出一种尴尬的笑或带有同情的笑，以免引起对方的反感或是旁人的指责。以"笑"为例，小学儿童与幼儿不同，除了会微笑、大笑外，还会羞涩地笑、嘲笑、冷笑、苦笑、狂笑等。对老师有意见，一般不会直接表现出不满情绪，因为害怕会出现"严重的后果"，会采取自认为更合适的方式来表达这种情绪。

低年级小学儿童刚入学不久，原来的生活背景对他们情绪、情感的直接影响仍然比较大，所以，小学儿童情感的分化和表现在个体之间差别是很大的，如有的人情绪直露，不考虑他人的感受和评价；有的人则表现得尽量得到他人认可，不使人反感。而到了小学中高年级，随着学校生活的延长，原来的生活背景对情感表现的影响呈现出逐渐弱化的趋势，情感的社会化凸显，因而情感的分化和表现在个体之间的差别渐趋缩小。

2. 小学儿童情绪、情感深刻性不断增加

情绪和情感深刻性是针对情绪和情感的产生所涉及事物的本质程度而言的，如果个体的情绪和情感是依据事物的本质而产生的，那么这种情绪、情感就是深刻的；反之，如果个体的情绪和情感是依据事物的表面特征而产生的，那么这种情绪和情感就是肤浅的。

随着社会性需要的发展，小学儿童的情感日益深刻。例如，学前儿童之间的友爱，在大多数成分上是模仿成人的生活，只是为了能在一起玩。小学儿童之间的友爱，更大成分是出于责任感，出于履行良好的生活准则。同是惧怕，学前儿童可能是怕黑暗、怕打针等；而小学儿童主要是怕做错了事挨批评，怕考试成绩不好等。同是愉快，学前儿童可能是由于得到玩具、糖果等，而小学儿童主要是由于得到好的分数，受到表扬，为社会、集体做了好事等。

另外，小学儿童的情绪、情感的深刻性还表现在评价人和事的时候，开始使用一定的道德标准。例如，学前儿童喜欢谁或不喜欢谁，主要是从自我出发或从具体关系出发，"某某爱跟我一起玩，我喜欢她；某某不给我小人书看，我不喜欢他。"而小学儿童则逐渐学会从一定的道德标准出发，确立自己喜欢谁或不喜欢谁。"我喜欢某某，是因为他学习好，常为集体做好事；我讨厌某某，因为他不守纪律。"

3. 小学儿童情绪、情感的可控性不断增强

情绪和情感的可控性是指情绪和情感的抑制或改变的随意性。它与情绪与情感的深刻性紧密联系，具有深刻性的情绪和情感往往也会具有可控性。

如果我们去现场观察小学六年级和小学一年级学生在课堂上的情绪表现，会发现一幅截然不同而又十分有趣的图景：小学六年级学生的情绪表现"基本一致"，表现为平静、认真，没有"出格"的表现；而小学一年级学生则表现得"花样百出"，有的平静、认真，有的在生气，有的在激动地叫喊，有的在愤怒地挥手，有的在兴奋地大笑不止……这两种截然不同的场景表明前者意识到情境和任务的需要而努力控制着自己的情绪，而后者则根据自己的需要"尽情"地

表露情绪。但到了小学三年级后期，最迟小学四年级的时候，小学儿童的课堂情绪表现就会出现"基本一致"的现象，用小学老师的话说，他们已经是"小大人"了。这个过程就是情绪、情感的控制过程。

一个十分重要的主轴就是情感整合的方向和标准问题。通过教育引导，小学儿童自我意识的情绪与行为"对错""好坏"标准的内化联系更加紧密了。随着教育引导的社会性需要的发展，小学儿童在责任、秩序、友爱、助人、荣誉等方面的情感逐渐摆脱自我中心，或是家长中心，意识到外部评价的重要性，总之，是社会道德标准引导着小学儿童的情感发展。

在小学低年级儿童的身上经常可以看到学前儿童那种容易冲动、外露、可控性比较差的情绪特点。例如，小学低年级儿童在玩得入迷的时候，往往忘记做家庭作业。再如，小学低年级儿童的情感很容易表现出来，他们的喜、怒、哀、乐的情感明显的表露于面部，高兴时哈哈大笑，不高兴时垂头丧气，儿童的面部表情常常是他们情绪的"晴雨表"，随着儿童情绪和情感深刻性的发展，其情绪和情感的可控性也逐步发展起来了。例如，在中高年级常常可以看到这样的现象：某个学生为了完成集体或老师的委托，也可以是出于自己的责任感，耐心地帮助一个比较顽皮、学习落后的同学。而从情绪和情感上来说，他并不喜欢与这位同学接触，但是他仍然会努力地去接近他。这是因为他受到了一种较高级的、稳定的道德感的调控，促使自己的思想、行为符合高尚的道德要求。

4. 小学儿童情绪、情感稳定性不断增强

情绪和情感的稳定性是指情绪和情感在一定的时空范围内长时间保持相对不变的特性。整个小学阶段，儿童的情绪带有很大的情境性，容易受具体事物、具体情景的支配。有的小学低年级儿童回答不出教师的提问会哭起来，生动形象的课堂教学能引起他们非常激动的情绪。小学儿童的情绪还是短促的、爆发性的，像破涕为笑、转悲为喜、脸上挂着泪水又笑起来等现象，常常出现。在与同伴的交往中，小学低年级儿童常常因为一点儿小事情而使友谊破裂，但破裂的情感很快又得到恢复。

虽然小学儿童的情绪仍然具有很大的情境性，他们不善于掩饰，不善于控制自己情绪，但与学前儿童相比，他们的情感已逐渐内化，小学高年级学生已逐渐能意识到自己的情感表现以及随之可能产生的后果，并且控制和调节自己情感的能力也逐步加强。随着儿童对学校生活的适应，他们的情绪逐渐稳定下来，小学儿童尚未面临升学、求职等重大压力，因而其基本情绪状态一般是平静而愉快的。随着儿童知识经验的丰富、抽象思维能力的发展以及自我意识水平的提高，他们情绪的稳定性逐渐增强，情感的境遇性减少，选择性提高，逐渐产生了较长时间影响整个行为的情感体验。到了小学中高年级，同伴之间不会因为一点点儿小事情就使感情破裂；也不会因学习上的成败而表现出强烈而持久的情绪反应。

5. 自我调节策略更加多样和复杂

自我调节策略指采取适当的方法激发和表达适当的情绪和情感。逐渐丰富的情绪、情感使小学儿童在情绪、情感的表达上逐渐表现出"有心计"。其缘由就是小学儿童对更加多样和复杂情绪、情感逐渐学会了自我调节策略，即在什么场合、什么时候应该表现怎样的情感，作为集体中的一员，是不能率性而为的。

这种情绪、情感自我调节策略是儿童情感逐渐社会化的体现。幼儿基本上是以自我为中心的，而小学儿童在集体教育的环境中，通过教育的引导，能够逐渐"去(自我)中心化"，在情绪发生的同时考虑外部的多种看法，考虑到别人对自己情感表露的评价。

以上所阐述的小学儿童情绪、情感的特点，只是和学前儿童比较来说的，绝不宜过高估计。一般说来，小学儿童情感还不够丰富、不够深刻、不够稳定，情绪的调控能力还是较低的。因此，教师要采取有效措施，促使小学儿童情感向更高水平发展[①]。

阅读栏 6-1 情绪智力商数——EQ

情商(Emotion Quotient，EQ)又称情绪智力，是近年来心理学家们提出的与智商相对应的概念。它是指人在情绪、情感、意志、耐受挫折等方面的品质。简单地说，EQ是表示认识、控制和调节自身情绪的能力。情商的高低反映着情感品质的差异。一个人能否在一生中取得成就，智力水平是第一重要的，即智商越高，取得成就的可能性就越大。但现在心理学家们普遍认为，情商水平的高低对一个人能否取得成功也有着重大的影响作用，有时其作用甚至要超过智力水平。那么，到底什么是情商呢？

美国心理学家认为，情商包括以下几个方面的内容：①认识自身的情绪。因为只有认识自己，才能成为自己生活的主宰。②能妥善管理自己的情绪，即能调控自己。③自我激励。它能够使人走出生命中的低潮，重新出发。④认知他人的情绪，这是与他人正常交往，实现顺利沟通的基础。⑤人际关系的管理，即领导和管理能力。

---

① 伍新春.儿童发展与教育心理学.90~96页，北京：高等教育出版社，2004。

情商的水平不像智力水平那样可用测验分数较准确地表示出来，它只能根据个人的综合表现进行判断。心理学家们还认为，情商水平高的人具有如下的特点：社交能力强，外向而愉快，不易陷入恐惧或伤感，对事业较投入，为人正直，富于同情心，情感生活较丰富但不逾矩，无论是独处还是与许多人在一起时都能怡然自得。专家们还认为，一个人是否具有较高的情商，和少儿阶段的教育培养有着密切的关系。因此，培养情商应从小开始。

资料来源：［美］丹尼尔·戈尔曼：《情感智商》，耿文秀，查波，译，243～248 页，上海，上海科学技术出版社，1997。

阅读栏6-2 情商与智商的区别

智商（Intelligence Quotient，IQ）是用以表示智力水平的工具，也是测量智力水平常用的方法，智商的高低反映着智力水平的高低。

智商和情商，都是人的重要的心理品质，都是事业成功的重要基础。正确认识这两种心理品质之间的差异和联系，有利于更好地认识人自身，有利于培养更健康、更优秀的人才。

第一，智商和情商反映着两种性质不同的心理品质。智商主要反映人的认知能力、思维能力、语言能力、观察能力、计算能力等。它主要表现人的理性的能力。情商主要反映一个人感受、理解、运用、表达、控制和调节自己情感的能力，以及处理自己与他人之间的情感关系的能力。情商反映个体把握与处理情感问题的能力。情感常常走在理智的前面。

第二，智商和情商的形成基础有所不同。情商和智商虽然都与遗传和环境因素有关，但是，它们与遗传、环境因素的关系是有所区别的。智商与遗传因素的关系远大于社会环境因素。情商的形成和发展，先天的因素也是存在的。但是，情感又有很大的文化差异。民俗学研究表明，不同民族的情感表达方式有显著差异。

第三，智商和情商的作用不同。智商的作用主要在于更好地认识事物。智商高的人，思维品质优良，学习能力强，认识深度深。容易在某个专业领域做出杰出成就，成为某个领域的专家。情商主要通过影响人的兴趣、意志、毅力，加强或弱化认识事物的驱动力。智商不高而情商绞高的人，学习效率虽然不如高智商者，但是，有时能比高智商者学得更好，成就更大。因为热爱和锲而不舍使勤能补拙。另外，情商是把握和调节情感的一种能力，因此，其作用与社会生活、人际关系、健康状况、婚姻状况有密切关联。情商低的人，人际关系紧张，婚姻容易破裂，领导水平不高。而情商较高的人，通常有较健康的情绪，有较完满的婚姻和家庭，有良好的人际关系，容易成为某个部门的领导人，具有较高的领导管理能力。

资料来源：海云明：《情感智商》，36～37页，北京，中国城市出版社，1997。

三、小学儿童高级情感的发展

高级情感是指与社会需要相联系的情感，包括道德感、理智感和美感。学前儿童的高级情感刚刚开始，直到进入小学阶段，在学校教育的影响下，儿童的各种高级情感才逐渐发展起来。

（一）小学儿童道德感的发展

道德感是关于人的言行是否符合特定的社会道德准则而产生的情感，如荣誉感、义务感、责任感、友谊感、集体主义情感、爱国主义情感、人道主义情感等。

小学儿童的道德感从内容上来说，已经有荣誉感、责任感、集体感、爱国主义情感。他们已能区别一些真与假、美与丑、善与恶。不过，这种区分还十分粗浅，相当绝对，不是好便是坏，不是正确便是错误。

道德感有三种形式：一是直觉的道德情感体验。它由对某种情境的直接感知而迅速发生，由于这种道德感是缺乏理性的，所以可能是积极的，也有可能是消极的。二是想象的道德情感体验。它是通过对某种道德形象的想象而产生的，这种形象可使人更好地认识道德要求及其深刻的社会意义。三是伦理的道德情感体验。它是在清楚地意识到道德准则及其意义的基础上产生的情感，这种情感具有较大的自觉性和概括性，它是在教育的基础上产生的。

从形式上来说，小学低年级的道德感还属于与具体的道德形象相联系的情感体验，其理性的概括性的道德感还处于很初级的阶段；随着年龄的增长和教育的作用，他们的道德感的理性的概括性程度逐渐增加。

（1）低年级儿童主要是以外部反应作为自己情感体验的依据，中年级儿童则主要是以一定的道德、行为规范为依据，而高年级儿童则开始以内化的道德观念作为依据。

（2）小学儿童道德感的发展一般在小学三年级有一个明显的转折期。

（3）小学低年级儿童道德感的形成和发展特点突出表现为形象性和直接性，小学高年级儿童才具有一定程度的抽象性和间接性，因此不同程度的儿童的道德感的培养途径和要求也是应有区别的。

（4）小学儿童道德感的发展具有不平衡性，不同道德范畴的情感体验有所不同。如行为规则方面的道德体验发展较早较好，而与政治道德感有关的爱国主义情感的发展则相对较晚，水平也较低。

（5）小学儿童的道德感具有明显的个体差异，这与家庭教育及环境的要求有密切关系，也与学生的个体心理差异有关。

（二）小学儿童理智感的发展

理智感是人们在智力活动过程中产生的情感体验。它与人的求知欲、兴趣、掌握知识和解决问题的需要等是否得到满足相联系。遇到问题不能解决时的疑惑，作出判断而又论据不足时的不安，一旦有所发现或有所进展时的欣喜等都是理智感的表现。理智感是认识世界和改造世界的强大动力。

小学儿童的理智感表现在求知欲的扩展和加深上。具体表现出如下发展趋势：[①]

（1）从对学习的过程、学习的外部活动感兴趣，发展到对学习的内容、对需要独立思考的作业更感兴趣。

（2）从笼统的泛泛的兴趣，逐步产生对不同学科内容的初步的分化性兴趣。但这种分化尚不明显，也极不稳定。教师对儿童的态度、儿童对这门课程掌握的好坏，都直接影响儿童的兴趣。

（3）从对具体事实的兴趣发展到初步探讨抽象和因果关系知识的兴趣。

（4）阅读兴趣从课内阅读发展到课外阅读，从童话故事发展到文艺作品和通俗科普小读物。

（5）从对日常生活的兴趣，逐步扩大和加深到对社会、政治生活的兴趣。

（三）小学儿童美感的发展

美感是人根据一定的审美标准对客观事物、艺术品以及人的道德行为的美学价值进行评价时所产生的情感体验。例如，对祖国的锦绣河山、名胜古迹、艺术珍品、体育竞赛、文艺表演、英雄人物的行为等所表示的赞美、歌颂、感叹等。

有学者通过对塑像（动物造型、人体造型）欣赏和音乐（民歌、传统歌曲、流行歌曲）欣赏的研究，初步发现小学儿童审美发展存在如下特点：[②③]

（1）小学低年级儿童已能很好地欣赏动物塑像，与高年级儿童的美感体验成绩十分接近。但对人物造型欣赏还处于发展过程之中，随着年级的增长，他们对人体造型美的体验逐渐深刻，美感欣赏能力逐渐发展。

---

① 王耘，叶忠根，林崇德：《小学生心理学》，237 页，杭州，浙江教育出版社，1993。

② 黄煜峰，傅安球，林崇德，沈德立：《儿童与青少年情绪发展的实验研究》，载《心理发展与教育》，1986（1），1～14 页。

③ 伍新春：《儿童发展与教育心理学》，94～95 页，北京，高等教育出版社，2004。

（2）在音乐美感欣赏上，小学高年级儿童与中学生一样，认为流行歌曲通俗、易懂、旋律优美，更能引人入胜，产生美的愉悦体验。这一方面是社会环境的影响，小学儿童对流行歌曲十分熟悉，而对于传统歌曲和民歌却接触不多。另一方面，小学儿童受到知识的局限，并且缺乏深刻的人生体验，对词曲优美、气势磅礴的传统歌曲和民歌缺乏心灵的共鸣，而流行歌曲则以其简单上口的旋律和节奏易为小学儿童所接受，并产生情感体验。

研究结果表明，小学儿童的美感体验，明显地受到客观事物的形式和内容的影响，受一定社会生活条件下形成的对美的不同需要的影响。一般来说，经常接触的、具有明显美的外部特征的客观事物，容易使小学儿童产生美的体验；而那些接触较少的、具有深刻内涵的、体现于内在特征的事物，则不易引起他们的美感体验。但是，随着年级的增加，在教育的影响下，小学儿童的美感体验越来越丰富。

第二节　小学儿童意志的发展

意志是人在行动中自觉地克服困难以实现预定目的的心理过程。意志是意识的能动性、积极性的集中体现，是人类独有的心理现象。

意志和行动是不可分的，意志总是通过行动表现出来。在意志调节和支配下的行动，称之为意志行动。意志行动是具有自觉目的、与克服困难相联系的、以随意动作为基础的行动。

意志的作用在于使人自觉有意识地调节自己的行动，努力克服困难，以达到预定的目标。在人生的道路上，人难免要遇到各种各样、大大小小的困难挫折，坚强的意志对一个人的生活、工作、学习来说，是一种非常重要的心理素质。

一、小学儿童意志发展的特点

儿童入学以后，必须按照老师和学校的要求，克服种种困难，完成各门学科的学习任务。不仅如此，他们还必须严格遵守纪律和各项规章制度，积极参加劳动、体育活动及其他集体活动，并在活动中做出意志努力，完成集体交给的各项任务。因此，在生活和教育的不断要求下，随着年龄的增长，小学儿童的意志进入了发展的新阶段。

（一）小学儿童意志发展的基本特点

小学儿童意志活动的基本规律是自控能力迅速形成和发展，意志的调节作用由对外部行为动作的控制为主，逐渐转变到对内部的心理过程的控制为主。小学儿童的意志发展在低年级和高年级有明显的区别。

首先，低年级小学儿童还不善于自觉地、独立地提出行动的动机和目的。他们行动的动机和目的常常是比较短暂、狭隘、具体的，因为他们还不容易理解那些远大的、抽象的行动动机和目的。到了中年级以后，小学儿童随着知识经验的增加以及思维水平的提高，逐渐学会了自觉地、独立地向自己提出行动的动机和目的，并逐步具有了远景的、抽象的、有一定社会意义的动机和目的。对小学儿童来说，那些短近的、具体的学习动机和目的，能够更好地推动他们学习，年级越低，这个特点越显著。

其次，小学儿童意志行动在做出决定与执行决定之间的时间间隔不长。他们的意志行动是比较简单的，还不善于为了一件事去反复思考、计划、决定和执行，这些往往是同时发生的或是比较接近的。由于知识经验贫乏，思维能力水平比较低，他们的意志行动的决策与他们的兴趣爱好、教师或家长的态度联系着。例如，面对某种情境怎样去做，小学儿童常常说："老师讲过的，要这样做。"至于为什么这样做，他们还不能够主动地加以思考，还不能够运用道德标准作为意志行动决策的依据。

（二）小学儿童意志品质发展的特点

意志品质包括自觉性、果断性、自制性和坚持性等。随着小学儿童年龄的增长，在生活和教学的不断要求下，小学儿童的意志品质也逐渐发展起来。

1. 自觉性的发展

自觉性是指个体在行动中具有明显的目的性，充分认识所采取行动的意义，使自己的行动服从于一定的要求方面的良好品质。有自觉性的人，同时也具有独立性和主动性。他既能倾听和接受合理意见与建议，又能坚持真理、信守原则、排除诱惑、不盲从，也不固执。而受暗示性和独断性等不良品质，则是与自觉性相反的品质特征。容易受暗示的人，只能在得到提示、命令、建议时才表现出积极性，而且很快就屈从别人的影响，不假思索地接受他人的思想。行为具有独断性品质的人，表面上似乎是独立地采取决定，执行决定，但实际上从不考虑自己采取的决定是否合理，执行决定时也听不进任何劝告，固执己见，一意孤行。

一般来说，小学低年级儿童的自觉性是比较差的，他们还不善于自己提出活动的要求，不善于主动、独立地调节自己的行为，常由教师和家长向他们提出明确的要求，并在教师与家长的监督和帮助下才能完成。小学中高年级儿童意志的自觉性逐渐发展，能够自觉地完成教师布置的作业和分配给他们的任务。但在整个小学阶段，小学儿童的意志的自觉性水平仍然较低，意志行动常离不开教师和家长的启发、帮助和具体的督促检查。

在教育实践中，我们往往注意到一些小学儿童常常不分好坏地模仿别人的表情动作，如手势、讲话、姿势等。这主要是因为他们自觉性比较差，容易受暗示的特点。而由于小学儿童思维能力的发展，他们开始喜欢独立思考，并逐渐相信自己的力量和行动的正确性，因而部分小学儿童也容易表现出任性、固执己见等缺点。这说明，小学儿童对行动的原因、结果及意义还缺乏充分的认识，还不能主动、独立地调节、支配自己的行动以实现既定的目的。

2. 果断性的发展

果断性是指个体能明辨是非、迅速而合理地做出决定并立即采取相应行动的良好品质。具有果断性的人，在采取决定阶段，能在动机冲突中迅速地确立目的，并能果断地拟定某种行动方案。在紧急关头会毫不犹豫，当机立断。在执行决定阶段，既能按行动方案审慎而坚定地行动，又能根据各种主客观条件的发展变化情况，改变已做出的决定或停止执行某一决定。与果断性相反的则是优柔寡断和草率冒失等不良品质。优柔寡断是当决而不决，前怕狼后怕虎，顾虑重重，内心总是处于无休止的矛盾冲突之中。草率冒失是不当决而决。具有这类品质的人，缺乏主见，采取决定时患得患失，事到临头时又冒冒失失，轻率地作出决定，一旦开始行动，又犹豫不定，不断地重新审查修改决定，常常是坐失良机。

小学儿童意志的果断性还是比较差的，他们还不善于仔细、全面地考虑问题，他们在作决定时往往具有冲动性和情绪性的特点，往往考虑不够周到就很快做出决定，采取行动，还不善于按照一定的原则，经过深思熟虑做出决定。有时候缺乏足够的力量去克服心理上的种种矛盾，担心行动会造成不良后果，怀疑自己所做决定的正确性，而出现优柔寡断的现象。

随着年龄增长，在教育的影响下，小学儿童意志果断性的水平在逐步提高，优柔寡断和冒失不良品质逐渐减少。但是，在整个小学阶段，小学儿童按照一定的观点、原则，经过深思熟虑而果断地处理一些充满矛盾斗争的问题还是比较困难的。教师应该在小学儿童知识经验和智力水平力所能及的范围内，引导他们明辨是非、当机立断，克服草率冒失和优柔寡断的缺点。

3. 自制性的发展

自制性是指个体能够自觉、灵活地控制自己的情绪，以约束自己产生不利于完成任务的行动的良好品质。自制力强的人，善于控制自己的思想，调节自己的行为，能够克制自己不应有的情绪冲动，抗拒来自外部和内部的诱因的干扰，自觉遵守纪律，执行决定。与自制性相反的意志品质是任性。任性表现为放纵自己，毫无约束，感情用事，任意而为。

心理学研究表明，小学儿童意志的自制性品质随着年级升高而稳步发展。其发展趋势为1～3年级处于迅速发展时期，3～4年级处于平稳时期，4～5年级处于迅速发展时期，5～6年级再度处于平稳时期。小学低年级学生的自制性品质发展较快，到了小学中年级，自制性发展趋于平稳，保持在一个水平线上。小学中年级以后又出现一个快速发展时期，使意志自制性品质达到了一个新的更高的水平，说明小学中年级以后的儿童已能进一步克制因各种诱惑引起的冲动行为，能自觉地按照任务的要求坚持活动。到小学高年级，自制性品质发展出现了一个新的稳定时期。

小学儿童意志的自制性品质的发展是稳定的、迅速的，但总体水平并不很高。小学低中年级儿童还不能很好排除内外诱因干扰的影响，特别是内部诱因的干扰。即使小学高年级儿童，受内部诱因干扰的人数仍占比较高的比例。

4. 坚持性的发展

坚持性是指个体在行动中能以坚韧不拔的毅力克服种种困难而坚持到底的良好品质。具有良好的坚持性品质的人能够在活动中持之以恒，在困难、艰苦的条件面前，不犹豫、不动摇、不停滞，一鼓作气，善始善终。与坚持性相反的意志品质是动摇与执拗。动摇表现为一遇到挫折就怀疑既定目的，不加分析地放弃对预定目的的追求。具有动摇性的人，往往虎头蛇尾，半途而废。执拗表现为已经知道原定目标无法实现，也不改变行动计划，仍然坚持原定目标或决定，不顾客观情况，不能正视现实情况，灵活地对待已经变化的情境。

小学儿童意志的坚持性是逐步发展起来的。小学低年级学生的意志比较薄弱，坚持性比较差，他们更多地依靠外部影响来坚持完成活动任务。例如，他们常常要在成人的督促下去完成作业。到了中高年级，小学儿童的坚持性得到了发展，他们逐步能在学习、生活中克服困难，持久地进行，直到达到目标。例如，他们在学习中遇到难题时，能持久地进行思考，直到解决为止。

心理学研究表明，小学儿童意志的坚持性品质是随着年级升高而迅速发展的。其发展趋势为1～3年级发展最为迅速，3～5年级处于平稳时期，5～6年级处于明显发展时期，年级间的差异较显著。但是，与青少年相比，小学儿童的坚持性品质还是比较差的，往往表现出一定的冲动性和不稳定性，特别是那些溺爱型家庭的孩子，坚持性更差。

阅读栏 6-3　意志品质自测

下面有 20 道题，每道题都有 5 个供选择的答案（①很符合自己的情况；②比较符合自己的情况；③难以回答；④较不符合自己的情况；⑤很不符合自己的情况），请根据自己的实际情况，在题前的横线上写出相应数字，每题只能选择一个答案。

1. 当我决定做一件事时，就马上动手，决不拖延。
2. 我给自己订的计划常常不能如期完成。
3. 我能长时间地做一件枯燥的，但却重要的事情。
4. 在练长跑时我常常不能坚持跑到终点。
5. 我没有睡懒觉的不良习惯，即使冬天也按时起床。
6. 如果我对某件事不感兴趣，我就不会努力去做。
7. 我喜欢长跑、登山等可以考验自己毅力的运动。
8. 在遇到困难时，只要有可能，我就立即请求别人帮助我。
9. 读书期间，没做完功课我就不会去玩。
10. 面对复杂情况，我常常优柔寡断，举棋不定。
11. 只要工作或学习需要，没有人强迫我，我也可以自觉坚持一个月不看电影、电视。
12. 我有时下决心从第二天开始做某件事情，但到了第二天我的劲头就消失了。
13. 我答应别人的事情，就不会食言。
14. 如果我借到一本引人入胜的小说，我会忍不住在上课时或工作时拿出来偷看。
15. 我敢在冬天用冷水沐浴。
16. 在我遇到问题举棋不定时，就希望别人帮我作决定。
17. 我感到订计划应留有一定余地，免得完不成时太被动。
18. 在与人争吵时，尽管明知自己不对，我也会忍不住说一些使对方听了感到难受的话。
19. 读书期间，我绝不拖延应交的作业，常常做到很晚。
20. 我比一般人更怕痛。

计分：题号为单数的题目计分标准为："①"记 5 分、"②"记 4 分、"③"记 3 分、"④"记 2 分、"⑤"记 1 分。双数题目计分标准为："①"记 1 分、"②"记 2 分、"③"记 3 分、"④"记 4 分、"⑤"记 5 分。

评分标准：把 20 道题目的得分加起来，核对评价标准，你就可以知道你是否是个意志坚强的人；20～35分，很薄弱；36～51分，较薄弱；52～68分，一般；69～84分，较坚强；85～100分，很坚强。

二、小学儿童意志品质的培养

（一）小学儿童常见意志行为问题

在小学儿童成长过程中，因意志行为问题而影响其交往、学业，影响其心理健康发展的不乏其人。意志行为问题表现形式多样，下面仅就小学儿童中三种常见的意志行为问题作些探讨。

1. 自主能力差，依赖性强

依赖就是指对别的人或事物的过分依附，不能自立、自主。意志上的依赖实质上就是意志缺乏。这类小学儿童做事无目的，不知道自己做什么和为什么做，在行动过程中，即使是一个很小的决定也难以抉择，显得手足无措，缺乏决断的能力，事事依赖别人，易受人暗示和指使。依赖性强的小学儿童，总是希望别人把他当做婴儿一样来爱抚，总是要求别人注意他，帮助他，称赞他。他们缺乏独立性，缺乏生活自理能力，更缺乏对事物的判断能力。

小学儿童产生依赖的原因往往与他们成长过程中所受到的影响有关，尤其是与父母的过多管束有关。现在的孩子尤其是独生子女都是家庭的掌上明珠，因而有些家庭对孩子特别娇惯，孩子的吃、穿、住、行，到该独立的时候仍然包办代替，唯恐照顾不周，伤害了孩子。"含在嘴里怕化了，捧在手里怕摔了"，这样做的结果是孩子越来越依赖家长。而有的家长"望子成龙""望女成凤"心切，对孩子管束过严，限制太多，孩子的行动如果超出家长的框框，则被训斥为"不听话"，对其严加惩罚。在这样环境下长大的孩子，他们的生活中没有自我，更谈不上自主性的发展。

2. 执拗

执拗就是固执任性，不听从别人的意见。明知主客观条件已经发生变化，明知原来的决定是错误的，但仍然固执己见，这就是执拗。在小学儿童中执拗常表现为犟脾气，谁说谁劝也不听，一定要按自己的意志办事。其形成原因主要是儿童在成长的过程中，父母的家教方式不当，如溺爱孩子或压服孩子，易使他们形成执拗这一不良品质。有些父母本身有犟脾气，这种不好的示范也很容易影响到孩子。同时，执拗也有的是由思维的片面性造成的。

3. 意志薄弱

意志薄弱是当前小学儿童中常见的一种意志缺陷。现在的许多小学儿童好像温室中的花朵，经不起风吹雨打，一遇到困难和挫折，就灰心丧气，悲观失望，知难而退，行为懦弱，有的甚至从此一蹶不振。究其原因，一是生活安逸；二是父母娇惯。1992年，在中日儿童探险夏令营活动中，"中国孩子病了回大本营睡大觉，日本孩子病了硬挺着走到底"，教育专家孙云晓的一篇《夏令营中的较量》曾引起了多少教育工作者的震撼与反思！但到现在，每逢放学的时候，多少学校的门口围满了焦急等待的家长，多少白发人用车子驮着胖胖的孩子……此类现象，不能不引起我们的重视与深思。意志薄弱不只影响孩子的学习成绩，它还会影响他们一生的发展。克服与矫治小学儿童的意志薄弱问题，关键在于从小就培养他们具有坚强的意志。

（二）小学儿童意志力的培养

我国古代文学家苏轼说："古之立大事者，不惟有超世之才，亦必有坚忍不拔之志。"苏联教育家马卡连柯说："意志、勇敢和目的性的培养问题，是具有头等意义的问题之一。"优良的意志品质并不是生来就有的，而是在实践活动中，在克服困难的过程中逐渐形成起来的。小学时期是一个人意志品质形成和发展的重要时期，重视对小学儿童良好意志品质的培养将对其一生的发展产生重大影响。

1. 加强目的性教育，促进意志的自觉性发展

小学儿童的意志活动是与活动目的紧密联系的，只有让他们明确行动的目的，才能自觉地、独立地调节自己的行为。在整个小学阶段，小学儿童按照一定的活动目的调节自己行为的能力是比较差的，需要依赖教师的指导和监督。根据小学儿童的这一特点，教师要逐步提高小学儿童的自觉性，培养他们按照行动目的来自觉调节行为的能力。教师在教学活动中，布置的任务要明确，并要指导小学儿童按照预定的目的和计划一步一步地完成任务。对完成任务好的要给予鼓励和表扬，对他们的意志行为要进行强化，使其逐渐形成意志的自觉性。

2. 组织实践活动，加强意志锻炼

俗语说："百炼成钢。"坚强的意志是在克服困难的实践活动中形成和发展起来的。在学校教育中，日常的学习、劳动和课外活动，都需要为达到一定的目的付出艰辛和努力，这正是培养小学儿童良好的意志品质的最好途径。特别是学习活动，更需要一种锲而不舍的顽强的毅力。所以，教师应该科学、严谨地组织小学儿童的学习活动，合理安排班集体的劳动和课外文体活动，使每个小学儿童融入其中，全身心地投入。当小学儿童形成了良好的学习习惯和劳动习惯，他们的意志品质也必然发展起来。在学校日常活动之外，教师也可以有意识地组织能磨炼小学儿童意志的实践活动，如晨练、爬山、野营、徒步旅行

等。总之，教师应随时随地、通过各种实践活动不断磨炼他们的意志。在组织实践活动中，教师应当注意以下几点。

第一，教师必须遵守循序渐进的原则，向学生提出的任务要有一定的难度，同时又是他们力所能及的。例如，要求他们坚持独立完成各种作业，坚持参加体育锻炼等。对小学儿童来说，这些要求都有一定的难度，但又是他们能够做到的。过难或过易的任务都将造成消极影响。如任务过难，将使小学儿童感到受挫折，产生自卑和不信任；而任务过易，则激不起小学儿童的兴趣。只有那些需要小学儿童付出一定的努力才能完成的任务，才有利于意志的锻炼。

第二，当小学儿童在活动中遇到困难时，要给予鼓励和必要的指导，但不要代替他们去解决问题。

第三，针对小学儿童意志品质的差异，因材施教。例如，对于容易盲从、轻率行事的小学儿童，应多启发他们意志的自觉性；对于胆小怯懦、优柔寡断的小学儿童，应培养他们大胆、勇敢、果断的意志品质；对于任性、爱冲动的小学儿童，应培养他们控制自己情绪、言行的能力；对于缺乏毅力、做事虎头蛇尾的小学儿童，应培养他们的坚持性。

3. 培养小学儿童良好的行为习惯

小学儿童良好的行为习惯可以使他们不必付出太大的意志努力便能很好地完成任务。实际上，良好的行为习惯是小学儿童将行为规则内化的具体表现。

培养小学儿童的行为习惯要从小事做起，如遵守作息时间、按时完成作业、做完作业后收拾书包、自己收拾房间等。培养小学儿童行为习惯时要对他们严格要求，如要求他们应该完成的任务一定要完成，绝不能半途而废；要求他们改正的缺点就要监督他们逐渐改正。这样，在小学儿童形成良好行为习惯的同时，也培养了他们良好的意志品质。

4. 培养小学儿童的自我调控能力

小学儿童的自我调控能力较差，他们的行为往往需要成人的指导和监督。因此，教师应有目的、有计划地帮助小学儿童学会逐渐摆脱对外部控制的依赖，形成内在的控制力。心理学家的研究发现，帮助儿童以言语调节控制自己的行动是培养儿童的自制力的一个有效措施。在克服困难过程中，让儿童不断以言语指导自己的行动，往往可以取得较好的效果。

心理学家研究发现，小学儿童的行为表现有反应型（做得较慢，很少发生错误）和冲动型（做得很快，但错误较多）。通过矫正儿童的自我言语，可减少儿童的冲动性。心理学家认为，使用言语调节，可以提高对情境的各种刺激原因的区分力，使儿童能集中注意，帮助儿童形成一系列解决问题的假设，并在短时间内保持有关的信息。此外，心理学家还认为，集中注意也是自我控制的一个有效方法。在面对诱惑时，不要过多注意诱惑物，要将注意力集中在所从事的活动之上。为此，可对小学儿童进行集中注意的训练，来强化其自我调控能力。

5. 充分发挥班集体和榜样的教育作用

具有良好班风的集体能培养学生对集体的责任感、义务感、荣誉感以及自尊等，这些情感有助于自制、坚毅、勇敢等意志品质的形成。所以，教师应努力使自己的班级形成良好的班风，充分发挥集体的作用，培养小学儿童良好的意志品质。

此外，还应注意榜样的作用。对于以模仿为天性的小学儿童来说，榜样的力量是无穷的，因此，教师要适时向小学儿童提供可模仿的勇于战胜挫折的榜样，加深小学儿童对挫折的认识，激起内在的上进热情，进而转化为战胜挫折的信心、勇气和动力。榜样可来自科学家、发明家、劳动模范、革命先烈以及文艺作品中的优秀人物等。教师还要善于从小学儿童周围，主要是从小学儿童中树立典型，并及时选择时机对小学儿童进行教育，这样的榜样在小学儿童身边，因而可信、可亲、可学。教师也要为小学儿童做出榜样，因为教师的模范作用具有极其重要的意义，正所谓"言传身教"。

6. 启发小学儿童加强意志的自我锻炼

在培养小学儿童良好意志品质的过程中，一切外部影响都必须通过小学儿童的自我锻炼才能真正起作用。意志的自我锻炼方法和途径多种多样，现提供几点作参考。

(1)制订切实可行的目标和计划。意志表现在有目标的行动之中，要想培养意志力，首先要树立起明确的目标。目标有远期与近期之分。小学儿童在确立自己的目标时，既要有远期的目标，又要有近期的目标。因为只有远期目标而无近期目标时，行动就会缺乏直接的动力，导致眼高手低。所以，小学儿童在制定目标时，重点应放在近期目标上，并制订出切实可行的行动计划。

(2)脚踏实地，从小事做起。千里之行，始于足下。坚强的意志不可能形成于一朝一夕，它是在日常学习、工作和生活实践中逐步培养起来的。"冰冻三尺，非一日之寒。"顽强的毅力是在上百件小事中逐步形成的。有些小学儿童总认为自己将来是干大事的，不屑于做小事。"一屋不扫何以扫天下"，身边的小事都不肯去做，又怎会有坚强的毅力去做大事呢？许多大科学家都注重在小事上严格要求自己，从一点一滴做起。

例如，地质学家李四光的成功便是从平凡的细小工作中得来的。他的 40 本笔记本，每天都记着天气、风力、气温、物候，在北京 22 年，每年都记下北海公园的物候现象，直到临终前一天仍不停止。因此，小学儿童应当把远大的志向与日常学习、工作和生活联系起来，从小事做起，把完成每一项学习、工作任务都当成"千锤百炼"磨炼意志的考验。小事情很多，从哪些小事情做起？拿每天按时起床、按时交作业、每天记日记、每天早晨坚持锻炼之类的小事来说，如果能在任何情况下都能始终如一、从不马虎、坚持不懈，不以各种借口原谅自己，今日事今日毕，今天的事情绝不拖延到明天。久而久之，就能逐步培养起顽强的意志。

（3）坚持体育锻炼。坚持体育锻炼对培养小学儿童的意志有着极为重要的意义。运动心理学研究表明，体育运动是一项磨炼意志、锻炼意志的有效形式，体育活动更需要有意志力的配合和参与。意志力的形成离不开体育锻炼。在体育活动中，如长跑、滑冰、登山、游泳等项目，对发展小学儿童的坚持性、自制性有重要作用。例如，日本的小学很重视孩子的体质锻炼，严冬腊月让孩子打赤膊在雪中奔跑，是一种独特而又有效的锻炼方式。

（4）养成良好习惯。养成经常自我检查、自我批评、自我督促的习惯，发现问题及时纠正。通常可以采取写日记、周记的方法，把自己意志品质的优缺点记下来，以便巩固优点，改正缺点。

（5）用格言、警句来激励自己。引导学生搜集如"自古英才多磨难，从来纨绔少伟男""宝剑锋从磨砺出，梅花香自苦寒来"等有益格言和警句来激励自己，这样既有利于他们语言知识的培养，也有助于他们进行意志品质的自我锻炼。

复习与思考

1. 小学儿童情绪发展的特点是什么？
2. 小学儿童道德感发展的特点是什么？
3. 根据本章所学，说说小学儿童意志品质的特点及小学教育工作者如何培养小学儿童的意志品质。

推荐阅读

1. 孟昭兰. 情绪心理学. 北京：北京大学出版社，2005.

2. [美]丹尼尔·戈尔曼. 情商——为什么情商比智商更重要. 北京：中信出版社，2010.

3. [美]费尔德曼等. 发展心理学——人的毕生发展(第四版). 苏彦捷，等译，北京：世界图书出版公司，2007.

第七章　小学儿童的个性发展

本章重点
- 弗洛伊德心理性欲发展阶段论
- 小学儿童学习兴趣的发展
- 小学儿童气质的发展
- 小学儿童性格的发展及塑造
- 小学儿童自我意识的发展及培养

第一节　个性概述

一、个性的基本概念

田某，三年级男生，上课特别爱讲小话，午睡时都讲，被老师说成是"话包子"。他呢，也知道自己的毛病，但就是改不了。虽然老师批评他，他也不怎么往心里去，大大咧咧的。他的学习成绩属于中上，偶尔有波动。老师说他很单纯，很有正义感。对于其他学生的不良习惯都有自己的判断，还会与成人交流思想。

在上面的案例中，我们看到了一位个性鲜明的小学儿童。每位小学儿童身上的个性特点往往会使得他们有着与他人不同的看待事物的方式，同时这些特点也会影响到他们的学习风格。

每个儿童的心理活动总表现为一定的特点和一定的倾向性。这些经常表现出来的稳定的心理特点和心理倾向性整合就是一个儿童总的精神面貌，是一个儿童不同于任何一个儿童的独特的个性表现。

个性或人格，是一个复杂的、多侧面、多层次的动力结构。它包括了一个人的气质、性格、体貌特征、智力和创造性、与人交往和适应变化着的环境的能力、动机、志向、兴趣、信念和人生观。

二、弗洛伊德的心理性欲理论

弗洛伊德是奥地利精神病学家，是精神分析法的创始人，他提出儿童个性发展的心理性欲理论。该理论包括心理发展本能论和心理发展阶段论。

1. 心理发展本能论

心理发展本能论的核心思想是认为存在于无意识中的性本能是人的心理的基本动力，是决定个人和社会发展的永恒力量。

（1）意识与无意识。人的心理有三个系统：意识系统、下意识系统或前意识系统、无意识系统。这三个系统各自具有不同的特性，在整个心理活动中起着不同的作用。意识系统是人能认识自己和认识环境的心理部分，在人的注意集中点上的心理过程都是意识的。下意识系统或前意识系统是意识系统和无意识系统之间的一个边缘部分。它所固有的特点是在其中也存在着无意识的冲动、欲望和感情等，但它们可能很容易地转移到意识系统中去。无意识系统是心理系统中的深层部分，是人的生物本能、欲望的贮藏库。这些本能、欲望具有强烈的心理能量的贮存，但由于社会标准不同，得不到满足，就被压抑到无意识之中。然而，它们又总是为自己寻求出路。它们虽然不被本人意识到，但并没有消除，而是在无意识中积极活动，追求满足。无意识系统的过程不受客观现实调节，而是由自己本身来决定的。它服从于享乐和满足的原则，无时无刻不在追求着得到满足。

弗洛伊德认为，人格是意识和无意识之间的矛盾；是意识与本能、欲望之间的斗争。人的心理、意识并不是在他同外部世界的相互作用中形成的，并不是受他的生活条件决定的。外部世界供给检查者"以宗教和道德标准、社会规范和戒律"，以便检查者借助它们来防止无意识内容渗透到意识领域；换句话说，外部世界的主要功能只是在于使每个人的心理活动形成一种意识，用于压抑先天的本能以及出生之后的多种欲望。

（2）人格的结构。弗洛伊德认为人格结构由三个组成部分：本我、自我和超我。本我、自我和超我是在意识、无意识活动的机制下，在力比多（libido）发展的关系中形成起来的。

①本我。本我是一个最原始的无意识结构。这是自遗传的本能、习得的欲望组成的，并同肉体联系着。肉体是它的能量的源泉。本我是心理能量的贮藏器：它是无组织的，仿佛是一团混沌的本能和一口欲望沸腾的大锅。在本我中充满着本能、欲望的强烈冲动，力图很快地得到满足。倘若这种满足稍有迟缓，个体便会感到烦扰和懊恼，其结果不是这种原动力消失或弱化，而是企图

满足的要求更加迫切。

本我受快乐原则的支配，它只能追随内部冲动的作用而寻求自身渴望的满足，并不考虑这种渴望是否现实可行，是否被社会认可，也不考虑这种行为的后果。

在心理发展中，年龄越小，本我的作用就越重要。婴儿几乎完全处于本我状态。当他们饿了或是渴了的时候，就会马上哭闹起来，直到需要得到满足为止。

②自我。自我是人格结构的表层，但也只是部分意识而已。自我处于本我和外部世界之间，是外部世界与本我之间的居间者。人若在本我控制的社会中，危险和恐惧是难以想象的，因为本我不受任何管制。幸而本我得到人格中自我的检查。自我受现实原则支配，并调节着外部世界与本我之间所存在的冲突。自我所具有的心理能量大部分消耗在对本我的非理性的冲动的压抑和排除上；它建立起防御线，应用各种防御机制来对付本我。自我的存在是为了使个体与能真正满足他需要的经验发生联系。当人感到干渴时，自我就寻找水。一方面，自我可以压抑本我的一些不合理欲望；另一方面，它又可以通过一系列防御机制让有些本我的欲望得以表现。

③超我。超我是人格道德的维护者。儿童在与环境的交互作用中，不仅发展了自我，而且还知道了什么是对的和什么是错的，能够对正确和错误作出辨别。这就是人格中的超我，与一般人所谓的"良心"相似。

超我受道德原则支配，在较大程度上依赖于父母的影响。弗洛伊德说："在这冗长的儿童时期，正在长大的人依赖父母生活，留下了一个沉淀物。这个沉淀物构成了自我里面一个特殊的机关，使父母的影响能够长期存在。"儿童在与父母的接触中，通过心理内投或摄取机制，将父母的人格及祖先的社会道德等变成为自己的东西。正是人格中的这一结构——超我，表达了人的性格特点，使人按照价值观念和各自的理想行事。由于超我的出现，自我的职能就变得更加复杂了。这不仅要寻找满足本我需要的对象，而且还必须考虑所寻找的对象不能违背超我的价值观。

2. 心理发展阶段论

弗洛伊德认为，性是人类最重要的一种本能。而他对性的理解是十分宽泛的，不仅包括两性关系，也包括身体的舒适和快感。而儿童的吮吸和排泄等能够产生快感的生活内容都被包含在内。弗洛伊德认为，在性本能逐渐成熟的过程中，这些产生性快感的地方会从身体的一个部位转移到另一个部位，因此形成了相应的心理发展阶段。

根据不同时期力比多表现的性感区不同，弗洛伊德把人格的心理性欲发展划分为五个阶段（见表7-1）。

表 7-1　弗洛伊德心理性欲发展阶段

阶 段	年 龄	特 点
口唇期	0～1岁	性的本能集中表现在口唇部位。这个年龄阶段的婴儿通过吮吸、咀嚼等口部活动来获得快感。哺育行为在这个阶段是十分重要的。太早或太突然的断奶都会使孩子将来对配偶过分依恋或过度依赖。
肛门期	1～3岁	有意识的排尿和排便成为满足性本能的主要方法。对孩子排便的训练成为父母与孩子之间的主要冲突，在训练中父母所营造的情绪氛围将会产生持久的影响。比如，因排便问题而受到惩罚的孩子常常会变得退缩、粗心或浪费。
性器期	3～6岁	开始从生殖器的刺激中获得快感。儿童开始能够分辨两性，并对异性父母产生依恋。男孩出现恋母情结，女孩出现恋父情结。这种冲突所产生的焦虑使儿童从同性父母身上内化了一些性别角色的特征和道德准则。
潜伏期	6～11岁	性器期的精神创伤所造成的冲突逐渐被压抑，性的冲动被引导到学校活动和激烈的游戏中。随着儿童在学校学习中获得了更多的知识，他们的自我和超我继续发展。这是一个相对平静的时期。
生殖期	11岁左右开始	进入青春期后，身体的发育再次唤醒了性的冲动。这个时期最重要的任务是摆脱父母的束缚，开始自己的独立生活。这时候，少年必须学习的是如何在社会规范所接受的范围内表达自己的冲动。如果发展健康，成熟的性本能可以通过婚姻和生育子女而获得满足。

弗洛伊德认为，在心理发展的每一个阶段，父母都要与孩子和谐相处。对性的需要满足过多或过少都会使孩子产生某种困扰，孩子可能会产生对于相应行为的"固着"，在以后的生活中保持这种行为的某些方面。比如，如果一个婴儿曾因为吸吮手指而受到了严厉的惩罚，那么他可能会在长大后出现吸烟等替代行为。

3. 弗洛伊德心理发展理论对小学教育的启示

根据弗洛伊德的心理发展阶段理论，小学儿童正处于潜伏期，这时候，教师应引导他们将主要精力投入到学习、游戏和运动中去，使他们在这些活动中体验到快乐和精力的释放。

弗洛伊德认为，早期的经历和冲突会影响到成年后的兴趣、行为和人格。因此，在学习和各种活动中，教师应多给予小学儿童表扬，促进他们社会情感的发展；也应注意引导小学儿童移情能力的发展，帮助他们去尝试体验别人的情绪、情感，从而学会助人和分享。同时，教师应重视小学儿童纪律、规范等方面的养成教育，使这些纪律和规范内化到学生的"超我"中，以指导他们一生的行为。

另外，由于小学儿童的"自我"和"超我"都还在发展中，没有完全成熟，他们的行为很容易受到"本我"的控制，因此容易出现一些如"说谎""偷东西"等行为。教师要考虑到小学儿童的年龄特点，对于小学儿童所出现的一些缺点、错误，要注意积极引导，不能一味地惩罚，更不能以此对孩子的道德品质定性；同时也要注意及时发现、规范孩子的行为，不要使这种行为逐渐成为习惯。

第二节　小学儿童个性的发展

一、学习兴趣的发展

学习兴趣是由人们学习的需要转化而来的，对人们参加学习活动的积极性、主动性及其效果均有十分重要的作用。

（一）什么是学习兴趣

学习兴趣是学生在学习活动中所产生的一种力求认识世界、渴望获得文化科学知识，并带有强烈情绪色彩的心理倾向。小学儿童的学习兴趣对巩固学习动机、激发学习积极性、调节学习活动及学习效果等都具有十分重要的作用。有研究表明，学习兴趣与学习动机和学习效果呈正相关，即学习兴趣越浓则学习动机越强，学习兴趣越浓的学科则学习效果越好。

学习兴趣可以分为直接兴趣和间接兴趣两种，直接兴趣是由客观事物或学习活动本身所引起的，如喜欢绘画、喜欢阅读等；间接兴趣是由学习活动的目的、任务或学习活动的结果所引起的，如得到教师的表扬、家长的奖励等。因此，直接兴趣指向学习活动本身，而间接兴趣则指向学习过程的结果。对小学儿童来说，相对强烈、对比鲜明、不断变化或有新异性的刺激往往容易引起他们的直接兴趣，而对活动的目的与任务或活动结果的意义与价值的理解则往往能够激发他们的间接兴趣。小学儿童在学习兴趣上存在着明显的差异。正如我们在实际中所见，有的儿童的学习兴趣主要来自于写字、做算术题、唱歌等活动形式本身；有的儿童的学习兴趣则主要来自于参加这些活动之后取得好的成绩得到教师的表扬、家长的奖励、能考上一所好的中学等。在学习活动中，直接兴趣和间接兴趣可以相互转化。当儿童遇到简单的、容易的、生动有趣的知识时，便会产生直接兴趣；一旦遇到复杂的、困难的、枯燥乏味的知识时，便需要间接兴趣来维持学习活动。当儿童对掌握某种知识的必要性和重要性有了充分的认识时，就会对学习这种知识产生间接兴趣，从而激励自己努力学习那些自己本无兴趣的东西。当儿童通过顽强的学习，克服了学习中的困难，便又会对这种知识产生直接兴趣。

（二）小学儿童学习兴趣发展

研究表明，小学儿童的学习兴趣与他们的学习成绩和学习信心呈正相关，这三者是互相促进、相辅相成的。一般来说，小学儿童对某门学科的学习兴趣越高，学习成绩也就越好，越有成就感，学习信心也就越足；反之，小学儿童某门学科的成绩越差，那么对该门学科的学习兴趣也就越低，学习信心也就越不足。因此，教师在对小学儿童进行教育时，一方面要针对他们的个别差异，采取不同措施，提高他们的学习成绩，增强学习信心，提高学习兴趣；另一方面要注意激发其学习兴趣，从而提高学习成绩，增强学习信心。

小学低年级儿童通常对学习活动的形式和学习的外部活动更感兴趣。如背书包去上学，在课堂上一会儿读拼音，一会儿写字，一会儿做算术。低年级儿童对教师的评分往往只注意看分数，而不管自己作业对在哪里，错在哪里，为什么错了，应如何纠正。一旦他们对学习过程的形式不再感到新鲜有趣，或者在学习中遇到了挫折，就会产生"不想学了"的想法。从小学三年级起，儿童开始喜欢比较新颖的、需要开动脑筋独立思考的学习内容。

小学低年级儿童通常对具有游戏因素的学习形式很感兴趣，小学中高年级儿童却竭力想表现出自己是一个真正的"小学生"，因此，他们对具有游戏性质的课堂教学形式已不再像低年级那样感兴趣，他们希望用学到的知识来解决实际问题，一方面检查自己掌握知识的情况；另一方面也从解决问题的过程中得到快乐。

小学低年级儿童没有明显的学科兴趣，到小学三年级时才开始产生学科兴趣的分化，但这种对学科的选择兴趣还很不稳定，极易发生变化。引起小学儿童学科兴趣分化的原因是多方面的，既有客观的原因，也有主观的原因。客观原因主要是教师的教学水平，主观原因主要是儿童觉得该学科是否有用和需要动脑筋。

二、小学儿童气质的发展

（一）气质的含义

现实生活中我们常会看到，有的人生来好动，有的人生来好静；有的人脾气温和，有的人性情暴躁；有的人动作敏捷，有的人行动缓慢等，以上区别就是心理学所称的气质区别。

"气质"（temperametum）意为人体内体液的混合"比例"，这种体液混合的比例决定了人的整个气质。人们普遍认为气质是个人心理活动的动力特质，动力特质包括心理过程的速度和稳定性，强度和指向性等方面的特点，它使人的认知过程、情感过程、意志过程和行为过程都涂上个人独特的色彩。

希波克拉底把气质分为胆汁质、多血质、黏液质、抑郁质 4 种类型，20世纪 20 年代开始，巴甫洛夫以实验的方法从神经动力学的水平对气质的神经生理机制进行了揭示。巴甫洛夫研究发现高级神经活动的基本过程包括兴奋过程和抑制过程。这两个过程有三个基本特性：神经过程的强度、平衡性和灵活性，这三种特性的独特结合构成了四种高级神经活动类型，即活泼型、安静型、兴奋型和抑制型。巴甫洛夫认为，神经系统的类型是气质的生理基础，兴奋型相当于胆汁质，活泼型相当于多血质，安静型相当于黏液质，抑制型相当于抑郁质。

阅读栏 7-1　气质的类型

某电影院的演出正式开始了。10 分钟后，电影院门口来了四位迟到的观众，检票员照惯例禁止他们入场。先到的 A 面红耳赤地与检票员争执起来，他分辩说，电影院的时钟走快了，他不会影响任何人，打算推开检票员径直跑到自己的位子上去，闹得不可开交。随后到来的 B 立刻明白，人家是不会放他进入电影院的，但楼厅上有个检票口，从那里进入或许便当些，于是就跑到楼上去了。差不多同时到达的 C 感到检票员不会让他进入，就想，第一场大概不太精彩，我还是暂且去小卖部转转，到幕间休息时再进吧。最后到的 D 说："我真是不走运，偶尔来看一次电影，就这样倒霉！"于是转身沮丧地回家了。

四个人的心理活动都涂上了个人独特的色彩——气质

A 为胆汁质：直率，热情，精力旺盛，情绪易激动，心境变化剧烈。

B 为多血质：活泼，好动，敏感，反应迅速，注意力容易转移。

C 为黏液质：安静，稳重，反应缓慢，沉默寡言，情绪不易外露，善于忍耐。

D 为抑郁质：*自卑，行动迟缓，多愁善感。*

气质具有天赋性、稳定性和可塑性等特点。首先，气质的某些特点是与生俱来的，较多地受先天因素的影响，具有天赋性的特点。其次，俗话说"江山易改，禀性难移"，就是说气质不会轻易改变，具有稳定性的特点。最后，气质不易被改变，并不是说不可改变，个体在一定条件下可以掩盖其先天的神经活动类型，使其不表现出应有的特点，而且，随着年龄的变化，气质也会发生一定的改变，因此，气质具有可塑性的特点。

（二）小学儿童的气质差异与教育

气质具有相对稳定性，会对儿童面对各种环境时的反应产生影响。在学校中，小学儿童的气质特点不仅影响他们的情绪情感表现、动作状态，而且影响他们上课和完成作业的表现，影响他们注意的稳定性、注意转移的速度、解决问题的方式方法、作业的效率、对事物的评价以及在集体活动中的协调关系等。因此，教师应该运用气质有关的知识指导教育实践。

首先，教师要了解学生的气质类型的特点，采取不同的教育策略。例如，对胆汁质的学生，教育他们时要注意一个"冷"字；不要轻易去激怒他们，不要在人多的场合批评他们；当他们激动、发脾气时，应避其锋芒，设法让他冷静、稳定情绪。对多血质的学生，教育他们时要注意一个"韧"字；帮他们改正缺点就得有股"韧"劲，可能要多次耐心地与他摆事实，讲道理；对这类学生的批评，一般采用的批评方法是：语调要激烈，态度要严肃；对那些自我防卫心理强烈、不肯轻易承认错误、事后矢口否认或者搪塞掩饰或者嫁祸于人的学生，应当当时、当地、当事批评。对黏液质的学生，教育他们时要注意一个"忍"字，急躁不得，不要逼迫他们表态，多给他们一些思考的时间；对这类学生的批评，一般采用启发式的批评方式，多暗示、提醒、启示，借助他人、事实，运用对比方式去烘托批评的内容，使被批评者感到客观上有某种压力，促使学生认识自己的错误。对抑郁质的学生，教育他们时要注意一个"细"字，这种类型学生一般属于"闷葫芦"式的，平时不声不响，有什么想法都会藏在心里，不会轻易表达出来，因此教师应落在细微之处；对这类学生的批评，一般不应该在公众场合严厉批评，以免伤害他们的自尊心，应该采用渐进式的批评方式，即由浅入深、因势利导。

其次，教师要尊重学生的气质差异。气质没有好坏之分，其不能决定学生学习成绩、思想品德的好坏，但是，不同气质类型的学生达到同一成就水平所走的道路有可能不同，他们适应学校生活环境的方式也可能不同。例如，多血质的学生在入学时能够很轻松、顺利地适应学习生活，他们能够很迅速地将所学知识应用到适当的地方，但他们往往不求甚解，遇到困难就容易退缩；黏液质的学生适应新环境、接受新知识可能比较缓慢，但一旦进入状态，他们就会平稳地进步，知识掌握得很牢固。因此，教师要尊重学生在气质方面的这些差异，善于利用每一种气质类型的积极方面，允许学生按照自己的方式发展进步。[①]

阅读栏 7-2　各种气质的扬长避短

胆汁质的人要保持自己有抱负、自信、热情、主动的长处，但是要克服粗心大意、简单化、毛躁，在日常生活中要"三思而后行"。多血质的人要充分发挥机智活泼、善于适应环境变化的特长，但是要注意保持情绪稳定，不要养成忽冷忽热的习惯。黏液质的人学习作风踏实，工作起来有条不紊。情绪稳定，善于自我控制，但是往往比较死板固执。抑郁质的人能体察到一般人不易察觉之处，感情细腻深沉，应保持细致特色，但是要防止细致过头而变成多疑。对生活中碰到不愉快的事情没有必要长时间耿耿于怀，因为我们是在挫折中成长起来的。

三、小学儿童性格的发展

（一）性格的含义

性格这个词来源于希腊语，本意指的是雕刻、戳记的痕迹。现指人们在日常生活中的典型行为方式。性格是人格的核心成分，表现在人对现实的态度和行为方式中的比较稳定的起核心作用的个性心理特征。人与人之间的不同性格特点是其人格差异的一个主要表现。性格并不是独立存在的，我们日常生活中的态度及行为表现都可反映出我们的性格特征。例如：对待社会问题，是激进的、还是保守的？在日常生活中，是积极的、还是消极的？处理金钱问题时，是大方的，还是吝啬的？处理生活事件时，是有偏见的、还是正义的？

性格具有以下特点：

（1）性格是稳定的，又有一定可塑性。一个人对周围现实总有一定的态度（怎么样），并以一定的行为方式表现出来（怎样做），即以对现实的态度和行为方式在生活经验中巩固下来，并在一定场合中自然而然地流露。性格虽有稳定性，但也不是一成不变的。随着所处的生活环境和个人地位、作用的变化以及个人对自己要求的不同，性格就会发生变化。

[①]　陈威：《小学儿童心理学》，272 页，北京，中国人民大学出版社，2009。

(2)性格是具有核心意义的、独特的、带有本质属性的个性心理特征。性格的独特性是指由于人的具体生活道路不同，每个人的性格会有不同的特征。某种性格特征总是为某个人所特有，世界上没有性格完全相同的两个人。

性格是以上各特征的综合体。由于不少性格特征均有积极、消极之分，所以性格也有好坏之别。

(二)小学儿童性格的类型

1. 按人的心理机能分类

依据理智、情绪、意志三种心理机能在人的性格中所占优势的不同，英国的培因(A. Bain)和法国的李波特(T. Ribot)将人的性格分为理智型、情绪型、意志型。

理智型的小学儿童通常较冷静，能理智地处理问题，能以理智来评价周围发生的一切，并能支配和控制自己的行动。如：当小学儿童犯了错误，受到老师的批评时，多数小学儿童会保持乐观向上的心态，知错就改，并且更加努力地学习，使自己的成绩蒸蒸日上。

情绪型的小学儿童常用自己的情绪体验来评估一切，言谈举止易受情绪左右，其最大的特点就是不能三思而后行。他们的情绪波动幅度大、频率快，有明显的易变性、冲动性和易感染性，同时小学儿童的情绪调控能力也较低。他们常常从自己的情绪体验出发，多数小学儿童稍不如意即大发脾气，动手打人。如：五年级小学儿童只因为别人路过他的座位时不小心将纸屑掉在了地上，他马上大发脾气，追上那位同学，边出拳头，边喊："你没长眼睛啊?"再如：一些小学儿童被老师批评后，认为老师的批评使自己丢脸，从而自暴自弃，与老师闹矛盾。

意志型的小学儿童在各种活动中常常能克服一定的困难，绝不半途而废。他们一般目标明确，积极主动、坚定，自制力较强。如：小学儿童能自觉地完成各种学习任务。但就目前而言，小学儿童普遍缺乏坚强的意志。如：许多小学儿童不愿参加学校的大扫除和值日；一些小学儿童认为学习很苦、很累；每年的长跑比赛，400米、800米长跑总是无人问津，小学生们认为长跑太累或认为自己跑不下来……

除了这三种典型的类型外，还有一些混合类型，如理智—意志型。在生活中大多数人都是混合型。

2. 按人的心理活动倾向性分类

依据个体活动的方向，瑞士心理学家荣格(C. G. Jung)划分了两种性格类型：内倾型和外倾型。

内倾型的小学儿童温顺，不太爱说话，有些害羞和离群，对外来环境能逆来顺受，平时喜欢自己一个人思考问题，做事有步骤、有计划，能够有板有眼地做好交代给他的任务。一旦下决心做起事来，总能锲而不舍，但这种类型的人适应环境能力差，朋友少，不善于人际交往。

外倾型的小学儿童喜欢叽叽喳喳，善于与同学、老师交流，能博取同学、老师的喜爱，喜欢表现自己，胆子大，活泼开朗、热情奔放，容易适应环境的变化，行动快捷，但有时较轻率，不善于倾听，不能仔细地分析所接收的外界信息。

此外，荣格还提出了四种思想活动，即感觉、思维、情感和直觉。这四种思想活动与内外倾相结合就形成了八种性格类型，即思维外倾型、情感外倾型、感觉外倾型、直觉外倾型、思维内倾型、情感内倾型、感觉内倾型、直觉内倾型。

3. 按人的独立性程度分类

依据人的独立程度，心理学家威特金把人分为顺从型和独立型两类。

顺从型的小学儿童独立性差，容易受暗示，易受环境的支配，易受附加物的干扰，做事往往不切实际地期待他人的帮助。

独立型的小学儿童对父母和教师的话不再唯命是从，而要求独立思考，独立处理自己的问题。不但善于行动，还善于思考，有自己的认识和理解，有自己的观点，不人云亦云，不盲目服从，不轻信他人；能对事提出异议，勇于向常规发出挑战，不满足于已有的结论。

对于小学儿童来说，他们不可能从小就不依赖于教师与家长而学会任何东西，小学儿童正在实现从幼稚向成熟的过渡。在很长一段时间内，经历着独立与依赖的心理冲突。

除了以上几种分类外，奥地利心理学家阿德勒（A. Adler）根据个人竞争性的不同把性格还划分为优越型与自卑型。优越型的小学儿童恃强好胜，不甘落后，总想超过别人。自卑型的小学儿童甘愿退让，不与人争，缺乏进取心。

由于性格是一种多特质、十分复杂的心理构成物，因此，尽管心理学家一直试图对性格进行分类分析，但至今尚未有一个得到公认的性格类型的分类。

（三）小学儿童性格特征的发展

1. 小学儿童性格发展概述

儿童一出生只是一个生物个体，无所谓个性和社会性。2 岁左右时，心理的各成分开始出现，但较零散、不系统。到学前期时，开始稳定起来。学前期是个性初步形成的时期，儿童这时进入幼儿园，在幼儿园这样一个小的社会群体中，幼儿的心理过程逐渐成熟和发展。在幼儿身上已经有了比较明显的性格痕迹。如：有的幼儿看见好东西，就抢着吃，甚至大把大把地抓到自己身边，有的幼儿却知道礼让；男孩的攻击性、女孩的依赖性也开始有所表现；在活动任务中，有了坚持性强弱的区分等。

进入小学，小学儿童的性格发展水平随年龄的增长而逐渐升高，但总体发展是不稳定的，其发展速度表现出不平衡、不等速的特点。小学低年级学生由于正处在适应学校生活的过渡时期，学业压力使他们焦虑、紧张，常有不适应学校生活的一些表现，这时性格发展也较慢。但到了小学四年级，性格的发展进入一个快速发展时期。这时，学生已经开始适应学校生活，集体生活范围逐步扩大，同伴交往日益增多，友谊感逐渐发展，坚持性、自制性随年级升高逐渐增强。教师、集体、同伴对儿童的性格产生越来越直接的影响，使小学儿童的性格特点日益丰富和发展起来。

2. 小学儿童性格特征的发展

小学儿童以上各方面的性格特征都会随年龄增长而不断向前发展。但各方面的性格特征在发展的过程中也会体现出自己的一些特色。

(1)性格的态度特征的发展。整体而言，小学阶段的儿童还没有形成明确的处世之道。基本上还缺乏适时、果断地做出决定的能力。但小学儿童基本能遵从教师、家长的外在要求行事。而且到了小学高年级以后，开始能自觉地向表现好的学生看齐，逐渐能将外部要求加以理解，逐渐能对事、对人采取合理恰当的态度。

(2)性格的意志特征的发展。低年级小学儿童的自制力很差，很难有自觉性，也无法约束自己。甚至在课堂教学中，他们也很难安静下来。到了中高年级以后，小学儿童的求知欲增强，开始能在各种活动中约束自己。

(3)性格的情绪特征的发展。处在小学阶段的儿童，其情绪反应都比较强烈。随着年龄的增大，情绪的强度和持久性还会迅速增长。尤其是小学六年级儿童，他们的情绪体验非常强烈，对人、对事非常敏感，但又缺乏自我分析、自我宽慰的能力。

(4)性格的理智特征的发展。小学儿童的感知、记忆、思维能力都在不断发展。到小学中高年级以后，性格各方面的理智特征都呈现快速发展的趋势。高华等人通过研究发现小学二、四、六年级的儿童，在好奇心和进取心上有显著差异，说明小学儿童随年龄的增长，他们对陌生的世界越来越有兴趣，所有一切都吸引着他们去看、去问、去想。

小学儿童到了小学六年级时开始步入青春期，青春期的身心巨变将对小学儿童的性格产生深远的影响。如：他们开始有了强烈地要求独立和摆脱成人控制的欲望，表现出明显的独立性。

小学儿童是祖国的花朵和未来，他们的成长关系到我们整个中华民族将来的发展。目前，我国的小学儿童多数是独生子女，生活条件优越，受到的不良影响较多，容易形成不良的性格。如：自私、任性、怕吃苦受累、懒惰、不会交友、缺乏热情等。针对小学阶段是学生性格形成的初期，我们教师应该扩大自己的知识储备，明确自己培养的目标，从形成性格的一些重要因素入手，多角度多方位地、有针对性地培养小学儿童的良好性格。

（四）小学儿童性格的塑造

1. 营造良好的生活环境

"孟母三迁"的故事告诉我们，孩子的成长需要一个良好的生活环境。生活环境，包括情感环境、智育环境、德育环境和美育环境。和谐温馨、互相关爱、自然亲切、活泼生动是对小学儿童所生活的良好环境的一些基本要求。

如：小学儿童本身就乐于与他人交往，如果能在一个和谐关爱的环境中与他人和谐相处，他们就容易形成真挚、坦率、合群、乐于助人的性格；小学儿童本身就有强烈的求知欲，如果所生活的环境内容丰富，气氛轻松、生动，那么他们就能在这种良好的环境中保持精神舒畅，形成开朗、爱说、好问的性格特征。

《中华人民共和国未成年人保护法》也规定：父母或其他监护人应当以健康的思想、品行和适当的方法教育未成年人，引导未成年人进行有益身心健康的活动；任何人不得在中小学、幼儿园、托儿所的教室、寝室、活动室和其他未成年人集中活动的室内吸烟等。这些规定都是为了能给小学儿童建设一个良好的生活环境。

我们也可以从社区的角度出发，通过社区组织小学儿童开展体验自然、进行理科实验、做游戏等活动，力求给小学儿童创造一个丰富的业余生活环境。

2. 培养良好的行为习惯

"少小若天性，习惯成自然。""播下行为的种子，收获习惯；播下习惯的种子，收获性格……"良好的生活习惯，是优良性格养成的起点。

良好习惯的养成，应从吃、喝、拉、穿、睡、洗、说、问、礼貌、劳动、独立行为等小事抓起，一点一滴作积极鼓励和严格要求。比如：小学儿童应该养成自己洗脸、穿衣、吃饭、睡觉等日常行为习惯，吃饭时不要大声说话，不要随地吐痰；小学儿童使用完玩具、用具后，成人千万不要自己主动去收拾，而应当要求小学儿童自己收拾，帮助他们养成整理物品、有秩序地存放物品、不随手乱扔东西的习惯；要求小学儿童使用礼貌用语；要求小学儿童专心致志地学习，保质保量地完成学习任务等。

同时，当向小学儿童提要求时，不允许的事一开始就要坚决地执行。这样，小学儿童就不会感到痛苦，也不会出现反复。如果等养成了坏习惯再去纠正，那么一百个坏行为养成的坏习惯就需要两百个、甚至几百个好行为去纠正它。

3. 以身作则

父母或教育者的榜样力量是无穷的。对小学儿童来说，在所有的榜样中，父母的榜样是最重要的。我们要求父母或教育者的一言一行、一举一动都要符合自己所提出的是非标准，如果让儿童感到父母或教育者言行不一、口是心非，那一切教育必将失败。

如：培养小学儿童的勤劳，可以让小学儿童分担必要的家务劳动，积极参与学校、社区开展的体力劳动；培养小学儿童的坚强勇敢，可以带着小学儿童登山、踢球等。不用太多地讲述什么是勤劳、坚强勇敢及其意义等。

此外，父母或教育者也可向小学儿童推荐有意义的书籍，讲一些有意义的故事，和小学儿童一起欣赏好的影视剧等，帮助小学儿童选择那些为社会发展作出贡献的先进人物作为行动上的榜样。同时也要注意选择一些与小学儿童同龄的好典型做榜样，这样可缩短同孩子的心理距离，从而消除心理障碍，达到心理相容。

当然，在引导小学儿童的同时，父母或教育者还要注意考虑到小学儿童认知的特点，循序渐进。比如：可从言谈举止、待人接物等方面入手，并随时注意从小学儿童身上迸发出的一个个向上的思想火花，因势利导，逐步让榜样的良好性格潜移默化地注入小学儿童的心田，并在其自身行为中固定下来。

4. 理智地爱孩子

对小学儿童性格影响最早、最深、最强、最经常的因素是父母的爱。父母要给小学儿童以理智的爱，也就是说，爱要得法，要把爱与严格要求结合起来。当小学儿童遇到困难时，不是迁就或"代劳"，而应站在小学儿童的立场认真对待，帮助他们分析失误的原因，鼓励小学儿童依靠自己的力量，去战胜困难和挫折。比如：老师要小学儿童做手工作业，遇到困难有些小学儿童就喊"老师，我不会"，"妈妈帮帮我"；在一些小学，甚至还发现有些父母为自己的孩子承担教室卫生的情况。这些现状就是父母爱孩子的方式不对所造成的。

日常生活中，要鼓励和要求小学儿童做力所能及的事，让小学儿童知道自己的事情应该自己管，同时也要帮助小学儿童掌握一些简单的面对困难或挫折的方法。如：自我疏导、转移注意、合理宣泄、寻求帮助等。此外，还要经常教育小学儿童分辨是非，对小学儿童不要过分娇宠、过分顺应，当然也不能过分漠视小学儿童的需求。

此外，小学儿童正处在人生发展的初期，对事物的认识不够明确和深刻，因此在日常生活中常常会犯错，这是非常正常的现象。但教师或家长在面对小学儿童的错误时，往往没有采取正确的教育方法。

我们发现，在处理犯错误的学生时，一些教师或家长往往失去耐心，而这时适时耐心的指导是非常重要的。如果不注意方法，往往会造成小学儿童性格的扭曲。打骂、责罚等惩罚措施只是纠正小学儿童不良行为的方式之一，不是最终目的。

在教育学生的过程中，教师或家长应信任小学儿童，给小学儿童表达自己想法的机会，不要说反话刺激小学儿童，对小学儿童要一视同仁，不要忽视小学儿童身上的闪光点等。教师或家长要能真正地与小学儿童就其错误心平气和地进行沟通，让小学儿童从内心深处感受到成人对他们的爱和关心，从而真正认识到错误，能真心地改正错误。

阅读栏 7-3　人格评定

人格特质论起源于 20 世纪 40 年代的美国。主要代表人物是美国心理学家奥尔波特（Gordon W. Allport）和卡特尔（Raymond B. Cattell）。

特质理论认为，特质（trait）是决定个体行为的基本特性，是人格的有效组成元素，也是测评人格所常用的基本单位。奥尔波特将人格结构中的特质分为个人特质和共同特质，个人特质又可以进一步分为首要特质、中心特质和次要特质。如：分析林黛玉的人格特质。其核心特质是多愁善感；首要特质是清高、聪慧、孤僻、抑郁、敏感；次要特质是冷酷。

心理学家卡特尔接受了奥尔波特关于人格特质的概念，并在此基础上对特质概念进行了进一步的发展。他运用因素分析的方法把人格特质区分为表面特质和根源特质，并通过因素分析发现根源特质是一些单一的因素，是人格的基本成分。他提出了人格的 16 种根源特质，由此还编制了 16 种人格因素测验（乐群性、聪慧性、情绪稳定性、恃强性、兴奋性、有恒性、敢为性、敏感性、怀疑性、幻想性、世故性、忧虑性、激进性、独立性、自律性、紧张性）。

近年来，随着研究的深入和发展，一些研究者又提出了人格的"三因素模型"（外倾性、神经质、精神质），"五因素模型"（外倾性、宜人性、责任心、神经质、开放性）和"七因素模型"（正情绪性、负效价、正效价、负情绪性、可靠性、宜人性、因袭性）。

资料来源：萧鸣政：《人员测评理论与方法》，1～10页，北京，中国劳动出版社，1997。

讨论栏 7-1　所有的小学儿童都适宜进行合作学习吗？

基础教育课程改革倡导"主动、探究、合作"为主要特征的学习方式，因此，在各地中小学的教学实际中，尤其是在各学科的公开课、竞赛课中，几乎无一例外地都会看到一种所谓合作学习的十分热闹的课堂教学场面。在课堂教学的过程中，老师要么让学生进行同桌的合作学习，要么进行小组的合作学习。你是否赞成这种做法，为什么？请从认知风格的角度分析、思考并展开讨论：所有的小学儿童都适宜进行合作学习吗？

第三节　小学儿童自我意识的发展

一、自我意识概述

自我（自我意识）是个性的一个组成部分，是衡量个性成熟水平的标志，是整合、统一个性各个部分的核心力量，也是推动个性发展的内部动因。现在我们一般认为：自我意识是人对自己身心状态及对自己同客观世界的关系的意识，是由知、情、意三方面统一构成的高级反映形式。"知"即自我认识，主要指自我概念和自我评价；"情"指的是自我的情绪体验，主要包括自尊、自信；"意"指的是自我控制和调节。

（一）自我意识的内涵

自我是一个多因素、多层次的整体结构，它既包含生物的、生理的因素，又包括社会的、精神的因素。因此，自我意识的内容必然也是多种多样的。概括地说，大致包括如下四个方面：

（1）生理方面的自我意识，即对自己生理条件的自我认识和评价。如高或矮？胖或瘦？

（2）心理方面的自我意识，即对自己心理品质的自我认识和评价。如自己的理解力、记忆力强还是弱？想象力丰富还是不丰富？思维是否敏捷？情绪是否稳定？心境如何？行动的自觉性高还是低？自制力强还是弱？做事是否果断？等等。

（3）品德方面的自我意识，即对自己遵守道德行为规范、遵守法规、思想政治品质、生活和思想作风等方面的自我认识和自我评价。

（4）社会方面的自我意识，主要指对自己在社会生活中所处的经济状况、政治地位、声誉、威信等方面的自我评价和自我体验。如自己是否受人尊重和信任？在集体生活中举足轻重还是无足轻重？别人对自己是亲近还是疏远？等等。

自我意识对人的心理活动和行为方式都起着制约的作用。例如：人们在日常的学习、生活和交往的过程中，由于意识到自己在他人心目中的位置和集体中的地位、作用，意识到自己的责任或义务，意识到自己的优缺点，从而能自觉地调节自己的态度和行为，以便形成良好的行为习惯，更好地促进自我教育和自我完善，最终使自己的个性得到健康发展。可见，健康的、成熟的自我意识会给个人带来快乐和积极的社会效应，因此，在小学教育工作中，了解和分析小学儿童的自我意识具有特殊的意义。

（二）自我意识的理论①

1. 哈特曼的自我心理学

奥地利心理学家哈特曼（N. H. Hartman，1894—1970）是自我心理学之父，对近代自我心理学的建立和发展有着重大影响。在其理论中他谈到自我的综合功能、自我心理过程以及自我防御机制，最为重要的是哈特曼提出了自主性自我的概念。哈特曼认为自我在生命的早期是未分化的，是和本我同时存在的，而且二者在其内在倾向方面都有其各自的根源与独立发展过程，自我过程也并不是由性和攻击的中和性能量所推动，自我过程并不依赖于纯粹的本能目的，即自我过程并不都是为了满足个体的本能需要，而是有着不同于本能的目标。哈特曼还论述了自我防御机制，认为自我防御机制并不一定都是病态的或消极的，在个体的发展过程中，它也可以是健康的、正常的，有助于个体对环境的适应和自我整合。自我的自主性是非常强的，它并不完全受本能的支配，而是以其拥有的感知、记忆、思维等认知过程来自主地支配自己，主要是以非防御性的方式来应付现实，适应环境。

2. 奥尔波特的自我论

美国心理学家奥尔波特（G. W. Allport，1897—1967）整理了一些学者关于自我的论述，把自我分为八类：把自我理解为主体的自我；作为被认识到的客体的自我；作为原始的利己心的自我；作为控制冲动的自我；作为精神过程的接受者的自我；作为追求目标者的自我；作为行为体系的自我；作为文化主体的自我等。从奥尔波特的分类中可以看到两点：一是自我概念内涵的多样性；二是他没有提出分类的根据与标准。

---

① 刘电芝：《儿童发展与教育心理学》，119～125 页，北京，人民教育出版社，2006。

3. 自我加工理论

美国心理学家邓纳特（Dennett，1978）提出认知加工理论。这种理论的特点在于对人类自我意识过程的独特理解以及在此基础上提出的认知流程。

（1）自我意识过程新论。邓纳特在其理论中区分了在人脑自我意识过程中存在的三种信息获取方式。第一种是内隐式信息获取。第二种是外显式信息获取。第三种是自我反省式信息获取。他强调的重点在于个体自我意识信息获取的整体性，即自我意识状态的实现并非指向个体所获取信息的部分。这种信息获取机制才真正决定了个体意识状态的产生。内隐式信息获取同自我意识没有直接联系，而外显式信息获取则仅仅是这一机制加工结果的最终输出功能。

（2）认知流程。邓纳特根据自己对自我意识过程的理解，提出了一种个体自我意识的认知加工流程。他认为个体的自我意识过程大致由输出、控制、记忆、知觉、问题解决、梦六种必要成分组成。

二、小学儿童自我意识发展的年龄特点

自我意识的发展过程是个体不断社会化的过程，也是个性特征形成的过程。婴儿最初是没有自我意识的，他们将自己与客观事物混为一谈，他们玩弄自己的手、脚，就像玩弄一件玩具一样。将近1岁时，儿童开始把自身的动作与动作对象区分开来，初步认识到自己是动作的主体，这是自我意识的最初表现。在1岁以后，儿童开始认识自己的身体以及身体的各个部位，意识到身体的感觉，开始把自己的名字当作自己的信号。约在2岁以后，逐渐学会使用代词"我"、"你"、"他"，这是自我意识发展的标志。

心理学家朱智贤认为，儿童自我意识的发展经过三个时期：①自我中心期（8个月～3岁），是自我意识的最原始状态，称生理自我；②客观化时期（3岁～青春期），是获得社会自我的时期，在这一阶段，个体显著地受社会文化影响，是学习角色的最重要时期。角色意识的建立，标志社会自我观念趋于形成；③主观自我时期（青春期～成人期），自我意识趋于成熟，进入心理自我时期。

（一）小学儿童自我意识发展的速度不同

小学儿童的自我意识是不断发展的，但不是直线的、匀速的，既有上升的时期，又有平稳发展的时期。研究表明：

（1）小学一年级到小学三年级处于上升时期，小学一年级到小学二年级的上升幅度最大，是上升期中的主要发展时期。小学二年级到小学三年级的差异也达到显著水平，在上升期中属次要地位。这是因为学校的学习活动进一步加

强了儿童对自己的认识，如考试成绩的好坏、教师对自己的评定、同伴对自己的接纳性等，都使儿童从不同角度对自己有了新的认识，而学习活动对儿童的自我监督、自我调节和自我控制等能力有了更进一步的要求，从而促使儿童的自我意识有了很大的发展。

（2）小学三年级到小学五年级处于平稳阶段，其年级间无显著差异。

（3）小学五年级到小学六年级又处于第二个上升期。在小学中年级，儿童的抽象逻辑思维逐渐发展起来，其辩证思维也初步发展起来，这就促使儿童的自我意识更加深刻。他们不仅摆脱对外部控制的依赖，逐渐发展了内化的行为准则来监督、调节、控制自己的行为，而且开始从对自己的表面行为的认识、评价转向对自己内部品质的更深入的评价，这就使小学儿童的自我意识的发展达到一个新的水平。

（二）小学儿童自我意识因素发展不同步

总体上，小学儿童的自我意识水平会随着他们与客体互动的增多以及认识能力的提高而提高，但自我意识具体成分的发展并不同步。自我认识是自我意识的主要成分，它的发展水平是自我意识发展水平的主要标志。自我体验与自我认识密切相关。因此，小学儿童自我体验的发展与自我认识的发展大体一致。小学儿童自我调控的发展呈现一个显著特点，表现为小学低年级儿童的自我调控分数比小学高年级儿童高，这是小学儿童的调控由外部调控向自我调控发展的表现。造成这种现象的原因是小学低年级儿童比较容易接受权威人物（教师或家长）的控制，他们的自我控制分数高是由外部因素造成的，实际上是"外部控制"的结果；小学高年级儿童独立性增强了，外在的约束力逐渐减小，内在的自控能力逐渐增强，但这种自控力的发展是逐渐的、较为缓慢的，因而表现出自我控制分数下降。

三、小学儿童自我意识各成分的发展特点

（一）小学儿童自我认识的发展

1. 自我概念的发展

随着儿童内心世界的发展，他们会越来越多地将自己作为思考的对象，客体我不断地扩展，儿童逐渐构建起自我概念，即关于我是谁，我有什么样的性情、态度及价值观的认识。

学前期儿童自我概念的特点是具体化。当你让一个 3 岁或 5 岁孩子描绘自己时，他很可能回答道："我叫小明，今年 5 岁。我妈妈给我买了新衣服，我有很多很多玩具，我能够自己刷牙了……"从这些描述中，我们可以看到学前

儿童的自我概念是非常具体的。他们用以描述自我的，主要是可以观察到的特征，如名字、外貌、拥有什么东西以及日常行为。

随着儿童的成长，他们能够逐渐地将自己的内心世界与外部行为、短期行为与长期行为整合起来，从而认识到自己身上一些稳定的特点。在8～11岁时，儿童的自我描述发生了重大的变化。他们开始提到自己的人格特质，这些描述随着年龄的增加而增多。如这时让一个11岁儿童来描述自己，他会说："我叫悦悦。我已经是一个大人了。我是一个诚实的人。我的学习成绩不是很好，但是我擅长弹钢琴。我经常去打乒乓球，不过，我最擅长的体育活动是游泳。有时我也会发脾气，但一般情况下我都很乐观……"

从上面的描述中，可以看到这个孩子比较强调能力，如擅长游泳等。此外，在描述中既有积极的特点，也包括消极的特点，如诚实但成绩一般的描述。这些都表明，小学儿童已经开始注意自身所具有的内在特点，能够用辩证的眼光来看待自己。

总之，随着小学儿童年龄的增长，他们开始认识到人与人的区别不仅在于身体和拥有的物品上，还涉及感情、兴趣等方面，并且会逐渐地认识到自我的本质更多地取决于个体内部的心理特点，也就是说，小学儿童的自我认识在逐步变得深刻、全面。

2. 自我评价的发展

(1)自我评价发展的特点。小学儿童自我认识发展的特点主要还表现在儿童自我评价水平的发展上。小学儿童自我评价发展主要有三个方面。

其一是自我评价独立性的发展。自我评价的独立性是相对于自我评价的依附性而言的。独立性的自我评价萌发于学前后期。从学前后期到学龄初期，儿童的自我评价在很大程度上仍然依附于成人的评价，但他们已有了对自己行为的一些独立看法。当成人对他们的评价不公正时，往往会引起他们的不满。从小学三四年级开始，儿童的自觉性和独立性有明显发展，他们逐步学会把自己的行为和别人的行为加以比较，从而能够独立地对自己的行为作出评价。儿童独立进行自我评价的能力随年龄的增长而不断提高，到初中三年级以后达到相对稳定的水平，基本上不再依附于别人。

其二是自我评价稳定性的发展。一般来说，自我评价的稳定性随着儿童年龄的增长而提高。在小学三年级以前稳定性较差，中学以后稳定性较高。儿童一方面通过周围的人对自我评价的影响；另一方面通过对自己活动结果的认识，越来越较全面而深刻地认识和评价自己，从而使主观评价和客观实际统一起来，提高自我评价的稳定性。

其三是自我评价全面性的发展。自我评价的全面性指的是自我评价的广泛性和深刻性。小学低年级儿童在评价自己时常常是片面的，他们更多地只看到自己的优点，而看不到自己的缺点。从小学三四年级开始，随着道德观念和抽象逻辑思维的进一步发展，儿童逐渐学会较全面地评价自己的行为，能同时列举自己的优点和缺点。小学低年级儿童对自我的评价也更多是表面的，不够深刻，表现为局限于对一些具体行为的评价。到了小学高年级直至初中，这时的儿童能将自己的行为和行为动机联系起来，分析自己的个性品质，其自我评价的深刻性和概括性开始逐渐发生质的变化。自我评价全面性的发展同家庭、学校和社会教育有很大关系，良好的教育可以使儿童较早地、全面深刻地评价自己和别人。

（2）自我评价的几种类型。自我评价的基本类型有过高的评价、过低的评价和适当的评价。不同类型的自我评价的小学儿童有不同的表现，并对儿童的发展产生不同的影响。

自我评价过高的小学儿童表现为自我评价高于小组对他们的评价，过高地估计了自己的可能性、活动的成果以及某些个性品质。他们在选题和做作业时很自信，喜欢选择那些显然是力不能胜的任务。在遇到挫折时，不是固执己见，就是把失败的责任推向客观原因。他们不一定自我吹嘘，却喜欢挑剔别人的所作所为，批评别人。如果让他们比较和自己在质量上相同的作业和其他活动成果时，他们常常给自己打上"优"，而给别人打"良"或者更差的等级，并会在别人的作业里找出大量错误。自我评价过高的小学儿童很容易形成过分自信、高傲、不讲策略和难以相处的个性特征。

自我评价过低的小学儿童对自己的评价低于小组对他们的评价，对自己的能力及以后的发展缺乏信心。他们在选题或做作业时，不相信自己的能力，一般选做容易的题目。自我评价过低的小学儿童容易形成自卑、退缩、不合群的个性特点。

自我评价适当的小学儿童，自我评价与小组对他们的评价比较接近。他们是积极、富有朝气、机智、好与人交往的。他们通常兴趣广泛，能在教师的指导下，发现自己在学习或其他方面的错误，选择适当的或稍微困难的任务，在遇到失败后则进行自我检查，选择困难小的任务。

（二）小学儿童自我体验的发展

自我体验的发展始于学前期，根据中国心理学工作者的调查，约在4周岁左右。学前儿童对社会情感的自我体验随年龄增长而逐渐丰富，并有一定的顺序性，其中愉快感和愤怒感发展较早，自尊感、羞愧感和委屈感发生较晚。同时自我体验又表现出易受暗示性的特点。在小学阶段，儿童对社会情感与自我认识的发展是比较一致的，都具有较高水平的发展速度。但是到小学六年级以后，儿童的自我情感发展的速度则缓慢下降，到高中至大学阶段，自我情感的发展水平才逐渐趋于稳定。

张丽华、杨丽珠的研究（2004）发现，3～9岁儿童的自尊发展存在着极为显著的性别差异，女生发展水平显著高于男生。也有研究表明，自尊心的发展依赖于评价的情况，依赖于自信心的水平，也依赖于能力、品德的水平，还依赖于环境气氛的状况。表7-2描述了评价的四种情况对自尊心的影响。

总之，随着小学儿童认识能力的增强，儿童自身的外表、学习的成绩、家庭的背景、同伴关系的状况等都会对其自我体验产生影响，推动小学儿童自我体验不断发展变化。

表7-2　评价的四种情况对自尊心的影响表[①]

四种情况	基 本 特 点	对自尊心的影响
过高评价	过多地看到被评价者的优点，很少看到其缺点。	产生唯我独尊的心理，以致表现出盲目的自高自大，甚至达到狂妄的地步。
过低评价	过少地看到被评价者的优点，过多看到其缺点。	产生自轻自贱的心理，总觉得自己事事不如人，也不打算赶上甚至超越他们。
模糊评价	对被评价者的优缺点都看不清楚，以致被评价者有时觉得自己不错，有时又觉得很差。	产生不稳定的自尊心，以致表现出娇弱、虚荣，并力求获得外界的尊重。
适当评价	既能看清楚被评价者的优点，也能看清其缺点。	产生恰当的自尊心，以致能正确地对待声誉、成就与地位。

（三）小学儿童自我调控的发展

自我调节和自我控制是自我调控的两个方面。自我调节指的是没有外部指导或监视下，个体维持其行为历程以达到某一特定目的的过程；自我控制指的是目标受阻时，个体抑制其行为或改变行为发生的能力。科普（Kopp）认为，自我调节与自我控制两者之间只存在程度上的差异，而不存在类型上的差异。与自我控制相比，自我调节在对外界变化的适应性方面具有更大的灵活性。

---

① 燕国材：《教育心理十题》，160页，北京，中国建材工业出版社，2001。

儿童的自我控制和自我调节能力分别要到 2 岁和 3 岁时才出现。科普认为，儿童自我控制和自我调节能力的发展要经历 5 个重要的发展阶段：

第一阶段为神经生理调节阶段，表现为儿童的生理机制保护着儿童免受过强刺激的伤害，如他们的神经系统对某些刺激不予接受和加工，还通过自我吮吸来降低自我的唤醒水平和减少身体活动。

第二阶段为知觉运动调节阶段，儿童表现出一些自发的行为活动，并逐渐学会根据环境变化来调节自己的行为。

第三阶段为外部控制阶段，儿童能够服从成人和环境的要求调控自己的行为，行为的目标指向性增强。

第四阶段是自我控制阶段，随着儿童心理表征的发展，可以用符号或记忆表象来代表事物，因而也就可以在没有外界监督的情况下仍按照看护者的要求行事，并能够延缓自己的某些行为。

第五阶段为自我调节阶段，儿童获得了对于自我连续性和自我同一性的认识，能够把自己的主体行为与看护者的要求联系起来，并能在内部动机的基础上进行自我行为调节。

我国心理学工作者的研究发现，儿童自我控制和自我调节能力的发生时间是 5～6 岁。这个年龄阶段的大多数儿童具有一定的控制能力。儿童自我调控的水平与社会规则的价值内化和调控技能的获得有关，随着年龄的增长，这两者均会在不同程度上得到发展，因此，儿童的自我调控水平也相应地会获得提高。事实上，从小学、中学到大学，自我调控能力发展的水平上升幅度比较大，高三学生和大学生基本上能够注意调节和控制自己的行为和情感，且其自控水平基本接近成人。

小学儿童的自我控制有两种极端的情况，一种是控制不足；另一种是控制过度。控制不足的小学儿童不能忍受任何形式的拒绝或延迟满足，一旦遭遇拒绝或需要得不到满足的情况，则表现出攻击性行为或大发脾气，这主要与小学儿童生活的环境活泼有余而严肃不足、过于放任有关；控制过度的小学儿童往往表现为受遏制和压抑、不冲动、情绪少、专一而不易分心、比较顺从、兴趣狭窄、探索活动少等，这主要与小学儿童生活的环境严肃有余而活泼不足、过于强调结构化和秩序化有关。

最适宜的自我控制，可以称之为有弹性的自我控制。这类小学儿童的特点是"管得住，放得开"，能随着环境的变化改变自控的程度，他们具有很强的灵活性。

四、小学儿童自我意识的培养

自我意识的培养与发展是一个漫长的、循序渐进的过程，它包括许多方面认识与能力的提高。它是小学儿童健全人格形成的基础，是个体的身心健康得到发展的有利保证。

乐国安教授主持的"中小学生自我意识培养与潜能开发问题研究"中，提出自我意识的发展中"五自"的目标：一是自知，即帮助学生提高自我评价的水平，能够客观地看待自己的优点与缺点，形成积极的自我观念；二是自信，即帮助学生提高自信心水平，确立积极的自我形象。尤其是那些有缺点和学习成绩不理想的学生的自信心，更要特别注意保护；三是自强，即指导学生为自己设置合理的发展目标，学会进行有效的自我激励，增强自我完善的愿望和进取精神；四是自主，即为学生提供更多的自我管理的机会，增强他们做事情的自觉性、自主性与主动性；五是自制，即帮助学生提高自我调控的水平，增强他们自我监控的意识和能力，增强克服困难的勇气和毅力。

一般说来，自我意识的培养，教师可以从以下几个方面去引导：

(一) 小学儿童自信的培养

自信心作为一种相对稳定的自我情感，是个体对自身价值和能力的一种积极的自我肯定，并由此做出相应的社会行为。拿破仑曾说："有方向感的自信心，可令我们每一个意念都充满力量。当你有强大的自信心去推动你的成功车轮，你就可平步青云，无止境地攀上成功之岭。"小学儿童的自信心是完成学习任务的巨大动力源，是培养小学儿童创新能力的前提。

1. 让学生获得成功，并获得成功的体验

优秀生多是屡获成功者，所以他们都具有十足的自信心，而所谓的后进生则多是屡遭失败者，所以他们几乎都缺乏应有的自信心。一位优秀的小学教师阐述了自己对后进生所采取的几项具体措施，即发现闪光点，目标定小点，活动多给点，反馈快一点。学生的自信心与成功相互促进、共同提高，周而复始，形成良性循环，即：成功、自信心、成功、自信心……

2. 信任学生，以学生为中心

要树立自信心，就必须克服依赖心，而做到这一点最好的办法，就是要信任每一个学生，即相信他们都具有一定的自治能力与自学能力，让学生成为学校的主人、班级的主人、课堂的主人、一切活动的主人。

3. 根据学生的实际水平，调整对学生的期望值

研究表明，对学生的期望过高或过低都是有害的：期望过高，学生老是达

不到，自然有损于自信心的树立与巩固；期望过低，学生不费吹灰之力就能达到，自然谈不上树立什么自信心；只有期望适中，使学生经过一定努力才能达到，自然有助于树立与巩固自信心。南宋朱熹曾说："小以成小，大以成大，无弃人也。"

对自己能做出恰当评价的人，既能了解自我，又能接纳自我，体验自我存在的价值。一般而言，能悦纳自我的人是不会对自己妄加批判，更不会对自己刻意挑剔的。一个悦纳自己的人，并不意味着他的一切都是完美的，而是说他在接受自己优点的同时，也了解自己的缺点或方方面面的不足，并且很坦然地承认了自己的不足之处。这样，他才能不断克服缺点，注意自我形象塑造，把握自己做人的准则，不断完善自己，更加自信地面对生活，走向成功。

(二)小学儿童自我评价能力的培养

心理学的研究启示我们：与参照物的相互作用和比较、他人的评价和个体认识能力的发展是自我意识得以发展的重要原因。在个体的成长过程中，他们会不断与人相互作用，也会不断接受到他人对自己的评价，随着个体认识能力的提高，他们会对这些评价加以分析，进行取舍，促使他们更加全面地看待自己。

1. 引导学生正确地同别人比较

比较虽然是认识自己的重要方法，但通过比较并不必然产生正确的认识。如果比较不恰当，还可能产生消极的效果。要是经常把自己与优秀的、先进的人比，就会觉得山外有山，发现差距，从而激发奋发向上的力量；而和后进的人比，就会较多地看到自己的长处，增强自信。这种比较，也可能产生自卑或自满。为了使比较产生积极、良好的效果，在比较中应注意以下几个问题：①相比较的人之间，必须存在着共同的、可比的因素，也就是必须有一个共同的标准。②注意比较的条件。如比较学习成绩时，不仅要看到成绩本身的多少，还要考虑到成绩差异的多方面原因。③比较中要着重本质的、重要的特征。如比较品德和智慧，与比较身材和容貌，前者具有更大的认识价值。但是，如果是做模特儿，身材容貌又变得很重要了。④比较中既注重数量也注重质量。⑤要注意横向比较，又要注意纵向比较。如既要和同学比较，又要和自己的过去比较。

2. 引导学生正确分析别人对自己的态度和评价

别人对自己的态度和评价是认识自己的重要依据之一。小学儿童处于"镜像自我"的阶段，教师、父母与同伴的评价与态度直接影响到小学儿童自我意识的发展。儿童年龄越小，独立地认识、评价自己的能力越差，就越有借于别人的态度和评价这面镜子。作为教师应注意对小学儿童的态度和评价，客观地评价有助于小学儿童自我认识。

教师也应该引导学生正确分析别人对自己的态度和评价：要重视与自己关系比较亲密的人对自己的评价；重视那些人数众多、异口同声的评价；重视与自己观点一致的意见，也要重视与自己观点不一致的意见；多与别人交往，让别人更多地了解自己，在同伴交往中促进自己的发展。

3. 引导学生通过自己的学习成绩和活动成果正确客观地分析自己

通过分析自己在某一方面、某一领域的成绩，以及取得这些成就所花费的时间和精力等，可以知道自己在这一方面、这一领域的能力水平。小学儿童的主要活动是学习，教师应有意识地帮助学生通过分析自己的学习成绩，了解自己的理解力、记忆力、思考力的强弱以及主观努力的程度等。通过比较自己各门学科的学习成绩，可以知道自己的兴趣、能力倾向。除了课堂学习以外，学校中还有各种形式的课外活动、校外活动。通过这些活动，可以展示和发展学生各种兴趣爱好和才能，培养和锻炼各种心理品质和个性特征。现代教育主张让青少年有更多机会参加各种活动，我国已经在小学和中学开设活动课程，其目的就是让儿童和青少年发展和发现他们的才能。

以上几种方法对于认识自己都是有帮助的，但它们都有一定的局限性，将它们结合起来用，以便比较正确地认识自己的真实的面貌。

（三）小学儿童的自我调控能力的培养

自我调控是自我意识的执行方面，自我意识的能动性，最终体现在自我调控之上。自我调控主要表现为个人对自己的行为、活动和态度的调控。它包括自我检查、自我监督、自我控制等。影响学生自我调控的因素主要有个人因素、行为因素和环境因素。其中个人因素主要有学生的动机水平、自我效能感和归因。行为因素主要有自我观察、自我判断和自我反应。环境因素主要有模仿、社会支持和环境氛围。教师可以从以下方面促进学生自我调控能力的发展：

1. 培养小学儿童行为的目的性，减少其行动的盲目性

只有认识、明确行动目的，才能自觉、独立地调节自己的行为，摆脱外力监督和管理的依赖性。小学低年级学生尚缺乏对行为目的的认识，其行为要依靠外力的监督，如教师在身边时能遵守纪律，教师不在时，他们常常违反纪律。他们很容易受外界的暗示，不加选择地模仿他人的行为，不考虑这种行为是否正确。只有在良好的教育下，小学中高年级学生才能逐渐自觉遵守纪律，独立完成任务。但在整个小学时期，小学儿童按照一定原则、观点来调节自己

行为的能力还是很差的，还需要教师的指导和督促。教师在教学中，每一项任务，每一个要求都要对学生讲清目的和重要性，帮助学生制订切实可行的行动计划，指导学生按照预定的目的和计划，采取适当的措施以完成任务。对完成任务的儿童给予一定的鼓励，以强化、促进他们的积极性。

教师还应引导小学儿童确立一个合理的理想自我，既不要满足于现有的状况，又不能对自己要求过高、过于苛刻。要引导小学儿童在充分正确地认识现实自我的基础上，确立一个既高于现实自我又要经过努力方可实现的理想自我，只有这样才能促使小学儿童不断进取，在不断地体验成功与进步中永远对自己充满信心。

2. 培养小学儿童良好的行为习惯

实际上，形成良好的行为习惯就是将行为规则加以内化而自觉执行，可以使儿童不必付出太大的意志努力就能很好地完成任务。行为习惯应从小事上开始培养，如遵守作息时间、做完功课后收拾书包等。在生活中也应对儿童严格要求，如儿童应该完成的任务一定要完成，绝不能半途而废；要求儿童改正的缺点，就要教育儿童一定努力改正。在儿童形成良好的行为习惯的同时，锻炼了自我调控的能力。

3. 培养小学儿童正确的归因方式

不同的归因倾向对学生自我调控有不同影响。若儿童倾向于把自己的学习活动结果归因于可控制的非稳定内部因素，相信通过个人努力，以及时间安排、方法选择等调控手段，可以改变学习进程并最终完成学习任务，那么学生就更可能对自己的学习进行自我调控。相反，若个体倾向于不可控的外部归因（如运气），认为靠自己是不能取得成功的，则会削弱自我调控能力。

4. 创设良好的教育环境

模仿、社会支持、环境氛围等都是影响学生自我调控的环境因素。如对学习榜样的模仿，能够提高学业不良学生的自我效能。尤其当学生认为榜样与自己各方面极为相似时，这种模仿特别有效。社会支持来自于教师、同伴或他人的帮助，以及文字、图表、画片、公式等其他形式的符号信息。开放的课堂氛围是另一种影响学生自我调控能力发展的社会支持。开放课堂的良好氛围有助于学生进行反思性学习，独立自主地开展学习活动，发展好奇心和求知欲。

阅读栏 7-4　你是个受欢迎的人吗？

每个人都希望自己成为一个受欢迎的人，通过以下这个测试，可以帮助你了解自己，使你在生活中扬长避短。（选择"1"得 1 分，选择"2"得 2 分，选择"3"得 3 分。自测后请累计总分，参照评语。）

一、如果别人说你是个温和的人，你会：

1. 漠不关心地认为："别人怎么说我无所谓。"

2. 心胸狭窄地认为："我的胆子实在太小了。"

3. 暗暗地下决心："从今往后要更温和些。"

二、在公共汽车上，如果旁边的小孩又哭又闹，你会：

1. 讨厌地认为："真烦人，家长有办法制止他就好了。"

2. 认为："小孩子真没有办法，什么也不懂。"

3. 认为："教育孩子真不容易啊。"

三、和朋友争论完回家之后，你一个人独处时，你会：

1. 遗憾地认为："当初我如果那样说就能驳倒对方了。"

2. 后悔地认为："当时没有充分说明自己的想法。"

3. 高兴地认为："人的想法真是各不相同，很高兴有机会能谈论自己的想法。"

四、当你突然遇到一个很会打扮的人时，你会：

1. 说道："服装有什么必要去讲究呢？随便一点儿不是更好吗？"

2. 羡慕地说："我也要那样会打扮。"

3. 认为："装束能体现人内心，那人内心世界一定很丰富吧！"

五、如果不是你的错，但结果却给对方添了麻烦，你会：

1. 认为："因为不是我的错，不道歉也可以。"

2. 道歉地说："因为没办法，对不起。"

3. 诚恳地赔礼道："不管怎样，是我给你添了麻烦。"

六、如果别人说你是一个独具一格的人，你会：

1. 生气地认为："一定是在讽刺我。"

2. 认为："不管怎样，别具一格是好事。"

3."我独特在哪儿呢？"在考虑这个问题的同时，心中颇有些兴奋。

七、对"人类只有相互帮助才能生存"这个观点，你认为：

1. 如果都为别人着想，那就不能生存。

2. 道理上可以这么说，但人往往是自私的。

3. 要认真做到这一点也许难，但我一定努力去做。

八、如果在谈话时，你的朋友的优点受到别人赞扬，你会：

1."那人果真是这样吗？"然后强调其缺点。

2. 问道："我该怎么说才好呢？"

3. 一起赞扬道："我也这么认为。"

九、如果别人问你：你是受欢迎的人还是不受欢迎的人？你会：

1. 不高兴地回答："不知道受欢迎还是不受欢迎。"置之不理。

2. 沉思片刻道："我究竟属于哪一种人呢？"

3. 笑着说道："还算是受欢迎的。"

十、陌生人向你问路时：

1. 怕麻烦，告诉他"不知道"。

2. 不耐烦地说几句。

3. 告诉他详细的路线，并把他引向正确的方向。

评价标准：15分以下：你是个幼稚、虚荣心强、惹人讨厌、不受欢迎的人。15～25分：志趣向上，但自我意识过强，自负。26～30分：属于很受欢迎的人。

复习与思考

1. 根据弗洛伊德的发展观，小学儿童处于什么阶段，小学教育工作者如何帮助儿童顺利度过此阶段？

2. 小学儿童的学习兴趣、气质、性格、自我意识发展特点是什么？

3. 如何培养小学儿童良好的性格？

推荐阅读

1. 张莉. 儿童发展心理学. 武汉：华中师范大学出版社，2006.

2. 彭小虎. 儿童发展与教育心理学. 上海：上海交通大学出版社，2009.

3.［美］戴蒙等. 儿童心理学手册（第六版）第三卷：社会、情绪和人格发展. 林崇德，等译. 上海：华东师范大学出版社，2009.

第八章　小学儿童的社会性发展

本章重点

- 埃里克森、班杜拉和布朗芬布伦纳的社会性发展理论
- 小学儿童人际关系的发展
- 小学儿童的性别差异与性别角色的发展

第一节　社会性概述

王强和刘敏是好朋友，整天形影不离。可有一天，老师提出了一个较难的问题，王强和刘敏都高兴万分地举起双手。老师分别请了他们俩发言，可他们俩的意见截然不同，一瞬间，原本的亲密好友争辩得难解难分。王强非常惊讶，想不到，与他志同道合的王敏也会和他意见分歧，他心中像打翻了五味瓶似的，酸甜苦辣，样样俱全。

儿童步入小学后，真正开始了他的社会交往，在小学中，他要面对新的人际关系——师生关系和同学关系。在与人交往的过程中，儿童的社会性不断发展。

一、社会性的基本概念

社会性指人的一种社会心理特性，即人在社会交往过程中建立人际关系，理解、学习和遵守社会行为规范，控制自身社会行为的心理特征。从一定意义上讲，社会性是人的社会化的产物。

社会性往往用社会性成熟、社会能力来衡量。儿童的社会性发展既是社会发展的需要，又是个体发展的需要，在个体身心和谐发展、形成健全个性方面起着独特的作用。小学是社会性发展的关键时期，是个体社会化过程中关键的一环。

二、儿童社会性发展的基本理论

1. 埃里克森的心理—社会发展阶段理论

埃里克森是美国的精神分析医生，也是美国现代最有名望的精神分析理论家之一。埃里克森祖籍是丹麦，生于法国，师承于弗洛伊德的女儿安娜·弗洛伊德（Anna Freud）和柏林汉（D. Brulingham）。与弗洛伊德不同，埃里克森提出儿童的发展既考虑到生物学的影响，又考虑到文化和社会因素的影响，他的学说被称为"心理—社会发展理论"。

埃里克森认为，人的一生可以分为八个相互联系又各不相同的发展阶段。每一阶段都有一个由生物学的成熟与社会文化环境、社会期望之间的冲突和矛盾所决定的发展危机，每一个危机都涉及一个积极的选择与一个潜在的消极选择之间的冲突。如果个体能够成功而又合理的解决每个阶段的危机或冲突，就会形成积极的人格特征，有助于健全人格的发展；反之，危机得不到解决或解决得不合理，个体就会形成消极的人格特征，导致人格向不健全的方向发展。个体解决危机的成功程序一般都处在从积极到消极的连续体的某一点上。表8-1简要地描述了这八个发展阶段的特点及其主要发展任务。

表 8-1　埃里克森人格发展八阶段

大致年龄	心理社会危机	主要发展任务	重要事件和社会影响	对未来的影响	重要的关系	心理—社会发展的重点
出生到18个月	信任对不信任	满足生理上的需要，发展信任感，克服不信任感，体验"希望"的实现。	婴儿必须给予养育者充分的信任，相信他们能够满足自己的基本需要。如果养育者拒绝满足孩子的需要或者反应不一致，孩子就会认为世界充满危险，认为世界上的人都是不可靠的和不值得信任的。这时养育者是个体最重要的社会他人。	如果儿童在这时建立了信任感，将来在社会上就可以成为易于信赖和满足的人。否则，就会成为不信任别人和贪得无厌的人。	母亲	得到；给予

续表

大致年龄	心理社会危机	主要发展任务	重要事件和社会影响	对未来的影响	重要的关系	心理—社会发展的重点
18个月到3岁	自主对怀疑	获得自主感，克服羞怯和疑虑，体验"意志"的实现。	儿童必须能够自主——自己吃饭、穿衣、洗脸等。如果不能获得这种独立，儿童就会怀疑自己的能力并感到羞愧。这时父母是个体的重要社会他人。	这个时期发展任务的解决影响个人今后对社会组织和社会理想的态度，为未来的秩序和法制生活做好了准备。	父母	支持；放手
3岁到6岁	主动对内疚	获得主动感，克服内疚感，体验到"目标"的实现。	儿童试图去体验成长并承担超越自己能力的责任。他们有时会进行一些违背父母和其他家庭成员意愿的活动，而这又会使他们感到内疚。成功的解决这种危机的方法是获得一种平衡，使自己既能够体验主动感，又能够避免与妨碍他人的权利和目标。这时家庭是个体重要的社会他人。	儿童在本阶段的主动性的发展与未来在社会中所取得的工作上、经济上的成就有关。	家庭基本成员	做事；模仿
6岁到12岁	勤奋对自卑	获得勤奋感，克服自卑感，体验"能力"的实现。	儿童必须掌握重要的交往和学习技能。在这个时期，孩子常常会将自己与同伴进行比较。如果孩子足够勤奋，他们在这个时期能够掌握大量的交往和学习技能，并将因此而感到自信；如果不能掌握这些技能，孩子就会感到自卑。这时老师和同伴是个体的重要社会他人。	个人未来对学习和工作的态度与习惯，都与本阶段的勤奋感有关。	邻居、学校	完成事情；共同完成

续表

大致年龄	心理社会危机	主要发展任务	重要事件和社会影响	对未来的影响	重要的关系	心理一社会发展的重点
12岁到18岁	同一性对角色混乱	建立自我同一感，防止同一性混乱，体验"忠诚"的实现。	这一时期的青少年正处在幼稚与成熟的交界处。他们不停地问"我是谁"这个问题。青少年必须在这个时期建立起基本的社会和职业自我形象，否则就会感到困惑，不知道自己将成为一个什么样的人。这时同伴群体是个体的重要社会他人。	对自我同一性的寻求，可以导致个体形成整合的自我概念，并出现真正的社会创新。	同伴群体和领导榜样	成为自己；分享自我
成年早期	亲密对孤独	获得亲密感，避免孤独感，体验"爱情"的实现。	这个阶段的主要任务是建立亲密友谊，在与他人的交往中感受爱情与友情。如果找不到友谊或其他的亲密关系，个体就会感到孤独。配偶和亲密的朋友是个体在这一时期的重要社会他人。	发展亲密感对个体是否能满意地进入社会有重要的作用。	友伴、性伴侣、竞争或合作伙伴	在另一半那里找到自我
成年中期	繁衍对停滞	获得繁殖感，避免停滞感，体验"关怀"的实现。	成人要面对一系列的任务，他们要在自己的工作中努力进取，又要担负起养活家庭和照顾子女的重任。不能或不愿意担负这些责任的成人，会变得颓废、迟滞或自我中心。配偶、子女是个体在这个时期的重要社会他人。		分工和共同承担家务	关照

续表

大致年龄	心理社会危机	主要发展任务	重要事件和社会影响	对未来的影响	重要的关系	心理—社会发展的重点
成年晚期	完善感对悲观失望	获得完善感，避免失望和厌恶，体验"智慧"的实现。	老年人常常回顾自己所经历的生活。在有些人的回忆中，生活是一种有意义的、有价值的愉快经历；而在另一些人的回忆中，生活则充满了失望、悔恨和未能实现的目标。一个人的生活经历，特别是社会经历，决定了他在最后这段日子中的危机。		"人生"、"我的一生"	实现自我

根据埃里克森的观点，小学儿童所面临的主要危机是"勤奋与自卑"之间的冲突。在这一阶段，他们的主要发展任务是获得勤奋感而克服自卑感，体验能力的实现。而学生成人后对于学习和工作的态度都与这个阶段所获得的勤奋感有着密切的关系。儿童进入学校后，其社会环境得到了空前的拓展。教师和同伴对儿童具有越来越重要的作用，而父母的作用有所降低。成功给儿童带来勤奋的感觉，即对自己以及自己的能力有良好的感觉。失败则带来消极的自我意象和无能感，这都会阻碍他将来的学习。有时所谓的"失败"并不是真正意义上的失败，只是没有达到自己或者父母、教师、兄弟姐妹等确定的标准。

"勤奋与自卑"这一阶段是自我发展的决定性阶段。儿童已经开始意识到进入了社会，老师和同伴在他们的生活中占有非常重要的地位。学校生活对于他们的成长有着重要的意义。因此，小学教师要特别注意自己的一言一行，要平等而公正地对待学生，不要让任何一个学生因为老师对待自己的态度而感到自卑。

2. 班杜拉的社会学习理论

班杜拉(A. Bandura)于1977年出版其代表作《社会学习理论》，提出了他的儿童社会性发展观点。班杜拉的理论着眼于观察学习和自我调节在引发人的行为中的作用，重视人的行为和环境的相互作用。

所谓社会学习理论，班杜拉认为是探讨个人的认知、行为与环境因素三者及其交互作用对人类行为的影响。班杜拉主张要在自然的社会情境中而不是在实验室里研究人的行为。

(1)观察学习。班杜拉认为，人的行为，特别是人的复杂行为主要是后天习得的。班杜拉认为行为习得有两种不同的过程：一种是通过直接经验获得行为反应模式的过程，即我们所说的直接经验的学习；另一种是通过观察示范者的行为而习得行为的过程，即我们所说的间接经验的学习。班杜拉的社会学习理论所强调的是这种观察学习或模仿学习。在观察学习的过程中，人们获得了示范活动的象征性表象，并引导适当的操作。观察学习的全过程由注意、保持、再现、强化四个阶段(或四个子过程)构成。

(2)交互决定论。班杜拉为了解释说明人类行为，提出交互决定论，即强调在社会学习过程中行为、认知和环境三者的交互作用。

环境决定论认为行为(B)是由作用于有机体的环境刺激(E)决定的，即$B=f(E)$；个人决定论认为环境取决于个体如何对其发生作用，即$E=f(B)$；班杜拉则认为行为、环境与个体的认知(P)之间的影响是相互的，但他同时反驳了"单向的相互作用"的观点，即行为是个体变量与环境变量的函数，$B=f(P, E)$。班杜拉认为行为本身是个体认知与环境相互作用的一种副产品，即$B=f(P\times E)$。班杜拉指出，行为、个体(主要指认知和其他个人的因素)和环境是"你中有我，我中有你"的，不能把某一个因素放在比其他因素重要的位置，尽管在有些情境中，某一个因素可能起支配作用。

(3)自我调节理论。班杜拉认为自我调节是个人的内在强化过程，是个体通过将自己对行为的计划和预期与行为的现实成果加以对比和评价，来调节自己行为的过程。人能依照自我确立的内部标准来调节自己的行为。按照班杜拉的观点，自我具备提供参照机制的认知框架和知觉、评价及调节行为等能力。他认为人的行为不仅要受外在因素的影响，也受通过自我生成的内在因素的调节。自我调节由自我观察、自我判断和自我反应三个过程组成，经过上述三个过程，个体完成内在因素对行为的调节。

(4)自我效能理论。自我效能是指个体对自己能否在一定水平上完成某一活动所具有的能力判断、信念或主体自我把握与感受。也就是个体在面临某一任务活动时的胜任感及其自信、自尊等方面的感受。自我效能也可称作"自我效能感""自我信念""自我效能期待"等。

班杜拉指出："效能预期不只影响活动和场合的选择，也对努力程度产生影响。被知觉到的效能预期是人们遇到应激情况时选择什么活动、花费多大力气、维持多长时间的努力的主要决定者。"班杜拉对自我效能的形成条件及其对行为的影响进行了大量的研究，指出自我效能的形成主要受五种因素的影响，包括行为的成败经验；替代性经验；言语劝说；情绪的唤起以及情境条件。

班杜拉的理论对于小学教育非常重要。第一，他强调观察学习在人的行为获得中的作用。他认为人的多数行为是通过观察别人的行为和行为的结果而学得的。依靠观察学习可以迅速掌握大量的行为模式。第二，他重视榜样的作用。人的行为可以通过观察学习过程获得。但是获得什么样的行为以及行为的表现如何，则有赖于榜样的作用。榜样是否具有魅力、是否拥有奖赏、榜样行为的复杂程度、榜样行为的结果和榜样与观察者的人际关系都将影响观察者的行为表现。第三，他强调自我调节的作用。人的行为不仅受外界行为结果的影响，而且更重要的是受自我引发的行为结果的影响，即自我调节的影响。自我调节主要是通过设立目标、自我评价，从而引发动机功能来调节行为的。第四，他主张建立较高的自信心。一个人对自己应付各种情境能力的自信程度，在人的能动作用中起着重要作用。它将决定一个人是否愿意面临困难的情境，应付困难的程度以及个人面临困难情境的持久性。如果一个人对自己的能力有较高的预期，在面临困难时往往会勇往直前，愿意付出较大的努力，坚持较久的时间；如果一个人对自己的能力缺乏自信，往往会产生焦虑、不安和逃避行为。因此，改变人的回避行为，建立较高的自信心是十分必要的。

3. 布朗芬布伦纳的人类发展生态学模型

布朗芬布伦纳（Urie Bronfenbrenner）是美国著名的心理学家，他提出儿童发展的著名理论：生态系统理论。布朗芬布伦纳认为，发展中的个体处于一系列的环境系统之中，这些环境彼此相互作用，并与个体相互作用进而影响发展。个体与环境的关系是一种相互影响的关系，由此个体与环境构成了一个动态的、不断变化的系统。

布朗芬布伦纳用系统的观点分析了个体与环境间的这些相互作用，提出了四种随着时间影响个体发展同时也被个体影响的系统（如图 8-1 所示）。

①微观系统（Microsystem）：模型中环境层次的最里层，指个体作用于此的直接环境。如家庭、日托中心、学校等。

②中间系统（Mesosystem）：第二个环境层，由两个或者更多微观系统之间的相互关系或联系组成。

③外部系统（Exosystem）：环境系统的第三个层次，由儿童不直接经历但影响其发展的社会环境所组成。如，父母的工作环境、社会网络，学校的整体计划，社区的卫生服务等。

④宏观系统（Macrosystem）：是指微观系统、中间系统和外部系统置于其中的更大的文化背景。

生态系统理论还包括一个"历时"系统。布朗芬布伦纳把时间作为研究个体

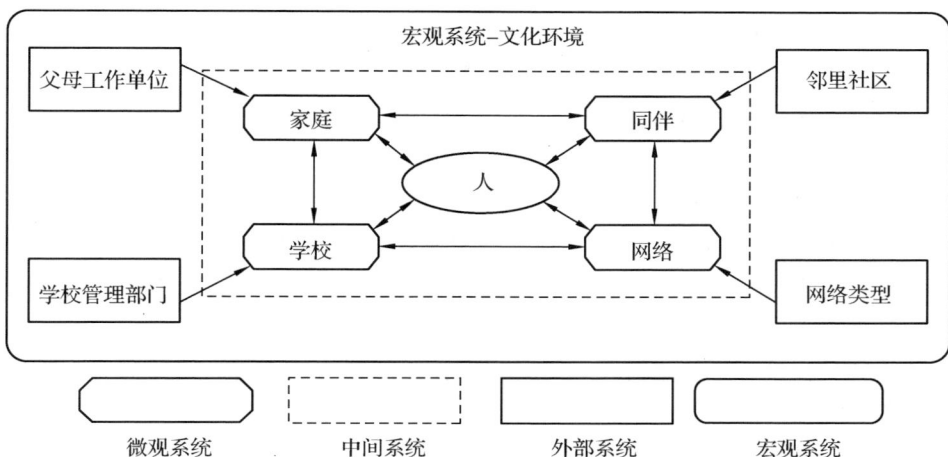

宏观系统–文化环境

父母工作单位　　家庭　　　同伴　　　邻里社区

人

学校管理部门　　学校　　　网络　　　网络类型

微观系统　　中间系统　　外部系统　　宏观系统

图 8-1　生态系统理论模型

发展中的参照体系，他强调将时间和环境相结合来考察个体发展的动态过程。随着时间的推移，环境系统可能发生相应的变化称为生态转变，如升学、结婚、退休等正常的生态转变，离异、亲人亡故或病重等非正常的生态转变，这些转变发生于毕业之中，常常成为个体发展的动力或影响因素。

概括起来，生态系统理论强调儿童或任何发展之生态情境的改变能影响发展可能的方向。每个系统都塑造着发展着的个体，并被发展着的个体所塑造。个体对微观系统起着特别的作用，这些微观系统通过中间系统彼此联系，并处于更大的外部系统和宏观系统之中。

第二节　小学儿童人际关系的发展

与幼儿相比，小学儿童的交往对象同样主要是父母、教师和同伴，但其交往关系与性质却与幼儿有着完全不同的特点。随着小学儿童的独立性与批判性的不断增长，小学儿童与父母、教师的关系从依赖开始走向自主，从对成人权威的完全信服到开始表现富有批判性的怀疑和思考，与此同时，具有更加平等关系的同伴交往日益在儿童生活中占据重要地位，并对儿童的发展产生重大影响。①

---

① 林崇德：《发展心理学》，311 页，北京，人民教育出版社，2000。

一、小学儿童亲子关系的发展特点

1. 亲子关系发展概述

亲子关系是家庭中的一个主要关系。这是一种不对称的双向互动关系。一方面，孩子从父母那里获得的需要比父母从孩子那里获得的需要更多；另一方面，父母通常掌握着权力和限制，对孩子的影响力也更大，孩子更多的是接受父母亲人的教导，接受父母的影响。研究发现，父母的文化程度、职业类别、教养方式等都会对孩子的社会性和个性发展产生影响。其中，父母的教养方式影响最大。美国心理学家鲍姆令德(D. Baumrind)提出了教养方式的两个维度，即要求和反应性。要求指的是父母是否对孩子的行为建立适当的标准，并坚持要求孩子去达到这些标准。反应性，指的是对孩子接受的程度及对孩子需求的敏感程度。这两个维度的不同组合，可形成不同的教养方式。不同的教养方式对孩子的影响不同。

(1)民主型。在大多数情况下这是最有利于孩子成长的抚养方法，这类父母对孩子提出了合理的要求，对孩子的行为做出了适当的限制，设立恰当的目标，并坚持要求孩子服从和达到这些目标。同时，他们表现出对孩子的成长的关注和爱，会耐心地倾听孩子的观点，并鼓励孩子参与家庭决策。简而言之，就是：理性、严格、民主、耐心和爱。研究者发现：在这种教养方式下成长的孩子，社会能力和认知能力都比较出色。在掌握新事物和与别的小朋友交往过程中表现很强的自信，具有较好的自控能力，并且心境比较乐观、积极。这种发展上的优势到孩子的青春期仍然可以在孩子身上观察到。

(2)专制型。这种类型的父母对孩子的要求很严厉，提出很高的行为标准，这些标准和要求甚至于不近情理，孩子没有丝毫的讨价还价的权利。这种教养方式的特点可以用一句话来概括，即"因为我说了，所以你必须这样做"。如果孩子出现稍许的抵触，这种类型的父母就会采取体罚或其他惩罚措施。从本质上看，这种教养方式只考虑到了成人的需要，而忽视和抑制了儿童自己的想法和独立性。鲍姆令德发现：这种教养方式中成长的学前儿童表现出较多的焦虑、退缩等负面的情绪和行为。在青少年期，他们的适应状况也不如民主型教养方式长大的儿童。但是，这类儿童在学校中却有较好的表现，与下面将要提到的溺爱型和忽视型教养方式下成长的儿童相比，这类儿童中出现的反社会行为的比率要少得多。

(3)溺爱型。这种教养方式的父母对孩子充满了爱和期望，但是却忘记了孩子的社会化任务，他们很少对孩子提出什么要求或施加任何控制。鲍姆令德发现：这种教养方式下成长起来的孩子表现得很不成熟，自我控制能力尤其差。当要求他们做的事情与期望相悖时，他们几乎不能控制自己的冲动，会以哭闹等方式寻求及时的满足。对于父母，他们也表现出很强的依赖和无尽的需求，而在任务面前则缺乏恒心和毅力。这种情况在男孩身上表现得尤其明显。

（4）忽视型。这种类型的父母对孩子的成长表现出漠不关心的态度，他们既不会对孩子提出什么要求和行为标准，也不会表现出对孩子的关心。他们对孩子的成长做得最多的只是提供食品和衣物，或他们很容易就可以做到的事情，而不会付出努力为孩子提供更好的生活和成长条件。父母之所以用这样的方式来对待孩子，可能是因为父母自己的生活中充满了生存的压力或者自己遭遇了重大的挫折或不幸，或家庭关系出现了重大问题，或是自己想要尽情享受人生，使他们没有时间和精力来照顾孩子。

不管出于何种原因，这种极端的忽略行为也可以视为对孩子的一种虐待，这是对孩子情感生活和物质生活的剥夺。由于与父母之间的互动很少，这种成长环境下的孩子，出现适应性障碍的可能性很高。他们对学校生活没有什么兴趣，学习成绩和自控能力也很差，并且在长大后出现较高的犯罪倾向。

2. 小学儿童亲子关系的变化

（1）父母与儿童的交往时间发生变化。一方面，儿童和父母待在一起的时间明显减少；另一方面，父母关注儿童的时间也有所减少。在一项研究中发现，5～12岁儿童的父母比学前儿童的父母在教导儿童，与儿童谈话，为儿童阅读，与儿童一起做游戏等交往时间减少了一半。

（2）父母在儿童教养方面所处理的日常问题的类型也发生了变化。在学前期，父母主要处理的是诸如儿童发脾气、打架等问题，当然，有些问题在小学时期依然存在（如打架），但也出现了许多新的更为复杂的问题，如：是否应该要求儿童做家务？是否应该给他们安排家务？父母和儿童如何处理情感关系的变化，等等。

（3）父母对儿童的控制发生了变化。其一，在小学期间，儿童与父母的冲突（如因父母坚持让儿童继续或停止某一活动而引起的冲突）数量也减少了，当冲突产生时，父母与儿童开始具有解决冲突的选择性模式。其二，在纪律约束技术和控制过程方面，父母通常认为学龄儿童比学前儿童好控制些，因为可以对他们采用说理的方式。其三，父母对儿童的控制力也在变化。研究表明，随着儿童年龄的增长，儿童越来越多地自己做出决策。对此，心理学家提出了三阶段的模式：

第一阶段，父母控制（6岁以前），大部分重要决定由父母做出。

第二阶段，共同控制（6～12岁），父母主要有三个主要的职责：在一定距离里监督和引导儿童的行为；有效地利用与儿童直接交流的时间；加强儿童的自我监督行为（如解释行为标准，说明如何减少危害）和教儿童知道何时寻求父母的指导。

第三阶段，儿童控制（12岁以上），儿童自己做出更多的重要决定。

小学儿童与父母的关系处在共同控制阶段。小学儿童的人际交往逐渐丰富起来，与同伴的交往也明显增多，与父母的关系从依赖开始走向自主，从对成人权威的完全信服到开始表现富有批判性的怀疑和思考，但小学儿童与父母仍然保持着亲密的关系，他们对父母仍然怀有深厚的依恋。与父母的关系在其发展上仍起着重要的作用。父母对儿童的温情、鼓励、支持、期望、倾听及对儿童多讲道理、少用惩罚等行为特征，都对儿童社会性发展起着至关重要的作用；父母具有较强的社会交往能力，并且关心儿童的社会交往，让儿童参与家庭中某些事情的决策，为他们提供交往的机会等都会促进儿童社会交往能力的发展；父母通过榜样作用、强化和约束，培养儿童形成为社会所接受的行为方式，发展儿童的亲社会行为；父母参与学校活动的程度和水平、父母与儿童的交往质量、父母的期望和观念等都与儿童的认知发展水平及学业成绩等存在密切关系。

与此同时，父母对儿童的发展也具有消极影响。亲子之间也存在非安全型的依恋关系，如父母拒绝儿童、对儿童反应的敏感性较低等，都会导致儿童在行为及情感发展方面的问题，出现攻击性行为及反社会行为等问题行为。

总之，父母主要通过自己的教养观念、教养方式和教养行为来影响儿童的社会性发展，特别是对儿童的一般能力、社会交往能力、亲社会行为及学业成绩的发展产生重要的影响。父母对小学阶段的儿童具体通过教导、强化、榜样、慰藉等心理机制对儿童的社会性产生影响。妥善处理好这一阶段的亲子关系，不仅要求做父母的要理解和关心儿童，而且在教育儿童的过程中应努力做到宽严有度。

讨论栏8-1　父母离异对小学儿童心理发展的影响

父母离异这种特殊的社会现象，随着离婚率的上升而成为一个带有普遍性的社会问题。其中，父母离异对儿童的影响是一个最受关注的问题。父母离异会给儿童的学业、个性、心理健康发展带来哪些影响呢？

二、小学儿童同伴关系的发展特点

1. 儿童同伴关系发展概述

年龄相仿、发展水平相似的儿童之间的人际关系就是同伴关系。友谊是同伴关系中的最高级形式，是一种特殊的亲密的人际关系，表现为友谊的双方经常接触、相互依恋。友谊是人际关系深化发展的结果。小学儿童的同伴交往的一个重要特点是开始建立友谊。

塞尔曼(Selman)曾提出儿童友谊发展可分为五个阶段：

第一阶段：不稳定阶段(3～7岁)。这个阶段的儿童还没有形成友谊的概念，同伴之间存在的是一种短暂的游戏关系，在一起玩的那就是朋友。

第二阶段：单向帮助阶段(4～9岁)。这个阶段的儿童认为满足自己需求和愿望的才是朋友。

第三阶段：双向帮助阶段(6～12岁)。这个阶段的儿童开始对友谊的交互性有一定的了解，但带有明显的功利性，他们之间的关系不能长久保持如一。

第四阶段：亲密共享阶段(9～15岁)。这个阶段的儿童认为朋友之间应保持信任和忠诚，甘苦与共。此时，他们之间的关系有了相对的稳定性，同时具有强烈的排他性。

第五阶段：友谊阶段(12岁以后)。这个阶段的儿童对朋友的选择性逐渐增强，选择朋友更加严格，建立起来的朋友关系持续时间一般比较长。

儿童友谊发展的这五个阶段与儿童择友标准保持着高度的一致。

2. 小学儿童同伴关系变化

儿童随年龄的增长，对友谊有着不同的理解，对小学儿童而言，最初(小学一二年级)，儿童只是根据一些表面的行为和关系来定义朋友，认为朋友就是住得较近、有好玩的玩具、喜欢与自己一起玩、玩自己喜欢的游戏的同伴。到后来(小学四五年级)，慢慢发展为将友谊视为更抽象的互相关心、互享情感、互相安慰的内在关系，认为朋友就是互相支持、互相忠诚、合作、彼此不打架。最后(开始于小学五年级)，儿童将友谊看成是可以进行自我表露和倾吐彼此秘密的特殊同伴关系，朋友就是有共同兴趣、互相了解、互相透露个人小秘密的人。

在小学阶段，儿童都喜欢选择同性而不是异性朋友。因为在小学儿童看来，同性朋友可以分享共同的兴趣，并从中获得快乐。此外，女性好朋友比男性好朋友更注重人际关系，因而也更愿意分享彼此的秘密，而男性好朋友之间则更看重活动本身及其成就。

小学阶段的儿童在选择朋友时主要有四种标准：直接接触关系、接受关系、敬慕关系和其他关系。

"直接接触关系"，简单讲就是一起玩，很多年龄较小的儿童倾向于认为，经常在一起玩的就是朋友；所谓"接受关系"指的是同伴对自己的帮助，小学中、低年级的儿童普遍认为对自己有帮助的就是朋友；所谓"敬慕关系"，指的是儿童选择的朋友往往具有自己赞赏的行为特点或心理品质。"其他关系"指的是空间距离、传统关系（"两家关系好"）、传递关系（"朋友的朋友"）等。这些标准在小学阶段的儿童身上均有体现，具体如表8-2。

表 8-2　小学各年级儿童择友标准的变化(％)

择友标准	二年级	三年级	四年级	五年级	六年级
直接接触关系	41	21	36	25	28
接受关系	46	24	27	15	11
敬慕关系	13	55	30	57	59
其他关系	0	0	7	3	2

从总体上讲，小学阶段的儿童在选择什么样的同伴作为自己的朋友，主要表现出两大特点：一是同质性；二是趋上性。

所谓"同质性"，指的就是儿童倾向于选择那些与自己有相同或相似之处的同伴为朋友。如兴趣、习惯、性格上的相同。因此，小学阶段的儿童均倾向于选择跟自己同性别的同伴开展交往，发展为朋友关系。这种现象直到青少年期才开始发生变化。小学儿童同伴关系的"同质性"也表明这一时期的儿童已经产生了性别认同，对自身的性别有了正确的认识。

所谓"趋上性"是指儿童倾向于选择受到社会赞赏的人为朋友。在小学阶段，那种经常能够得到教师表扬的儿童，人际吸引力普遍较强，而学习成绩好的儿童就是其中的一种。

3. 小学儿童的同伴接纳

同伴的接纳性包括两方面的含义：一是儿童受欢迎的程度；二是儿童在同伴中的地位。

根据儿童受欢迎的程度和在同伴中的地位两项指标，把儿童分为五类：①受欢迎的儿童，被多数同伴喜欢的儿童，且有较高地位；②被拒斥的儿童，不被多数同伴喜欢的儿童；③矛盾的儿童，被某些同伴喜爱，同时又被其他一些同伴看做具有破坏性而不被喜欢的儿童；④被忽视的儿童，不被人喜欢也不被人讨厌的儿童，可能还有机会逐渐被同伴接纳；⑤一般的儿童，指那些被同伴接纳的程度处于一般情况的儿童。

一些调查和研究表明，影响同伴接纳的因素主要有以下几种。

（1）行为特征。儿童之所以具有不同的同伴地位，主要是因为这些儿童具有明显的行为特征。从表 8-3 可以看出，儿童之所以受欢迎，是因为他们具有外向的、友好的人格特征，擅长双向交往和群体交往，在活动中没有明显的攻击性行为。被拒斥的儿童在同伴交往中是比较笨拙的和不明智的，经常表现出许多攻击性甚至是反社会行为。被忽视的儿童在同伴交往中的行为是害羞的、逃避的，很少见到他们表现自己或对他人显示攻击性行为。

表 8-3　受欢迎的儿童、被拒斥的儿童和被忽视的儿童的行为特征

受欢迎儿童	被拒斥儿童	被忽视的儿童
积极、快乐的性情	许多破坏行为	害羞
外表吸引人	好争论和反社会的	攻击少，对他人攻击表现退缩
有许多双向交往	极度活跃	反社会行为少
高水平的合作游戏	说话过多	不敢自我表现
愿意分享	反复试图与社会接近	许多单独活动
能坚持交往	合作游戏少，不愿分享	逃避双向交往，花较多时间和群体在一起
被看做好领导	许多单独活动	
无明显攻击性	不适当的行为	

（2）能力和学习。小学儿童首先重视学习好、兴趣广泛的同伴；随着年级的升高，扩展到更喜欢独立活动能力强、交往能力强、会出主意的同伴。

（3）良好的性格特征。良好的性格特征，如幽默风趣、热情开朗、真诚坦率、富有同情心和会照顾别人及刻苦勤奋等也是吸引同伴的重要因素之一。

（4）身体特征。身体特征主要指一个人的相貌。长相漂亮、有吸引力的儿童更易受同伴和教师的喜欢。

（5）姓名。名字比较好听的儿童，可能更容易受到同学和教师的关注。

（6）教师的影响。一个儿童在教师心目中的地位如何，会间接地影响到同伴对这个儿童的评价。

阅读栏 8-1　群体社会化理论

20 世纪 80 年代初，美国心理学者麦考比（E. E. Maccoby）和马丁（J. AL. Martin）以翔实的研究资料为依据，提出："父母对孩子的影响是微乎其微的。"美国心理学者哈里斯（Judith Rich Harris）再次强调了这一观点，并首次提出了一个"群体社会化发展理论"。

哈里斯认为，社会化是儿童被其所在社会接纳的过程，是通过学习逐渐成为一个有明确行为、语言、技能、恰当的信念和态度的社会成员的过程。在这一社会化的学习过程中，儿童可以模仿父母来发展，同时也可以从其他许多方面，包括同伴来学习。一般来说，儿童在家中，从父母和兄弟姐妹身上学到的东西，在家庭之外并没有很大作用。社会对儿童在家庭内外的行为要求并不相同，一个在家里随意宣泄感情的孩子，出了家门再这样做就得不到认可。哈里斯据此提出了群体社会发展理论的核心假设：社会化是一种高度情境化的学习形式。儿童独立地在家庭内外习得两套行为系统。这两套行为系统的学习方式和强化途径均不同。在家中，儿童做错事会受到惩罚，做对了会得到赞赏；在家庭之外，如果做错了什么，儿童必然会受到同伴的嘲弄，但他们行为表现很好时，也许根本没有人在意。这一理论的基本内容可以分为两部分：关于群体现象及儿童的同伴群体；发生在同伴群体中的社会化和社会文化传递的机制。

儿童在家庭之外，总是将自己认同于一个群体，他们在家庭之外的行为系统是由同伴群体规则决定的，这对他们今后个性发展有深远影响。同一家庭之间子女各不相同，很可能是由于他们属于不同的同伴群体而造成的。群体的同化现象，使得同伴群体而非家庭完成了社会文化的传递，直接促进了儿童在群体中的社会化。

儿童同伴群体一旦形成，就成为儿童社会化发展的主要场所。儿童从群体学习社会文化，形成自己的群体文化。对那些违背了群体规则的儿童，同伴会给予严厉惩罚。儿童正是在自己的群体中学会了怎样在公众中行事，怎样使自己的行为适应于大家，怎样认识别人和自己，从而形成自己的社会性，完成了社会性，在这一过程中形成的社会性，成为他们个性的组成部分，对他们的一生产生重大影响。

资料来源：陈会昌，叶子：《群体社会化发展理论述评》，载《教育理论与实践》，1997，17（4）：48～52页。

三、小学儿童师生关系的发展特点

师生关系是小学儿童人际关系中的重要成分。亲子关系那种不对称的双向互动关系也适用于师生关系。在师生关系中，起主导作用的是教师，教师对学生的态度、采用的教育方式会对学生的学习、道德品质、性格和心理健康等产生重要作用。

小学儿童与教师的关系是一种重要的人际关系。与幼儿园的教师相比，小学教师更为严格，既引导儿童学习、掌握各种科学知识与社会技能，又监督和评价学生的学业、品德。与中学教师相比，小学教师的关心、帮助更加具体而细致，也更具有权威性。由于小学师生关系的特殊性，小学教师对儿童的影响是重大而深远的。

人际交往都是双向的，师生交往也同样如此，教师的教学水平、个性等影响着学生，而学生的学业成绩、活动表现、外貌等也影响教师对学生的评价。

1. 小学儿童对教师的态度

随着年龄的增长、知识的增加和社会经验的丰富，儿童对教师的认识和态度均有不同程度的发展和变化，即师生关系的特点随着儿童年龄的变化而变化，不以人的意志而转移。

几乎每一个学生在刚跨入小学校门时都对教师充满了崇拜和敬畏，教师的要求甚至比家长的话更有威力。有调查发现，84％的小学儿童认为要听教师的话。日常生活中，经常可以听到初入学的儿童与家长发生争执时，提出的最有力的王牌是"教师这样讲的！"。常以教师的是非标准为自己的是非标准。在这个时期，师生关系比较平稳，儿童对教师的绝对服从心理有助于他们很快学习、掌握学校生活的基本要求。除了这类由衷服从外，低年级儿童也很注重教师的外部特征。

随着同伴之间交往的增多，特别是随着年龄增长，儿童的独立性和评价能力也随之增长，儿童无条件信赖、服从教师的程度有所下降，他们对教师的态度开始变化，开始对教师作出评价，对不同的教师也表现出不同的喜好，对于满意的教师表现出亲近，并报以积极反应，对于不满意的教师表现出疏远或反抗。如同样是批评，如果来自于自己喜欢的教师，则会感到内疚、羞愧；如果来自于自己不喜欢的教师，则会引起反感和不满。在这个时期，师生关系中出现了不平稳状态，教师的权威地位开始受到挑战。

二三年级的小学儿童开始把教师是否公正放在首位。小学儿童最敬佩公正的教师，最不佩服偏心的教师，并开始评价教师是否善良，开始从具体水平上评价教师业务能力是否高。三四年级的小学儿童除了继续坚持是否公正的标准外，更能从抽象概括的水平上客观地评价教师工作。五六年级的小学儿童开始注重教师的人品、精神面貌，并力图对教师作全面的了解。但总的来看，小学儿童最喜欢的教师往往是讲课有趣、平和开朗、严格、耐心、公正、知识丰富、尊重学生、能为学生着想的教师。

2. 教师的期望对小学师生关系的影响

1968 年，美国心理学家罗森塔尔（R. Rosenthal）对小学 1～6 年级儿童进行"预测未来发展的测验"：他来到一所乡村小学，给各年级的学生做语言能力和推理能力的测验，测完之后，他没有看测验结果，而是随机地选出 20％的学生，告诉他们的老师说这些孩子很有潜力，将来可能比其他学生更有出息。8个月后，罗森塔尔再次来到这所学校。奇迹出现了，他随机指定的那20％的学生成绩有了显著提高，社会化的程度更高。罗森塔尔把这个结果称之为"皮格马利翁效应"。这个效应的实质是教师在与那些"很有潜力"的学生互动时，投入了更大的热情，对他们抱有更高的期望，给予了更多的信任和鼓励，最后才导致他们获得更好的发展，因此，该效应也可称为期望效应。

罗森塔尔的研究证实，教师的期望对小学低年级学生的影响更为明显，有几个可能的原因：第一，低年级学生关于学业的自我概念较为肤浅，对教师的不同对待方式更为敏感；第二，低年级学生没有累积的背景信息，教师更相信测验的结果。

许多相关的研究都指出教师期望具有广泛的影响，如学习能力很差的学生，教师以积极的态度来教他们，可以使他们比教师以消极态度进行教学的学生学得更好。一个学生受到教师对其IQ分数的过高的评价，则其阅读能力显著高于那些被教师评价其IQ过低的学生。

教师的期望是如何传递给学生的？有关研究发现，当教师对学生有高期望时，他们就表现出更和蔼、更愉快的态度，更经常表现友好的行为，如微笑、点头、注视学生，与学生的谈话更多，提问更多，并提供较多的学习材料、提供更多的学习线索，经常重复问题，对学生给予密切关注，等待学生回答的时间也更长，更经常赞扬学生。通过上述种种传递，教师实际上传递这样一种思想，即对之期望高的学生的失败是由于没有好好努力，而对之期望低的学生的失败是由于缺乏能力。

教师的期望和他们与学生的关系受许多因素的影响：教师自己的态度、人格，儿童的外表、性别、种族、家庭社会经济地位、能力、兴趣、人格、学业等。此外，对学生的控制程度也影响教师的期望，如果学生的表现是可预见的，能回答教师的问题，交作业，参加活动，阅读课外书等，会给教师留下好印象，并提高教师的期望。

概括起来，期望效应是指对一个人传递积极的期望，就会使他进步更快、发展得更好；反之，向一个人传递消极的期望则会使人自暴自弃，放弃努力。因此，在学校教育中，教师要注意自己在教育教学活动中通过自己的情感、身体语言、口头言语等传递积极的期望，激发小学儿童的潜能。

第三节　小学儿童的性别差异与性别角色发展

儿童来到这个世界上，父母急于知道的第一个信息是"男的"还是"女的"。这既是一个生物学的事实，又是一个社会事实。儿童一生下来就被分别纳入由社会划分好的两个性别范畴。儿童在成长过程中，逐渐地获得了他（她）所生活的那个社会所认为的适合于男子或女子的价值、动机、性格特征、情绪反应、言行举止和态度。

一、小学儿童的性别差异

（一）小学儿童认知方面的性别差异

男女两性在认知方面的差异可以从男女两性认知差异的年龄倾向、认知差异的具体表现两个方面来看。

1. 男女性别差异的年龄倾向和具体表现

一般的研究都认为，男女两性在认知上的差异有年龄倾向性，学龄前儿童的差异不明显，幼儿时期女孩智力发展略优于男孩，但也不明显。从小学开始，智力发展上出现明显的性别差异，女性智力优于男性。但是，这种优势到了青春发育期就开始有所下降。当男性的青春高峰期来到时，男性的智力开始逐渐优于女性，并且随年龄的增长，这种优势愈益明显。青春发育期结束才逐渐减弱继续扩大的趋势。

男女两性认知差异的年龄倾向反映了男女儿童在认知差异总体上的平衡性。这种平衡性还反映在另一方面，男性在智力发展分布上智愚两端都比女性多，而女性的智力发展分布较均匀。不少研究发现，男女两性的平均智商没有什么差别，但男性标准误差很大。从学习成绩来看也有类似的情况，一般来看男生的学习成绩优异的和差的为多，女生的成绩以中等的为多，男女的平均成绩并无明显差异。在事业成就的表现上，男女智力差异在总体上的平衡性也同样存在，创造力强、在事业上成绩卓越者男性居多，然而由于视听和阅读能力缺陷等在事业上无所作为者，也是以男性居多。

2. 男女智力有不同的优势领域

（1）语言。女孩获得语言比男孩早，在语言流畅性方面，以及在读、写和拼写方面均占优势。但是女孩在言语理解、言语推理甚至在词汇方面就比男孩差。国内学者研究表明，小学儿童在言语能力上存在着一定的性别差异，其差异主要表现在语言表达能力上。女生在语言表达能力上的优势开始于小学四年级，特别是六年级女生的优势更大，这说明在语言表达能力上出现了随年龄增长性别差异逐渐加大的趋势。在高水平的语言表达能力上，在各年级都体现出了女生明显而稳定的优势。男生在复述课文、造句、回答问题等需要语言表达能力的活动中，常常有语塞、吃力、前言不搭后语、缺乏较高的修辞性等力不从心的表现。

（2）感知。从小学开始，男性的视敏度逐渐优于女生。女生有较好的听觉定位和分辨力。有的研究认为这种情况从婴儿期起就存在了。他们发现，男性婴儿对视觉模式特别感兴趣，而女性对听觉感兴趣。10岁开始，小学阶段的男生视、空能力开始超过女生，包括在二维和三维空间操作客体，看地图和瞄准目标等活动。

（3）记忆。男生的理解记忆和抽象记忆较强，而女生的机械记忆和形象记忆较强。小学阶段，所有女生的机械记忆和形象记忆均优于男生。

（4）注意。小学儿童在注意方面存在着较明显的性别差异。一般而言，女生注意的稳定性比男生强，男生比女生容易分散注意。在小学课堂教学中我们常常会看到这样的情况，不遵守课堂纪律的常常是男生，他们中有的讲话，有的玩文具或玩具，有的与周围同学发生冲突等。男生一般比较好动，注意力不够集中，保持注意稳定的时间较短，这也是造成小学男生比女生学习成绩落后的原因之一。但男生在注意的转移上优于女生，这主要是由于男生的注意稳定性较女生差，在课堂教学中对原来注意的专注度比女生低，所以男生比女生注意的转移速度快。女生的注意兴趣多指向于人，而男生的注意兴趣多指向于物。

（5）思维。男女儿童从幼儿起思维活动就各有特点，女生更多的从事比较安静的活动，如连接玩具、画图、泥塑、剪物品等，而男生则十分好动，喜欢操作实物，推拉物体，或蹦蹦跳跳。男生喜欢探索环境、拆装玩具，想点子玩，女生在这方面逊于男生。

小学阶段男女生在思维方式上有较为明显的差异。男生逻辑思维占优势，女生形象思维占优势；女生倾向于模仿，处理问题时注意部分与细节，但对整体与部分之间的联系把握较差，而男生倾向于独立思考，分析与综合能力较强，处理问题比较重视整体与部分之间的联系，但对细节注意不够。

在小学阶段，男女生在语文和数学学习方面的成绩表现出一定的性别差异。小学儿童学习基础知识和基本技能时，男女生思维方式尚未产生明显的差异，但在运用这些基础知识和基本技能时，差异就出现了，而且随着年级的升高，知识的综合性越来越强，灵活运用知识的要求越来越高，单纯的模仿已显得很不够。因此，相当数量的女生由于习惯的思维方式的影响，适应不了学科新知识的要求，学习成绩逐渐落后于男生。

（二）小学儿童个性与社会性方面的性别差异

过去一直认为女生的个性发展方面，比男生更胆怯、害羞，但研究者发现，在应付各种紧张的情境中，并无两性差异，只是女生比男生更容易报告和表现她们的懦弱、胆小和焦虑等感受；在支配性和竞争力方面也未发现性别差异。

女生参加社交行为方面的活动比男生多，男生对物体和事物更感兴趣，而女生对人更感兴趣。男生的攻击性行为多于女生，女生的攻击主要是谩骂，而男生更多的是用拳头和脚。

女生在一起从事合作的活动多于男生，女生倾向于找比自己年龄小的同伴玩，对比她年幼的孩子则会表示关心和帮助。男生倾向于跟年龄比他大的男生合作，如试着参加大孩子们的比赛。男生对同伴的苦恼或不舒服有点漠然，一般成人和儿童都倾向于参加与自己同性的交往。

二、小学儿童性别角色的发展

（一）儿童性别角色的概念

性别角色是指社会按照人的性别而赋予人的社会行为模式。男女有各自不同的外生殖器官，但初生婴儿的性别差异主要还是生物意义上的。随着成长历程的推进，儿童逐渐地获得了自己所生活的那个社会所认为的适合于男或女的价值、动机、性格特征、情绪反应、言谈举止和态度。这个将生物学的性别与社会对性别的要求融进个体的自我认知和行为之中的过程，就是儿童性别角色发展的过程。

（二）儿童性别角色发展的理论

长期以来，关于儿童性别角色的发展及其成因这一问题，不同的研究者提出了不同的理论和解释，这里只介绍生物学的解释、社会学习理论和认知发展理论。

1. 生物学的解释

最早持这种生物决定论观点的代表人物是弗洛伊德。生物学的研究认为，男女两性之间的心理差异以及儿童性别角色的分化主要是由两性在遗传及生物因素方面的差异所决定的。其生物模型认为男女行为的性别差异反映的是其生理上的差异。后来对双胞胎人格特质遗传方面的研究，以及荷尔蒙——化学物质与人格特质的相关研究等表明，男女在控制和攻击性行为方面的性别差异主要是由性激素的差异引起的。染色体的差异、荷尔蒙的影响等使得男女两性表现出不同的特征。

近期的生物社会模型理论则融合了生物和社会环境两方面的因素来解释性别差异问题。该理论承认社会文化模型对性别差异的解释是合理的，但又主张生物因素仍然可以直接导致性别差异，后天的环境和教育只能强化儿童性别角色的程序，不能改变性别角色发展的方向。

2. 社会学习理论

按照社会学习理论的观点，无论儿童性别角色中的性别刻板印象还是性别角色规范，都是儿童在生活环境中一方面由成人，特别是父母和教师塑造而成；另一方面是通过儿童的观察学习或模仿而获得。

首先，这一理论特别重视父母对儿童"性别适宜性行为"的强化在儿童性别角色形成中的作用。例如，父母鼓励、表扬女孩的顺从和抚养行为，而对男孩的这类行为则给予否定的反应。有关研究发现，父母确实在儿童很小的年龄（20～24个月）就以不同的方式对待男孩和女孩。他们通常鼓励女孩学习跳舞、打扮、跟随、玩洋娃娃等行为，但不鼓励她们跑跑跳跳。而对男孩，父母则鼓励他们玩积木和卡车，但不鼓励他们去玩洋娃娃和表现出寻求帮助的行为。而且据考察，父母对儿童玩不适合自己性别的玩具表现出强烈的否定反应。这种强化对儿童性别角色的发展起着重要的作用。

其次，除强化以外，该理论还认为儿童对同性别榜样的观察学习或模仿也起着重要作用。同强化一样，儿童对游戏中的攻击性行为以及电视、电影中的榜样行为的模仿学习也是获得性别角色的重要机制。

电视、电影或小说中描绘的男女主人公往往都是具有传统的男性特征或女性特征的典型，这种长期潜移默化的影响使儿童自幼就开始懂得，我是女的（或男的）就要像她（或他）那样行为。

那么，是不是男孩喜欢模仿自己的父亲而女孩喜欢模仿自己的母亲呢？对6岁以前的儿童来讲，答案是否定的。研究发现，父母的性别模式与儿童的性别模式间相关较低。海泽灵顿（Hetherington）认为，儿童的性别行为不是通过模仿同一性别的父母获得的，无论是男孩还是女孩都善于模仿在家庭生活中占统治地位的父亲或母亲的个性特征，但并不一定与自己的性别相同。

3. 认知发展理论

认知发展理论关于儿童性别角色发展的理论主要是由柯尔伯格（Lawrence Kohlberg）提出的。柯尔伯格认为，儿童的性别认知在其性别角色发展中起着至关重要的作用。儿童只有首先形成关于其性别的认知结构，特别是出现性别恒常性时，才会表现出一贯的性别化行为，即儿童的性别认知结构对其行为具有组织功能，能够保证儿童以适合其性别的方式来对外界作出反应。柯尔伯格还认为，儿童的性别认知结构可不经由成人的教育而自发地出现。到达一定的年龄阶段，儿童能够依据性别范畴自发地对性别有关的信息如外表、衣服、活动、心理特点等进行分类，通过这种分类，儿童可对信息刺激作出适合其性别的解释。只有在儿童形成了相应的性别结构之后，他们才会去注意和模仿同性别的榜样。这不同于社会学习理论的性别角色发展观。后者认为儿童对同性别榜样的模仿发生在学会对性别进行分类之前。

总之，儿童性别角色的形成虽然有生物因素的作用，但起决定作用的还是社会文化。随着社会的迅猛发展，传统的男女性别差异的标准可能已成为阻碍男女儿童潜能发展的障碍。如何消除性别偏见和歧视，弱化两性之间的社会行为的人为差异，使个体从文化强加的性别限制中解放出来，从刻板的性别束缚中释放出来，成为适应社会发展的具有两性化优秀个性特质的人，应当成为我们关注的课题。

（三）小学儿童性别角色的发展特点

性别角色社会化是儿童在任何社会都不可避免的，只是每一社会都有着不同的性别角色标准，社会中的每一个成年人都会在自觉和不自觉中按一定的性别角色标准来要求男女儿童。性别角色的划分决定着个体的社会化定向，不同的社会化定向必然导致男女有选择地接受不同的社会影响，导致男女形成与其特定的性别角色定位相适应的不同的心理内容和人格倾向，儿童性别角色发展包括性别概念和性别角色知识两个方面。

1. 性别概念的发展

性别概念是指儿童对自己和他人性别的正确标定。按儿童性别概念发展的时间顺序可以划分为三个阶段：性别认同的发展阶段、性别稳定性的发展阶段和性别恒常性发展阶段。性别认同是儿童对自己和他人的性别的正确标定，儿童的性别认同出现的时间在1岁半至2岁之间。儿童和成人在性别认同的线索上存在差异，成人主要依据生殖器官、身体的轮廓和服饰等线索来确定性别，而儿童主要是根据头发的长短以及服饰的特点来确认被观察者的性别。儿童性别认同的发展影响其性别行为，能够进行性别认同的儿童的性别行为显著地多于不能进行性别认同的儿童，性别认同早（27个月以前）的儿童的性别行为好于性别认同晚的儿童。性别稳定性是指儿童对自己和他人的性别认识不随其年龄、情景等的变化而改变。司雷蓓（Slabey）和丽茜（Lisi）通过问题形式考察了儿童性别认知稳定性："当你是个婴儿时，你是个男孩还是女孩？""当你长大后你是当爸爸还是当妈妈？"。结果发现，直到 4 岁儿童才能对以上问题作出正确回答，认识到一个人的性别在一生中是稳定不变的。性别恒常性是指儿童对人的性别不因其外表（如发型、衣着）和活动的改变而改变的认识。柯尔伯格认为，性别恒常性的发展是儿童性别认知发展的一个重要里程碑，儿童一般要到六七岁才能获得性别恒常性的认识。在儿童性别概念的发展中，性别认同的产生早于性别稳定性，性别恒常性出现最迟。大约到 9 岁左右，儿童才开始能够用言语解释性别的稳定性和恒常性。

2. 性别角色知识的发展[①]

性别角色知识是儿童对于男女各自适宜的行为方式和活动的认识。考察儿童性别角色知识通常采用向儿童列举一些典型的男性或女性的行为活动的方法，如打架、玩洋娃娃、骑马、烧饭等，让儿童说出哪些活动是适合男孩干的，哪些活动是适合女孩干的。通过这些方法，研究者发现，儿童很早就形成了一些对男性行为特点和女性行为特点的认识。库恩等人为考察儿童角色出现的年龄，曾做过一项有趣的实验。他们在实验中向儿童宣读一些陈述，诸如"我很强壮""我长大后要开飞机"等。同时向儿童提供两个洋娃娃，一个是男的；另一个是女的，要求儿童挑出上面的适合自己的那个洋娃娃。结果发现，儿童早在 2 岁时就已具备了一些性别固着知识，从而进一步证实，婴儿期的儿童已初步形成了一些性别角色知识。3 岁甚至更早期的儿童就懂得不少性别角色应有的活动和兴趣，如知道男孩该玩汽车、刀枪，女孩该玩娃娃、烹饪游戏，但这种认识比较刻板。5 岁儿童已经认识一些与性别有关的心理成分，如男孩要大胆、不能哭，女孩要文静、细心。

儿童性别角色知识随年龄的增长而不断提高，到小学阶段，儿童的性别角色已相当稳定。但这并不意味着随着年龄的增长，个体的性别角色认知变得日益刻板。有关研究认为，从婴儿期到青少年这一阶段，儿童性别角色成见的发展呈 U 形趋势，即年龄较小的儿童，由于其认知能力发展的局限，通常把规则看成是必须绝对服从的要求，因而不能容忍不适宜性别行为的出现，而年长的儿童由于能够认识到规则只是一种社会习俗，因而在性别角色认识上态度相对灵活，性别角色成见反而少于年龄较小的儿童。但是需要指出的是，青春期的青少年由于性意识的觉醒，会产生强烈的与性别相联系的期望，因而会重新恢复到早期所曾有的性别角色的刻板状态。

---

① 王恩国：《儿童性别角色发展及其影响因素》，载《心理研究》，2008，1(2)，32～35 页。

3. 性别偏爱的变化

性别偏爱是个体对男性角色或女性角色的偏爱倾向。一般而言，儿童常常偏爱与自己同性别成员的角色或活动，但并不总是如此。研究发现，男孩更加喜欢男子气的活动并对这类活动感兴趣，而女孩中却往往会阶段性地偏爱男子气活动，接受男子个性特征的倾向，在小学期间尤其如此。这可能与男子在社会上更受尊重有关。

4. 性别角色行为的采择

儿童在很早的时候就显示出行为的性别特征，随着儿童性别概念和性别角色知识的发展，会更有意识地采纳和选择符合自身性别的角色行为，从而使男女角色行为的分化更加鲜明突出。

男女儿童正是通过以上几个方面的发展逐步获得符合自己性别的角色特征。

讨论栏 8-2　我们应怎样塑造男女儿童的性别角色？

儿童进入学校以后，性别行为更多地受到教师偏见的影响。不少教师总认为女孩听话、安静、文雅，但是脑子不够灵活，喜欢死读书；男孩虽然调皮捣蛋、好动，但是脑子灵活、聪明。一些教师常常对女孩的某些消极的个性特点加以鼓励，而对男孩的某些积极的个性特点加以批评甚至惩罚。教师对男孩的批评一般多于女孩，所以在小学阶段，女孩在学习成绩上往往超过男孩，担任班级工作的女孩多于男孩。但到了中学，往往男孩的成绩要比女孩好。这是由于一些教师在女孩解决课题遇到困难时，往往把它归结为女生无能，而男孩发生同样的困难时，教师则认为是学习动机问题，是其他一些非智力因素造成的。这样的态度就会对男女儿童产生不同的效应。渐渐地，男女儿童根据教师及他人对自己成功和失败做出的不同反应，改变了原来对自己的看法，也改变了原来自己的行为，各自发展了所谓适合自己性别的活动和能力。但是，随着社会的进步，男女性别角色的定势已成为阻碍男女儿童潜能发展的障碍。

你认为教师应该怎样培养儿童形成正确的性别概念？应当以怎样的理念塑造男女儿童的性别角色？

复习与思考

1. 根据埃里克森的发展观，小学儿童处于什么阶段，小学教育工作者如何帮助儿童顺利度过此阶段？

2. 小学儿童的亲子关系发展特点是什么？如果家长教养方式不良，小学教育工作者如何帮助其改正？

3. 小学儿童同伴关系发展的特点是什么？

4. 根据小学儿童师生关系发展的特点，思考如何成为让学生喜爱的教师。

5. 小学儿童的性别差异表现在哪些方面？如何针对不同性别的儿童因材施教？

推荐阅读

1. [美]埃里克森. 同一性：青少年与危机. 孙名之，译. 杭州：浙江教育出版社，2001.

2. 边玉芳. 心理学经典实验书系：儿童心理学. 杭州：浙江教育出版社，2009.

3. [美]班杜拉. 思想与行动的社会基础：社会认知论. 上海：华东师范大学出版社，2001.

第九章　小学儿童道德品质的发展

本章重点
- 儿童道德认知发展理论
- 小学儿童亲社会行为的发展特点、影响因素与培养
- 小学儿童攻击性行为的发展特点、影响因素与控制

　　道德是一种社会现象，是指由社会舆论力量和个人内在信念系统所支持的、调整人们相互关系的行为规范的总和。它是一种分辨是非、善恶的尺度，并随着社会发展而发展，随着社会环境改变而改变。道德品质，又称品德，是指一个人依据社会的道德行为准则行动时所表现出来的某种稳定的心理特征，它是社会道德在个体身上的反映。

　　道德与道德品质既有联系又有区别。离开道德就谈不上有个人的品德，个人品德的内容是道德在个体身上的具体表现；个人品德的发生、发展与道德一样都要受社会发展规律的制约。区别在于：第一，道德的产生、发展与变化服从于整个社会发展的规律，它不以个别人的存在、个别人品德的好坏为转移，而品德的发生、发展则有赖于某一个体的存在；第二，道德是伦理学与社会学的研究对象，品德是心理学与教育学研究的对象。

　　使儿童成为一个有道德的人、成为能遵守社会规定的道德规范和行为准则的人是儿童社会化的核心内容。从心理学的角度来看，道德品质可分为道德认知、道德情感和道德行为三个方面。道德认知是指儿童对是非、善恶行为准则和社会道德规范的认识，是形成良好道德品质的前提基础。道德情感是人根据一定的道德标准评价自己或他人的行为举止、思想意图时所产生的一种情绪体验，具有动力功能；如果一个人认为自己或他人的行为举止、思想意图符合道德标准，就会产生积极的情绪，如爱慕、敬佩、赞赏、热爱、欣慰等；否则，会产生消极的情绪，如羞愧、憎恨、厌恶、愤恨等。道德行为是人在一定的道德意识的支配下表现出来的，对待他人和社会的有道德意义的活动，是道德品质的外部表现形式，也是道德教育的最终任务；国内外心理学家对小学儿童道德行为的研究主要集中于对小学儿童亲社会行为与攻击性行为的考察。

　　小学儿童的道德认知是如何发展的？儿童的道德行为该如何培养训练呢？

这是本章要讨论的主要内容。

第一节　小学儿童道德认知的发展

一、皮亚杰的道德认知发展理论

皮亚杰是第一个系统地研究儿童道德认知发展的心理学家，他在 1932 年出版的《儿童道德的判断》一书是研究儿童道德发展的里程碑。皮亚杰把儿童关于社会关系的知识和判断看作道德的核心成分，他认为，心理发展的根本动力来自主体和客体的相互作用，是个体对所理解经验的建构。从这一观念出发，皮亚杰从经验如何促成关于社会关系、规则、法律、权威的判断对道德进行了分析。

（一）皮亚杰的研究方法和内容

皮亚杰认为要研究儿童道德判断的性质，不能采用直接的提问法和将儿童放在实验室里进行解剖，只有从儿童对特定行为的评价中才能分析出他们对问题的真实认识。因此，他和同事创立了临床研究法（谈话法）和对偶故事法，以此来研究儿童对规则意识和道德判断的发展问题。

临床研究法，主要用于研究儿童对游戏规则的意识和执行的发展情况。皮亚杰通过观察儿童玩弹子游戏，从中记录儿童如何创建和强化游戏规则，并问儿童一些事先设计好的问题，如"这些游戏规则是从哪里来的？""每个人都必须遵守规则吗？""这些规则可以改变吗？"等。然后再分析儿童的回答，从中归纳出有关规则和使用的阶段性特征。

对偶故事法，为了研究儿童对过失行为、说谎的道德判断以及儿童公正观念等方面的发展，皮亚杰和同事还设计了许多包含道德价值内容的对偶故事。用这种方法，首先通过向儿童讲述一些关于道德现象的故事，然后与儿童进行深入的谈话，根据儿童对提问的回答确定其道德认知发展水平。

阅读栏 9-1　对偶故事举例

例 1：

故事 A：有一个小男孩叫朱利安。他父亲出去了，朱利安觉得他父亲的墨水瓶很有意思。开始时他拿着钢笔玩，后来他在桌布上弄了一小块墨水渍。

故事 B：一次一个叫奥古斯塔斯的小男孩发现他父亲的墨水瓶空了。在他父亲外出的那一天，他想把墨水瓶灌满以帮助父亲。这样在父亲回家的时候后，将发现墨水瓶灌满了。但在打开墨水瓶时，奥古斯塔斯在桌布上弄了一大块墨水渍。

例 2：

故事 A：有一个叫亨利的小男孩，一天他妈妈外出，他想偷吃放在碗柜里的果酱。因为果酱放得太高，他爬上一把椅子伸手去拿，但还是够不着。在他尽力伸手够时，碰倒了一只杯子，杯子掉地上摔碎了。

故事 B：一个叫约翰的小男孩正在他的房间里玩，妈妈叫他吃饭。他走进餐厅时，门后有一张椅子，椅子上放着一只盘子，盘子里有 15 只茶杯。约翰不知道有这些东西，结果他推门时撞到了盘子并打碎了这 15 只杯子。

皮亚杰对每一个对偶故事都提出了两个问题：①这两个孩子的过失是否相同？②这两个孩子中，哪一个更坏一些，更应该受到惩罚？为什么？结果发现，处在他律道德阶段的儿童认为 B 中的儿童过失更大，更应该受到惩罚，因为他泼出了更多的墨水渍（或者打碎了更多的杯子），而不考虑两个小孩的动机。

资料来源：张春兴：《教育心理学》，141 页，杭州，浙江教育出版社，1998。

在皮亚杰看来，儿童道德发展的主要内容是对道德概念和社会规则的理解和认识，因为道德是由各种规则体系构成的，于是，皮亚杰主要从三个方面研究儿童道德的发生发展规律：①儿童对游戏规则的理解和使用；②儿童对撒谎和说真话的认识；③儿童对公正的认识。

（二）皮亚杰的道德发展阶段论

皮亚杰通过他独特的方法研究了儿童对过失、谎言等的判断，并对儿童关于公平、权威等道德观念的理解进行了研究，根据研究的结果分析归纳出他的道德认知发展四个阶段：

（1）前道德阶段（2～4 岁）。这一阶段的儿童正处于前运算思维时期，对问题的考虑还是自我中心的，他们没有真正的道德概念，也不能把自己从他人中分化出来，其行为直接受行为结果所支配，而且道德认知不守恒，不能真正理解规则的含义。因此，这个阶段的儿童行为既不是道德的也不是非道德的，既不具有道德性。

（2）道德实在论阶段（5～7 岁），也称他律道德阶段。这个阶段儿童的道德判断具有以下几个特征。

第一，单方面尊重权威，有一种遵守成人标准和服从成人规则的义务感。儿童认为道德规则是由父母、老师和警察这些权威人物制定的，这些规则是绝对的、不可以改变的。例如，因为医疗急救而超速行驶，6 岁的儿童会认为你的行为是不对的，违反了警察制定的交通规则。

第二，儿童在判断行为的好坏时，依据行为的后果而不是行为的主观动机或意图。例如，认为打碎杯子数量多的行为比打碎杯子数量少的行为更坏，而不考虑行为的意图。

第三，儿童在评定是非时总是持极端态度，即非此即彼。判断别人的行为时，不是好就是坏，而且认为别人也会这样认为，不能把自己置于别人的位置看问题。

第四，内在的公正，认为惩罚是天意，违反规则就一定会受惩罚，而不管是否有他人发现，而且还把道德法则和自然规律相混淆，认为不端的行为会受到自然力量的惩罚。例如，一个孩子偷了糖果，但是没有人看见，第二天他摔伤了膝盖，这就是对其偷窃行为的一种惩罚。

(3)道德相对论阶段(8～11岁)，也称自律道德阶段。皮亚杰认为，只有达到了自律道德水平，儿童才算有了真正的道德，这个阶段儿童的道德判断有如下特征。

第一，儿童认为规则不是绝对的，可以通过集体协商而调整和改变。儿童认识到规则是由人们根据相互之间的协作而制定的，如果有必要可以按照人们的意愿加以改变，规则不再被当作存在于自身以外的强加的东西。如为了急救而超速行驶不应视为过失行为。

第二，儿童判断行为时，不只是考虑行为的后果，还考虑行为的动机和意图。因此10岁的儿童会一致地说，因偷吃果酱而打碎一只杯子的亨利比去吃饭时打碎15只杯子的约翰更坏。

第三，儿童开始根据自己的道德标准来要求自己和评判他人，并能把自己置于别人的位置，设身处地进行评判，判断不再绝对化，能看到可能存在的几种观点。

第四，儿童提出的惩罚和所犯的错误更加贴切，而且能把错误看作是对过失者的一种教训，惩罚比较温和，带有补偿性，以帮助错误者认识和改正。也不再相信内在的公正，认识到越轨行为可以隐藏而不被觉察和惩罚。

(4)公正阶段(11、12岁以后)。在这个阶段，儿童的道德观念开始倾向于公正。皮亚杰认为，当儿童使用可逆的道德观念从利他主义角度去考虑事情时，就产生了公正的观念。公正观念不是一种判断是或非的单纯的规则关系，而是一种出于关心与同情的真正的道德关系。也就是说，儿童不再刻板地按固定的规则去判断，而是在依据规则判断时也会考虑到同伴的一些具体情况，从关心和同情出发去判断。皮亚杰认为公正观念是一种高级的平等关系，这种道德观念能够从内部影响和决定儿童的道德判断。

皮亚杰认为儿童道德发展的这些阶段的顺序是固定不变的，儿童的道德认知是从他律道德向自律道德转化的过程。根据皮亚杰的观点，由他律道德向自律道德转化需要依赖两个条件：一是认知性成熟；二是社会经验。认知性成熟即内在因素，随着认知能力的发展，儿童逐渐脱离自我中心思维，在评价道德情境时会考虑更多的信息，能够理解他人与自己有不同的观点，从而促进其道德判断从他律转向自律。社会经验即外在环境因素，在儿童早期，幼儿认识到父母通常会给出行为指令并强化规则，为了取悦父母，儿童接受了规则必须服从的信念。随着年龄的增长，与同伴的相互作用成为他们最重要的社会化因素。儿童进入小学以后，与父母相处的时间逐渐减少而与同伴的接触时间逐渐增多，因此儿童获得了更多与他人进行平等交流的机会。在同伴的交往中，儿童会把自己的观点同他人的观点进行比较，从而认识到自己的观点有别于他人的观点，对他人的观点也可以提出疑问和更改意见。同时，同伴交往能使儿童认识到同样的行为可能会被他人以不同的方式所理解，从而导致不同的结果。在同伴的相互交往中，儿童开始摆脱对权威的束缚，互相尊重，共同合作，使公正感得到发展。综上可知，小学儿童正处于从他律道德阶段向自律道德阶段转化的过渡阶段，是儿童道德发展的关键时期。

二、柯尔伯格的道德认知发展模型

柯尔伯格的道德发展理论的立论基础出自皮亚杰的道德发展理论，其理论不仅被认为是受到皮亚杰的道德自律论的影响，而且常常被看做是皮亚杰理论的进一步发展。

（一）柯尔伯格的研究方法

柯尔伯格和皮亚杰一样，认为道德概念体系的发展与认知发展是一致的，道德发展作为一个连续的发展过程，由于认知结构的变化而表现出明显的阶段性。但是，他认为皮亚杰研究方法中存在某些局限，如所采用的对偶故事中，造成较坏后果的儿童往往不是故意的，而造成较轻后果的儿童往往是有意的。此外，柯尔伯格感兴趣的是检验和描述作为道德判断根据的思维结构，而不是道德反应的内容。鉴于上述考虑，柯尔伯格编制道德两难故事作为引发儿童道德判断的工具。道德两难故事是指一个故事中提出两个相互冲突而难抉择的价值问题，让儿童听完故事后，回答一系列问题，以此判断其道德发展的水平。

阅读栏 9-2　道德两难故事

故事 A：乔的父亲答应乔，如果他挣到 50 美元，他就可以去野营，但是后来他改变了主意，并要求乔交出他所挣的钱。乔撒谎说他只挣了 10 美元，并用其余的 40 美元去野营，行前他告诉他的弟弟亚历山大钱的问题以及对父亲撒的谎。亚历山大应该对他的父亲说吗？

故事 B：在欧洲，一位妇女得了一种特殊的癌症而濒临死亡。医生认为只有一种药能挽救她的生命，这种药就是城里一位药剂师最近发明的一种镭化物。这种药造价非常高，但药剂师开价 2000 元，比实际价格高出了 10 倍。这个妇人的丈夫海因茨四处筹集却只借到了 1000 元。海因茨无奈请求药剂师便宜一点卖给他，或者允许他赊账。但药剂师却回答："不，我发明这种药，就是要用它来赚钱的。"海因茨陷入了绝望，于是他溜进药店给妻子偷药。

资料来源：俞国良，辛自强：《社会性发展心理学》，266 页，合肥，安徽教育出版社，2004。

讲完故事后，主试就向被试提出一系列问题：这个丈夫应该这样做吗？为什么应该？为什么不应该？法官该不该判他的刑，为什么？等等。柯尔伯格真正关心的不是儿童的哪种回答，而是儿童证明其回答时提出的理由，这些理由反映了被试思考问题的方式，因此解释了作为道德发展根据的思维结构，据此确定儿童道德判断水平。

(二)柯尔伯格的道德认知发展阶段

通过对儿童关于两难道德故事的回答，柯尔伯桦认为，儿童道德认知发展遵循固定的三个水平，每一个水平又包含两个不同的阶段。根据柯尔伯格的观点，这些道德水平和道德阶段的发展顺序是固定不变的，因为其发展依赖一定的认知能力，而认知能力是按照固定顺序发生发展的。柯尔伯格认为道德发展的每个阶段代表的是对道德两难问题的特定观点或思维方式，而不是特定形式的道德决策。决策本身并不能提供很多信息，因为在解决两难问题时，每个阶段的人都能够支持某种行为。柯尔伯格的道德发展三水平六阶段的基本主题和特征如下：

水平一：前习俗水平(4～10 岁)。这一水平的道德是由外部价值观控制的，相当于皮亚杰的他律道德阶段。儿童接受权威人士主张的道德规范，对是非判断取决于行为的后果。该水平分为两个阶段：

阶段一，惩罚与服从定向阶段。判断行为的好坏主要根据行为的结果，儿童为避免惩罚而遵从权威，对于未被发现或没有受到惩罚的行为，则不认为该行为是不恰当的。一个行为造成的伤害越严重或者受到的处罚越严厉，这个行为就越不当。

阶段二，工具目的定向阶段。此时儿童开始基于自己的利益和他人将给予的回报来考虑服从原则。他们判断行为正确与否的标准是能不能满足自己的需要，即出于个人利益的考虑。

水平二：习俗水平（10～13岁）。儿童将权威的标准加以内化，他们服从法则以获得他人支持或维持社会秩序。这个水平也分为两个阶段：

阶段三，好孩子定向阶段。认为道德行为是指受人喜欢、支持或对他人有好处的行为，此时的儿童能根据行为的动机、行为者的特点以及当时的情境来评估行动。

阶段四，维护社会秩序定向阶段。儿童开始考虑普通大众的观点，即在法律中反映的社会群体意志，认为任何情况下法律都是不能违反的，遵守规则不是为了逃避惩罚，而是基于服从规则和法律以维持社会秩序的信念。如果一个行为违反了法规并伤害了他人，则认为这一行为是错误的。

水平三：后习俗水平（13岁以后）。个体获得了真正的道德概念，能认识到道德原则之间的冲突，以及如何从中进行选择。

阶段五，社会契约定向阶段。个体认为法律和规范是为了反映大多数人意志和促进人类幸福的灵活工具，如果理由充分，法律也是可以通过公正的程序去修改。法律作为一种社会契约，遵守它对社会有好处。这时个体能以理性的方式进行思考，重视多数人的意愿和社会福利，认为依法行事是最好的行为方式。

阶段六，普遍的道德原则定向阶段。这一阶段，人们依据自己认为对的方式行事，而不理会法律或他人意见，个体判断是非对错是依据内在标准，行为受自我良心的约束。

柯尔伯格指出，这六个阶段按照顺序依次发展，不能超越，但并不是所有人都能达到最高水平，有的人即使到了成年以后也还处于第四阶段或第三阶段。根据柯尔伯格的观点可知，前习俗水平的儿童在考虑道德问题时是自我中心的，处于阶段一的儿童认为受惩罚的行为就是不好的行为，处于阶段二的儿童虽然能够对他人的需要、想法和意图有一定的认识，但仍会把自私行为看做是恰当的。习俗水平的推理需要个体具备一定的角色采择能力，阶段三的个体在评价他人的意图以赢得赞赏前，必然意识到他人的观点。我国学者林崇德研究认为，小学儿童道德判断一般处于前三个阶段，达到第四个阶段的为数极少，而达到第五、第六阶段的基本没有[①]。

---

①　林崇德：《品德发展心理学》，51～59页，上海，上海教育出版社，1989。

第二节　小学儿童的亲社会行为

亲社会行为通常是指对他人有益或者对社会有积极影响的行为，包括分享、合作、助人、安慰和捐赠等。亲社会行为是人与人之间形成和维持良好关系的重要基础，是一种积极的社会行为。社会心理学家认为，亲社会即符合社会道德规范，与反社会相反，代表了社会的积极愿望。与亲社会行为相近的概念是利他行为，这个概念不仅强调结果上的利他，而且关注行为背后的动机或意图。利他行为，即由同情他人或者坚持内化的道德准则而表现出来的亲社会行为，行为者关心他人的利益，而不是自己从中得到某种好处，也不是出于期待任何回报，其特点是利于他人、自觉自愿、不求回报、自我牺牲等。亲社会行为不一定是利他行为，它也包括为了一定的目的，有所企图的助人行为，因此它比利他行为的范围更广。任何对他人或群体有益的行为都属于亲社会行为。

一、艾森伯格的亲社会行为理论模型

艾森伯格(Nancy Eisenberg)是美国亚利桑那州立大学的心理学教授，是美国当前影响较大的儿童心理学家之一，主要致力于儿童亲社会行为的研究。艾森伯格及其同事进行了一系列儿童亲社会行为的实验研究，创立了亲社会行为理论。艾森伯格认为，亲社会行为的产生过程分为三个部分。

（一）亲社会行为的初始阶段——对他人需要的注意阶段

一个人在帮助别人之前，必须先确定他人有某种需要或愿望，因此注意他人的需要是产生亲社会行为的初始阶段。而能够注意他人的需要受个体因素（个人的先行状态和特质特征等）和个体对特定情境的解释的影响。如观点采择能力会影响到对他人需要的理解和注意，而他人需要的明晰程度影响助人者对情境的解释从而影响到对他人需要的注意。

（二）亲社会行为意图的确定阶段

一个潜在的助人者一旦注意到他人的需要，便决定是否要助人，从而进入亲社会行为意图的确定阶段。艾森伯格认为，这个过程至少可通过两种方式进行：在紧急情况下，情感因素在助人决策的过程中起主要作用；在非紧急情况下，个体的认知因素和人格特质可能起主要作用。在紧急状况下，由于时间紧迫，不容许潜在助人者全面分析个人得失，认知因素在助人决策中起的作用很小，而情感因素则起主导作用，从而激发亲社会行为。在非紧急状况下，则可以分析亲社会行为的主观效用，即评估亲社会行为的代价和效益，还要对他人的需要的原因进行归因；除此之外，还受人格特质的影响，如一个自认为自己具有仁慈、助人等特质的人更倾向于帮助别人。

（三）意图和行为建立联系的阶段

通常，有了亲社会行为意图之后才会有亲社会行为，但是两者之间并非完全相关。亲社会行为意图和亲社会行为之间的联系受个人有关能力、人与情景变化等方面因素的影响。例如心有余而力不足，有亲社会行为意图却没有亲社会行为能力。此外，亲社会行为本身的实施有助于强化亲社会行为。

艾森伯格的亲社会行为理论解释了亲社会行为的产生过程，并把可能影响亲社会行为的各种因素有机地统一在亲社会行为产生的整个过程之中，且对其机制做了深入的剖析。此外，艾森伯格还研究了亲社会道德推理发展问题。

艾森伯格利用亲社会两难故事（参见阅读栏 9-3）进行了许多横向和纵向的研究，归纳出儿童关于亲社会道德判断的五个阶段：

阶段 1：享乐主义的、自我关注的推理（学前和小学低年级儿童）。助人与不助人的理由包括个人的直接利益、将来的互惠，或者是由于自己的需要和喜欢某人才关心他（她），如"我不能帮助他，否则宴会我会迟到的"。

阶段 2：需要取向的推理（小学和少数学前儿童）。他人的需要和自己的需要发生冲突时，儿童对他人身体的、物质的和心理的需要表示关注。儿童仅仅是对他人的需要表示简单的关注，并没有表现出自我投射性的角色采择、同情的言语表达等，如"我帮助了他是因为他需要帮助"。

阶段 3：赞许和人际取向、定型取向的推理（小学和一些中学生）。儿童在证明其助人或者不助人的行为时所提出的理由是好人或坏人、善行或恶行的定型形象，他人的赞扬和许可等，如"如果我帮助了别人，妈妈就会表扬我"。

阶段 4：分为两个阶段（小学高年级和中学生）：

阶段 4a：自我投射性的移情推理。儿童的判断中出现了自我投射性的同情反应或角色采择，他们关注他人的人权，注意到与一个人的行为后果相关联的内疚和情感，如"因为她很痛苦，能够帮助她我很高兴"。

阶段 4b：过渡阶段。儿童选择助人或不助人的理由涉及内化了的价值观、规范、责任和义务，对社会状况的关心，或者提到保护他人权利和尊严的必要性等。但是，儿童并没有清晰而强烈地表述出这些思想。

阶段 5：深度内化推理（少数中学生）。儿童决定是否帮助他人的主要依据是他们内化了的价值观、规范和责任，尽个人和社会契约性的义务、改善社会状况的愿望等。此外，儿童还提到与实践自己价值观相联系的否定或肯定的情感。

艾森伯格认为，上述发展水平并不是不可逆的，年龄较大的儿童在解决不同的亲社会两难问题时的推理水平会有所不同。但基本趋势是随年龄的增长，较高水平的亲社会推理所占的比例会不断增加（Eisenberg，1991）。

阅读栏 9-3　亲社会两难问题

一天，一个叫玛丽的女孩要去参加朋友的生日宴会。在去朋友家的路上她看到一个女孩摔倒并且磕伤了腿。女孩请求玛丽去一趟她家，让她父母过来带她去医院。但如果玛丽这样做，朋友的生日宴会她将会迟到，并且错过冰激凌、蛋糕和很多好看的节目。玛丽应该怎么办？

资料来源：［美］沙夫等：《发展心理学——儿童与青少年（第八版）》，邹泓，等译，514 页，北京，中国轻工业出版社，2009。

二、小学儿童亲社会行为的发展特点

儿童的亲社会行为不仅与社会经验有关，而且与儿童认知技能和智力发展有关。随着儿童智力的发展，他们能够获得重要的社会技能，并影响他们对亲社会问题的推理和亲社会行为的动机。具体而言，小学儿童的亲社会行为具有如下发展特点。

1. 小学儿童的亲社会行为随年龄增长而增多

随着年龄的增长，小学儿童的自我中心性思维减少、观点采择和道德推理能力不断发展，他们的分享、助人和其他亲社会行为也显著增加。

有研究考察了年龄与分享行为的关系。研究者要求每个儿童把一堆糖果（奇数颗）分给自己和另一个同龄的熟悉儿童，如果儿童留给对方的糖果比自己的多或者拒绝分享最后一颗糖果而达到与对方平等的分享，则将这样的儿童划归为利他型；如果他们分给自己的比他人多，就划归为自私型。结果发现，在4～6 岁的儿童中，有33％为利他型，6～7 岁、7～8 岁、9～12 岁的儿童中分别有69％，81％，96％的儿童为利他型，可见，小学儿童的分享行为随年龄的增长而增多。

格林和施耐德（Green ＆Schnevider，1974）探讨了分享行为及其他几种亲社会行为的发展状况。他们让四个年龄组（5～6 岁，7～8 岁，9～10 岁，11～12 岁）的男孩完成以下任务：与没有获得任何糖果的男孩分享糖果；向一位"不小心"把铅笔掉地上的实验者提供帮助；自愿参加帮助贫困儿童的项目。

表 9-1　四个年龄组男孩的亲社会行为

亲社会行为	年龄组(岁)			
	5～6	7～8	9～10	11～12
分享糖果的平均数	1.36(60%)	1.84(92%)	2.88(100%)	4.24(100%)
帮助拾铅笔的人数比例(%)	48	76	100	96
帮助贫困儿童的人数比例(%)	96	92	100	96

注：括号内的数字表示至少分得一块糖果的百分比。

如表 9-1 所示，"分享糖果"是在小学中年级（9～10 岁）以后开始增加的，而且这种亲社会行为的增加也扩展到了另一种亲社会行为——"为实验者拾笔"，而在"自愿帮助贫困儿童"指标上则没有年龄差异。研究表明，每个年龄组都有 90% 以上的男孩愿意牺牲游戏时间去帮助需要帮助的儿童，似乎这些儿童没有意识到他们的亲社会行为将会付出"牺牲游戏时间"的代价。

2. 亲社会行为与亲社会行为意图的一致性逐渐提高

随着年龄的增长，小学儿童道德认知和判断能力的提高，道德行为和道德观念更趋于一致，直接或间接地影响亲社会行为，使得小学儿童的亲社会行为和亲社会行为意图的一致性也逐渐提高。

3. 他人取向的亲社会行为动机逐渐占主导地位

小学儿童进入学校后，社会生活的环境发生了重大变化，特别是同伴交往在时间和数量上的增加，相应地，小学儿童亲社会行为的特点和行为方式也发生了变化。如果说小学儿童指向成人的亲社会行为是带有服从和避免惩罚性质的，那么，指向同伴的亲社会行为则更多的是合作、互利互惠和对他人需求的敏感性。他们在与同伴的交往过程中，亲社会行为动机逐渐摆脱实用主义的、同情的自我取向和奖励取向，越来越符合社会环境的利益取向和行为规范，也就是说，亲社会行为动机的工具性特点（如奖励取向）逐渐减少，他人取向逐渐发展并占主导地位。

三、小学儿童亲社会行为的影响因素与培养

(一)亲社会行为的影响因素

小学儿童亲社会行为的增多与角色采择技能、社会规范认知、移情以及自我概念的发展密切相关。

1. 观点采择

观点采择是指个体对特定情境中他人思想、情感、动机、需要的认知理

解，也即能站在他人的角度或以他人的观点来理解他人。研究者（Underwood & Moore，1982）通过元分析发现，观点采择和亲社会行为呈正相关，即使年龄因素被控制时，两者仍然具有显著性相关。一个具有高观点采择能力的儿童更能识别和领会引起他人苦恼或不幸的因素，更倾向于表现出亲社会行为。在哈德森等人（Hudson et al.，1982）的研究中，如果需要帮助的幼儿明显地表达出求助者意愿，小学二年级的儿童都乐于提供帮助，而不管他的观点采择水平如何；如果求助者意愿不易被察觉或是间接的，则观点采择水平高的儿童能识别这些线索并提供帮助，观点采择能力低的儿童却无动于衷。

虽然已有的研究表明，观点采择能力与儿童亲社会行为的发展密切相关，但是观点采择并不会必然导致儿童的亲社会行为。观点采择作为一种收集信息的过程，其发展只能为儿童更好地理解情境和他人的需要及情感提供认知前提。个体是否应用已获得的信息去帮助别人，还须依赖行动者的价值和个人需要。

2. 社会规范认知

儿童的亲社会行为不仅与儿童的社会认知能力发展水平有关，而且受社会规范和社会期望的调节引导。影响儿童亲社会行为的社会规范主要包括三种：社会责任规范、相互性规范和应得性规范（Durkin，1997）。

①社会责任规范，是指我们应该帮助那些需要帮助的人。通常是在社会化过程中由儿童的父母、教师或者其他重要他人传授给他们的。一般来说，小学中年级即可形成对这种规范的认知，并意识到其重要性。

②相互性规范，是指帮助那些帮助过自己的人。早在学前期，儿童在社会互动中就开始这种规范。随着儿童年龄的增长，对这一规范的理解越深刻，有研究表明，小学四年级的儿童更乐意跟那些以前在分享糖果时对他们慷慨的儿童分享彩笔。

③应得性规范，即指帮助那些应该得到帮助的人。作为一种普遍的社会心理现象，不管是儿童还是成人更愿意帮助那些因为遇到不幸而需要帮助的人。马斯特斯（Masters，1971）发现，早在四五岁的年龄，儿童至少在物品分享方面就已对应得性规范表现出一定的意识。该研究还发现，当被试自己被公平地分给自己应得的报酬时，他们对没有在场的同伴的捐赠较多，而在被试得到的报酬少于班里的同学时，他们对没在场的同伴的捐赠就较少。丹蒙（Damon，1980）对儿童公平概念的研究也表明，儿童公平概念的发展趋势是从最初的自我利益趋向向社会公平和人际相互性趋向过渡的。到小学高年级，儿童在决定如何回报他人对自己的帮助时，已经能够把各种因素考虑在内。

3. 移情

移情是指在觉察他人情绪反应时所体验的与他人共有的情绪反应。移情包含两个认知成分和一个情感成分，即认知成分是辨认与命名他人情绪状态的能力和采纳他人观点的能力，情感成分是情绪反应的能力。根据霍夫曼（Hoffman，1981，1988）的观点，移情是一种人类共有的反应，具有神经生物学基础，环境的影响会鼓励或压制移情的发展。霍夫曼将移情分为四个阶段。

第一阶段，发生在出生后的第一年，甚至在婴儿意识到他人存在之前。出生刚两天的婴儿听到另一个婴儿的哭声时自己也会跟着哭，这些早期的同情性哭喊类似先天反应，因为很明显婴儿还不能够理解他人的感觉，然而他们的反应就好像自己也有同样的感受一样。

第二阶段，在出生后的第二年中，儿童渐渐意识到自己是独立的个体，对他人痛苦的反应发生改变，当儿童面对痛苦的人时能明白是别人而不是自己感受到痛苦。这种认识使儿童能将注意力由对自身的关心转移到对别人的安慰上。因为儿童在以他人的观点思考问题方面存在困难，所以他们试图安慰或帮助别人的行为可能不恰当，例如，他们会把毛毯递给看起来难过的父亲。

第三阶段，基本与学前阶段相对应，是随着儿童日益增长的对言语和其他符号的需求发展起来的。言语可以使儿童对一系列表达方式更微妙的感觉产生移情，同时可以对不在眼前的人产生移情。从故事、图画和电视上获得的间接信息允许儿童对从未见过的恶人产生移情。

第四阶段，一般发生在6～9岁，这时儿童不仅能充分意识到他人拥有与自己一样的感觉，而且能领会这些感觉发生在更广的经历中。处于这一阶段的儿童开始关心他人的总体情况，而不仅是他人目前暂时的情绪。

霍夫曼等认为移情的发展中有一部分是由生物学因素决定的，在婴儿期是以原始的形式表现出来的，随着儿童的认知发展，他们能逐渐理解别人的感受以及为什么别人会有这样的感受，但在学龄晚期移情才充分地发展起来，使儿童把移情反应推广到整个群体。

移情与亲社会行为之间的相关度依赖于移情的测量方式。在许多研究中，研究者首先向儿童讲述一些富有情感的情境故事，然后让他们报告自己的情感，并将其作为移情能力的指标，研究者发现，儿童的移情能力与亲社会行为之间的相关很低，如果由老师来评价儿童对情境故事的移情敏感性表现以及面部表情，则能较好的预测其亲社会行为（Chapman et al.，1987）。总体而言，对小学低年级的学生来说，移情与亲社会行为之间存在中等程度的相关，随着年龄的增强二者之间的联系增强。

霍夫曼认为移情式情绪唤起是调节个体亲社会行为的重要因素，并用"责无旁贷"假设进行了解释（见图 9-1）。根据这一假设，儿童移情式的情绪唤起促使他思考曾经学到的亲社会行为规范——一个人应该帮助那些需要帮助的人，结果儿童就可能亲自承担某些帮助困难者的责任。年龄较大的儿童可能学会或内化了更多的亲社会行为规范，因而他们更可能感受到自己帮助苦恼者的责任，并给予必要的帮助。

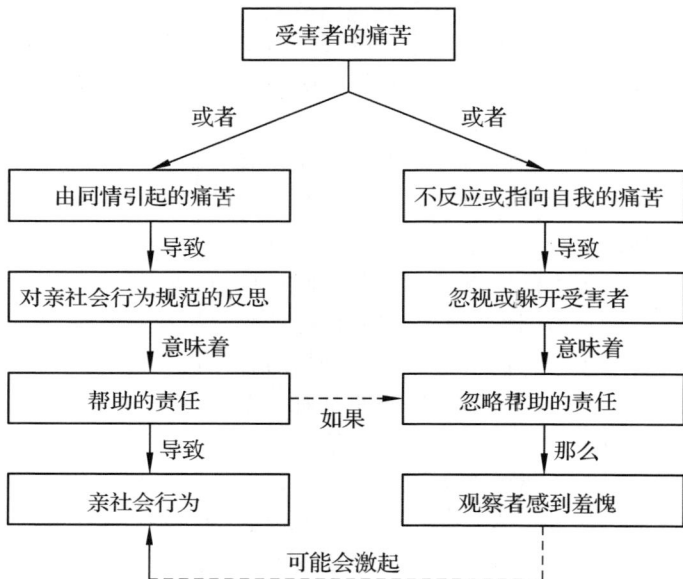

图 9-1　移情促进亲社会行为的"责无旁贷"的解释

资料来源：陈会昌：《道德发展心理学》，276 页，合肥，安徽教育出版社，2004。

4. 自我概念

有研究发现，具有强烈利他性自我概念的人比那些不认为自己富有同情心、乐于助人的人更具有亲社会倾向。这意味着，如果儿童把自己看做是慷慨的乐于助人的人，就能促进他们亲社会行为发展。

有研究者试图探讨自我概念的训练与提升亲社会行为的关系。在研究中，要求 5～8 岁的儿童做如下事情：①将玻璃球送给穷人的孩子；②与同学分享彩色铅笔；③帮助实验者完成一项枯燥的重复任务。当儿童表现出如上行为时，自我概念训练条件下的被试被告知他们是"好人""乐于助人"；对控制组的儿童不进行任何评价。1～2 周后要求儿童完成一些亲社会任务，结果发现，上述自我概念训练对亲社会行为的提升在 8 岁儿童身上效果更明显。原因可能在于 8 岁儿童开始将自我理解成心理的东西，开始把自我特质理解成自己性格中稳定的成分。如果被告知是"善良的人"，儿童就会把这类特质的特征整合到他们的自我概念中，并且通过一定的亲社会行为来顺应这种新的更加亲社会的自我意象(Grusec & Redler，1980)。因此，对 8～9 岁以上的儿童进行自我概念训练，能有效地改善儿童自我感知并诱发出亲社会行为。

(二)小学儿童亲社会行为的培养

通过教育或训练并运用一些适合儿童心理特点的切实可行的方法来促进儿童亲社会行为的发展，是学校教育的一个重要方面。根据儿童社会性行为发展的研究成果，对儿童亲社会行为的教育和培养可运用以下几种方法。

1. 移情训练

霍夫曼对儿童移情及其与亲社会行为的关系进行了多年的研究，他指出，移情在亲社会行为中具有极其重要的意义，是儿童亲社会行为产生、形成和发展的重要动力。具有良好移情能力的儿童能更好、更经常地做出亲社会行为，对周围成人和同伴表现出亲切、友好；移情能力缺乏的儿童，亲社会行为很少，消极不友好的行为则较多。

移情训练旨在提高儿童善于体察他人的情绪、理解他人的情感，从而与之产生共鸣。有研究者曾利用移情训练程序对小学三四年级儿童的亲社会行为进行干预研究，在实验中，研究者将儿童分为移情训练组和控制组，让实验处理组参加一系列训练活动，包括考虑他人的想法和情感，并设想自己在相似的情境下的感受。结果表明，参加移情训练的儿童与没有参加活动的儿童相比亲社会行为增加了。利用移情来教育儿童，使其具有内在的自我调节力，比限制约束有效得多。移情训练的方法有运用情感换位和情境表演，由浅入深、由具体到抽象地展开儿童道德认知和道德行为教育，或者通过听故事、续编故事等方法。实践证明，移情是积极的社会性情感，它能激发和促进人们的亲社会行为。

2. 榜样示范

榜样学习在道德教育和亲社会行为领域的研究中曾引起广泛的关注，对榜样观察学习和模仿问题的研究最突出的首推班杜拉。班杜拉认为，人在社会环境中进行观察学习而形成人格特征。因此，设置一定的社会情境，树立一定的榜样，使儿童有意无意间进行模仿，可以促进儿童亲社会行为的形成和发展。研究表明，成人的亲社会行为榜样有助于儿童做出相应的行为反应。罗斯顿(Rushton，1975)研究了榜样的类型和性质对儿童亲社会行为发展的影响，研究中让 7～11 岁的儿童观看成人玩滚木球的游戏,成人把得到的一部分奖品捐赠出来作为穷苦儿童的基金,然后让这些儿童单独玩这类游戏。结果发现,他们把将奖励所得捐赠出来的数量远远超过没有观看过成人模型的控制组儿童。即使实验后过了两个月,这些实验组的被试与不同的实验者在一起时仍然那么慷慨,说明榜样的作用是长期的。

3. 角色扮演法

角色扮演是一种使人暂时置身于他人的社会位置,并按照这一位置所要求的方式和态度行事,以增进对他人社会角色和自身角色的理解,从而更有效地履行自己角色的心理技术。研究证明,角色扮演有助于儿童亲社会行为的培养。

斯陶布(Staub,1971)曾利用实验法检验了儿童角色扮演的活动对道德行为发展的影响。他把儿童——配对,一个扮演需要承担帮助的角色,一个扮演帮助他人的角色,然后两人互换角色。实验结果发现,受过这类互惠行为训练的儿童比起没有受过这类训练的儿童表现出更多的助人行为。

除了上述几种主要的方法以外,还有行为训练法、表扬奖励亲社会行为等方法,这些方法在培养儿童的亲社会行为上各有其独特作用。作为教育工作者,在培养儿童亲社会行为的过程中可以综合运用各种方法,互为补充和辅助,这样更有利于儿童的亲社会行为的发展。在具体运用时需要哪种或者哪几种,这要根据活动的内容、教育目的以及儿童的年龄特点、认知发展水平和个性特征等情况而定。

第三节　小学儿童的攻击性行为

一、攻击性行为的含义及分类

(一)攻击性行为的含义

在日常生活中,我们时常耳闻目睹一些攻击性行为,但心理学家们结合各自的理论观点,对攻击性行为做出了不同界定,因此,要对攻击性行为下精确的科学定义却不容易。在综合各类理论观点的基础上,本书将攻击性行为界定为恶意侵犯和攻击他人他物,并致使他人他物遭受非本人意愿接受的结果的伤害性行为。该界定认为,攻击性行为应包含恶意伤害意图、伤害行为和伤害后果三个特征。也就是说,只有具备了这三个基本特征的行为才称得上是攻击性行为。

（二）攻击性行为的分类

从不同的角度或者根据不同的分类标准可以将攻击性行为做出不同的分类。

根据攻击性行为的方式不同，可分为言语攻击和身体攻击。言语攻击包括起绰号、侮辱等；身体攻击包括踢打、咬等。

根据攻击性行为的目的，可分为敌意性攻击和工具性攻击。敌意性攻击一般由痛苦或不安引起，以人为指向，其主要目的是伤害他人，如一个儿童打另一个儿童；工具性攻击是指为了获得所希望得到的事物或有价值的东西而做出的诸如抢夺之类的行为，而不是为了攻击给受攻击者造成身心伤害，攻击只是一种达到目的的手段，如为了玩具而把另一个孩子推开。

此外，道奇等人（Dodge & Coie，1987）根据儿童同伴之间的消极互动是否属于攻击以及攻击性行为的严重程度，将攻击性行为分为反应型攻击和主动型攻击。反应型攻击主要表现为愤怒、发脾气或失去控制；主动型攻击则主要表现为获取物品、欺负或控制同伴。

阅读栏 9-4　欺负：一种特殊类型的攻击性行为

欺负（bullying）是小学儿童之间经常发生的一种特殊类型的攻击性行为。欺负对受欺者的身心健康具有很大的伤害性，经常受欺负，通常会导致儿童情绪抑郁、注意力分散、孤独、逃学、学习成绩下降和失眠，严重的会导致社交恐惧甚至自杀。对欺负者而言，经常表现出欺负行为可能会造成他们今后的暴力犯罪或行为失调。

研究发现，受欺者群体相当稳定，这些儿童早期的依恋类型往往属于矛盾型依恋，具有慢性焦虑倾向，自尊比较低，受同伴排斥，身体比较弱小，并且不敢反抗。欺负者也总是选择同伴中的这一小部分人作为欺负的对象，一定程度上，受欺者的"弱小"和"不反抗"强化了欺负者的欺负行为；而且经常欺负他人的儿童具有较高的认知能力却缺乏移情能力（称为"冷认知"），他们在欺负情境中对对方的心理有较好的把握，知道如何去伤害对方，如何选择逃跑的机会，能较好地认识到自己行为的后果，但就是喜欢给别人造成痛苦。另外，值得一提的是，欺负和受欺并不是完全相反的两极，一些最极端的受欺者同样也是最极端的欺负者，他们常常挑起事端，找别人的麻烦，并且很容易被激怒。

对受欺者最好的干预方法是改变他们消极的自我意识，并且教会他们以非强化的方式回应欺负行为，如坚决捍卫自己的权利，对嘲讽一笑置之。

二、儿童攻击性行为理论

(一)习性学理论

习性学(ethology)是研究人和动物行为的生理学基础的科学。习性学家认为，动物行为模式的基本组成部分是在发育过程中随着成熟而出现的，而不是经过学习获得的。动物的某种行为模式出现的时间和形式是由种系进化过程形成的"蓝图"所决定的。这些所谓的"蓝图"即为一些固定的行为模式。习性学家劳伦兹认为，攻击是人类和动物的一种本能，它同喂食、逃跑、生殖一起共同构成了人类和动物的四大本能系统。人和动物攻击的驱力来自有机体内部，而与外界刺激无关。随着个体攻击的能量在有机体内不断地积累，他必须借助于适当的外部刺激周期性地进行释放。

劳伦兹认为，人和动物在种系发展之中之所以形成高度复杂化的族内攻击性行为模式，是因为攻击具有保护功能。首先，因为人和动物为了保卫自己边界而进行攻击有助于保持同一物种在环境中的分布平衡；其次，通过族内斗争选出最优秀的或最强壮的成员来繁殖后代。这一过程的最重要的结果是选出具有攻击性的家庭保护者来保护幼子，从而达到护种的目的。

(二)挫折—攻击假说

20世纪30年代，多拉德(J. Dollard)等人曾经提出一种关于攻击性行为的理论，称为"挫折—攻击假说"。多拉德认为，人类的攻击性行为不是来源于攻击本能，而是挫折所致。他指出，攻击的发生总是以挫折的存在为必然前提。这一假说提出之后不久，人们就提出了质疑。研究表明，挫折并不总是导致攻击性行为的发生。人们对挫折的反应有各式各样的方式，如哭泣、回避等，或者会产生一种应对状态。因此，无法通过挫折对攻击是否发生作出准确的预测。有关研究发现，一些儿童在遭遇挫折之后通常并不是进行攻击，而是经常表现出一种退缩或者放弃。还有一些研究表明，儿童在自己受到挫折之后或者观察他人的努力受到挫折之后会变得更加努力。尽管多拉德等人关于挫折和攻击之间关系的武断表述受到很多批评和质疑，但这一假说也并非完全缺少实验支持。一些研究发现，不管是儿童还是成人，在受到挫折之后，其攻击性行为有时会增加或进一步加强。

(三)社会学习理论

社会学习理论认为，儿童的攻击是一种习得的社会行为。根据社会学习理论的基本观点，儿童的攻击性行为主要通过两条途径获得：一是观察学习；二是直接学习。儿童对攻击性行为的观察学习有四个相互联系的子过程构成，即注意过程，指儿童把自己心理活动集中在攻击榜样上，对攻击的榜样行为进行感知；保持过程，指儿童对其感知过的他人的攻击性行为的有关信息进行编码，作为表象储存在他的记忆系统之中；动作再现过程，指儿童把记忆中构成的动作表象整合为一种新的反应模式；动机过程，这个过程对儿童攻击性行为的实施起着激发和调节作用。

儿童获得攻击性行为的第二个途径是直接学习。虽然观察学习或模仿是儿童获得动机行为的重要机制，但是更应该重视儿童实际的冲突行为对儿童习得攻击性行为的重要作用。这种直接学习的显著特点是行为的结果对儿童产生及时强化，也就是说儿童通过亲身体验自己采用的不同攻击方式所产生的不同结果，便逐渐认识到在不同情境中哪些行为是适当的，哪些行为会导致不良后果。这对儿童行为的诱发或抑制具有重要的作用，影响儿童攻击性行为的发生与发展。

阅读栏 9-5　班杜拉的观察学习实验

班杜拉观察学习的一个经典实验研究，将 3～6 岁的儿童分成三组，先让他们观看一个成年男子（榜样人物）对一个像成人那么大小的充气娃娃做出种种攻击性行为，如大声吼叫和拳打脚踢。然后，让一组儿童看到这个"榜样人物"受到另一成年人的表扬和奖励（果汁与糖果）；让另一组儿童看到这个"榜样人物"受到另一成年人的责打（打一耳光）和训斥（斥之为暴徒）；第三组为控制组，只看到"榜样人物"的攻击性行为。然后把这些儿童一个个单独领到一个房间里去。房间里放着各种玩具，其中包括洋娃娃。在十分钟里，观察并记录他们的行为。

结果表明：看到"榜样人物"的攻击性行为受惩罚的一组儿童，同控制组儿童相比，在他们玩洋娃娃时，攻击性行为显著减少。反之，看到"榜样人物"攻击性行为受到奖励的一组儿童，在自由玩洋娃娃时模仿攻击性行为的现象相当严重。班杜拉用替代强化来解释这一现象：观察者因看到别人（榜样）的行为受到奖励，他本人间接引起相应行为的增强；观察者看到别人的行为受到惩罚，则会产生替代性惩罚作用，抑制相应的行为。

（四）认知理论

攻击的认知理论强调认知对攻击性行为的调节作用。在攻击性行为的认知中介过程中，个体对他人的行为或者伤害情境的归因是一个非常重要的认知环节。道奇（K. A. Dodge）及其同事在 20 世纪 80 年代初提出了一个颇具影响的儿童攻击性行为的信息加工模型。该模型认为，儿童受到挫折和挑衅后的反应不仅依赖于情景中的社会线索，还依赖于儿童对这种信息的加工和解释。个体从面临某一社会线索到作出攻击反应的整个信息加工过程包括 5 个步骤或过程，如图 9-2 所示。

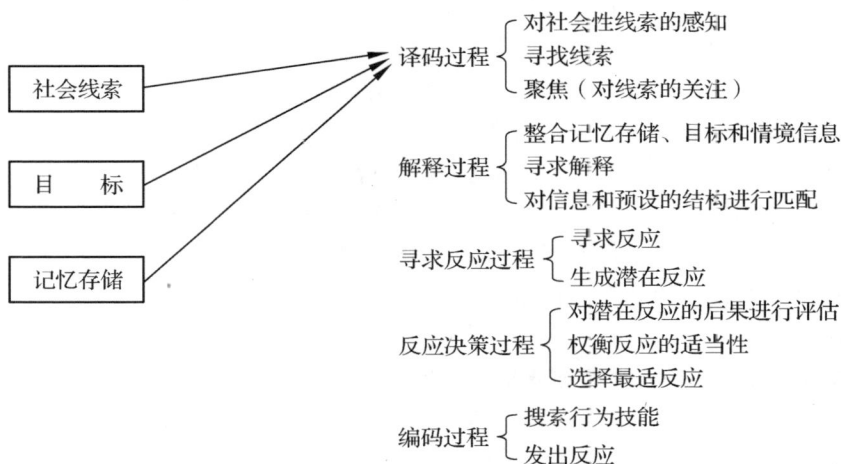

图 9-2 攻击的社会信息加工模型

译码过程 { 对社会性线索的感知 / 寻找线索 / 聚焦（对线索的关注）

解释过程 { 整合记忆存储、目标和情境信息 / 寻求解释 / 对信息和预设的结构进行匹配

寻求反应过程 { 寻求反应 / 生成潜在反应

反应决策过程 { 对潜在反应的后果进行评估 / 权衡反应的适当性 / 选择最适反应

编码过程 { 搜索行为技能 / 发出反应

社会线索 → / 目　标 → / 记忆存储 →

图 9-2　攻击的社会信息加工模型

资料来源：桑标：《当代儿童发展心理学》，436～437 页，上海，上海教育出版社，2003。

（1）译码过程（decoding process）：儿童从环境中收集与激惹性事件有关的信息，此时，儿童收集环境中有关线索并把注意力集中到适宜线索上的能力会影响儿童的应对反应。

（2）解释过程（interpretation process）：儿童知觉了环境中的线索之后，首先就是把这些线索与过去事件的记忆、自己在此情境中的目标任务相整合；然后，对这些线索做出可能的解释，推测行为意图，例如，一个儿童被同伴打了之后，就要推测同伴的意图，同伴打他是和他开玩笑还是出于敌意；最后，把从环境中获取的信息与他的程式化规则相匹配，例如，这个儿童的规则可能是："同伴打我以后又得意地笑了，我就知道他是故意的。"

（3）寻求反应过程（response search process）：儿童对情境进行解释后便会去寻找可能的反应。

（4）反应决策过程（response decision process）：儿童权衡各种反应的利弊之后，然后选择他认为在该情境中最恰当的反应方式。儿童行为反应的决策与儿童对规则的运用密切相关，例如，一个儿童可能会运用这样的规则："如果同伴有意伤害我，那么我就要还击。"

(5)编码过程(encoding process)：儿童将执行他所选择的反应方式。

道奇的这个模型为儿童攻击性行为的认知分析提供了一个框架。根据这一模型，儿童在面临一个社会情境时，他在记忆中已存储一些数据并有一个程序化的认知加工方向。儿童从环境中输入信息，依次通过上述5个认知加工阶段而后作出反应。如果儿童不能按顺序对输入的信息进行加工，或者在某个加工环节发生偏差，就有可能导致异常行为(如攻击性行为)的发生。

道奇等人在模型提出以后，又开展了大量的实证研究，考察了不同加工阶段与儿童攻击性行为有关的认知缺陷：(1)攻击性儿童对敌意性线索表现出注意偏向；(2)攻击性儿童对他人行为的解释中存在归因错误；(3)攻击性儿童的行为反应搜索和问题解决策略存在缺陷；(4)攻击性儿童对攻击性行为的后果往往持有攻击合理的信念。

三、小学儿童攻击性行为的发展特点

1. 小学儿童攻击性行为的年龄差异

随着年龄的增长，小学儿童的攻击性行为会发生一些变化。具体表现为：第一，在攻击性行为的类型上，随着年龄的增长，小学儿童的工具性攻击、身体攻击行为在减少，而有意识的攻击性行为(如敌意性攻击)、言语性攻击在不断增加。第二，随着年龄的增长，攻击性行为更多地发生在同性别之间，异性间的攻击性行为逐渐减少。第三，小学儿童对他人意图的理解能力或观点采择能力有了显著提高，如有研究发现幼儿、小学二年级和小学四年级儿童对他人真实意图(敌意的、中性的、亲社会的)准确理解的人数比例分别为42%、57%和72%，因此，小学儿童对直接的挑衅往往会采取反应型攻击行为，目的是为了惩罚挑衅者。

2. 小学儿童攻击性行为的性别差异

小学儿童的攻击性行为存在性别差异。具体表现在：第一，在具体的攻击类型上，女生的攻击行为更多地是使用间接的和言语的攻击，包括社会孤立、散布谣言和诽谤等手段有效地伤害别人，而男生普遍使用直接的身体攻击。进入小学高年级后，男生比女生更多地采用暴力方式来表现攻击行为，如群体斗殴、袭击、性暴力以及杀人等。第二，男生普遍比女生更具有攻击性。有学者认为女生的攻击性行为容易被低估，因为女生采用的间接性攻击(如社会孤立)难以被察觉，平时学生也很少向老师或父母报告，但即使将间接性攻击考虑进去，男生仍然比女生更多地卷入攻击性事件。

四、小学儿童攻击性行为的影响因素

一般认为，儿童的攻击性行为具有一定的生物学基础，在随后的发展过程中还会受到各种因素的影响，包括社会认知因素和社会文化因素等。

（一）生物学因素

个体攻击性行为的稳定性为攻击性行为的生物遗传提供了有力的证据。有研究提出，雄性激素是影响攻击性行为的一个重要医素。在一项关于动物的研究中发现，在实验室中将雄性动物的激素注射到雌性动物体内，这时雌性动物的攻击性行为会明显增多。另有研究发现，困难型气质的儿童经常发脾气，爱哭闹，这些人格方面的特质在整个小学阶段都是很稳定的。由比推出，困难气质与小学儿童的攻击性行为有一定的关系。

（二）社会认知因素

攻击性行为的社会认知因素研究，主要涉及儿童社会认知的发展或儿童怎样理解他们所生存的社会环境。

儿童早期就能识别攻击性行为并能意识到攻击性行为是不被社会所期望的，甚至小学一年级的学生对攻击性行为的识别也与攻击的"同伴提名法"结果有很强的一致性。然而，小学儿童对自己和他人能力的认识不足，如高估自己、低估他人可能构成了发生攻击性行为的重要条件。已有研究发现，相比低攻击性儿童，高攻击性的儿童对自己和他人能力的认知更不全面。

小学儿童尚缺乏社会问题解决策略，在遭遇冲突时往往不能提出替代性策略而倾向于采取攻击性行为进行问题的解决，因此，高攻击性的小学儿童对攻击后果往往持有攻击合理的信念。此外，对他人攻击意图的识别和理解也受攻击习惯的影响，高攻击性的小学儿童对他人意图倾向于敌意性归因。道奇曾考察社会情境意义的清晰程度、儿童的攻击性对社会信息加工的影响。研究对象为小学二、四、六年级具有高或低攻击性的男生。让他们分别单独在房间里做游戏，休息时，让儿童分别到相邻房间检查对方的进展，这时，分别让他们听到假装是对方的声音（敌意的、或善意的、或意图不明的），然后是一阵倒塌的声音。结果发现，无论是高攻击性的还是低攻击性的儿童，在听到"敌意的"声音比听到"善意的"声音时表现出更高的攻击性，但是在听到"意图不明的"声音时，高攻击性儿童更可能错误地理解别人的意图，认为别人是充满敌意的，从而采取报复性手段。

（三）社会文化因素

1. 文化环境的作用

个体的攻击性行为在一定程度上受到其所处的文化或亚文化环境的影响。有些文化背景下的人，其整体的攻击性水平很低；而有些文化影响的个体则极具暴力和攻击性。然而，文化对儿童攻击性行为的影响不是绝对的，有些在攻击性文化中成长的个体有很强的亲社会倾向。

2. 家庭的影响

家庭对儿童攻击性行为的影响主要通过两个途径：①父母特定的教养方式；②家庭作为一个系统环境对儿童攻击性的影响。

父母的教养方式和教养技巧对儿童攻击性倾向的形成有重要作用。研究表明，冷淡和拒绝的父母或武力专断且喜怒无常的父母，会体罚孩子或者放纵孩子表达自己的攻击性冲动。在这种教养方式下成长的儿童很可能发展成充满敌意和攻击性的个体。另外，父母是否关注儿童的日常活动、择友和社会交往等，也会影响儿童攻击性行为的发展。有些父母对儿童缺乏关注和监督，与孩子之间缺乏必要的亲子依恋可能会导致儿童有相对较多的攻击性行为。家庭的情感氛围也会影响儿童的社会适应，父母关系紧张、冲突不断，孩子通常会有情绪障碍和品行问题。强制性的家庭环境也会成为儿童攻击性行为发展的温床。强制性家庭环境中的家庭成员之间不是通过合作协商来达到目的，而是通过威胁、命令和高压的行为。这类家庭成员在对待儿童亲社会行为时缺乏正确的强化和赞赏，对儿童的不良品行也多采取强制性制止的办法，这种环境中成长的孩子会有较多的品行障碍和敌意性的归因缺陷。

3. 媒体的影响

从 20 世纪 60 年代开始，研究者就开始研究影视媒体对儿童攻击性行为的影响。班杜拉的社会学习理论认为，通过观看电影或电视上的暴力行为，儿童能习得攻击他人的行为方式。有研究者曾对电视和儿童攻击性行为的关系进行过详细的研究。在研究中，让两组被试观看了暴力节目和非暴力节目片段，然后提供电击别人的机会。结果发现，观看暴力节目的被试比观看非暴力节目的被试表现出更多的攻击性行为。一个研究发现，被试在小学三年级观看暴力电视节目的数量与当时由同伴评定他们在教室出现的攻击性行为有显著相关，十年的追踪研究表明，被试在小学三年级时所看攻击性行为的电视数量和 19 岁时由同伴评定的攻击性行为的等级有显著的相关。此外，很多暴力型的电子游戏以及互联网的暴力信息，会增加儿童的敌对性和焦虑感，从而增加其攻击性行为出现的可能性。

五、小学儿童攻击性行为的控制

心理学家提出了很多简单易行的对儿童攻击性行为的控制方法，并得到了广泛的使用，包括认知训练、宣泄、创造非攻击性的环境、消除强化源等。

（一）认知训练

控制儿童攻击性行为可以通过认知训练的方法。一种途径是关注伴随行为的情绪。有关儿童的实验表明，攻击性行为高的儿童往往移情能力较差。因此，可以通过移情能力的训练来提高儿童对他人情绪的敏感性和观点采择能力，从而减少其攻击性行为。另一种途径是对儿童进行问题解决技能的训练。如让儿童观看有冲突或潜在冲突的录像，然后训练儿童分析问题并制定建设性的解决方案。训练一段时间后，鼓励儿童将这些新的技巧运用到实际的生活情境中去。这种训练可以减少儿童在面临冲突或潜在冲突时的攻击性行为。

（二）宣泄

愤怒的个体能以合理的方式发泄愤怒情绪，将有助于减少可能的攻击性行为。宣泄的途径可以是参加激烈的、大量消耗体能的运动或向无生命的替代品进行攻击等，然而这种方法并不总是有效。有研究表明，鼓励儿童在玩偶上宣泄怒气很可能增加儿童在与同伴交往中的攻击性行为，因为这种宣泄方式可能会使儿童认为踢打别人也是可接受的宣泄不良情绪的方法。

（三）创造非攻击性的环境

攻击的行为多与周围的环境有关，比如为儿童布置和安排的活动场所和玩具能影响儿童的攻击性行为，通过改变儿童的活动场所及组织方式都可以影响攻击性水平。同伴对不足资源的竞争会增加攻击性，儿童活动场所的大小是衡量活动环境的一个重要指标，场地狭小会使儿童的社会性交往和游戏中的合作行为减少，攻击性行为增多。因此创造非攻击性环境，如提供足够大的游戏空间和足够多的玩具数目，是减少儿童攻击性行为的一种有效方法。

（四）消除强化源

通过找到并消除攻击性行为产生的强化源，鼓励儿童选择其他实现个人目标的方式。例如，一个男孩为了霸占一个玩具而攻击妹妹，那么母亲可以把玩具还给妹妹，从而使男孩意识到这种攻击性行为是没有用的。但如果男孩攻击性行为的动机是因为他感到自己受到忽视，并试图通过攻击妹妹来引起母亲注意，那么上述策略就失效了。在后一种情况下，如果母亲对这件事进行了关注将会强化男孩的攻击性行为。对此可以采取的方法有：

（1）不匹配反应技术：一种非惩罚性的行为矫正方法，成人忽略儿童不受欢迎的行为，同时还强化与此不一致的行为。研究者发现，使用这种策略能够增加儿童的亲社会行为并能相应地减少敌意行为。

（2）隔离技术：也称为暂时隔离或暂停，是指在儿童不良行为出现时，立即将其从具有强化性、令人愉快的情境中移至一个单调、乏味、无趣的地方。让儿童呆在那里，直到定时器响起后方可离开。隔离的时间遵循一岁一分钟的原则。隔离技术是一种惩罚形式，但这并不意味着成人在虐待儿童，那些试图通过不良行为吸引关注的儿童也不会从中受到强化。

阅读栏9-6　应用隔离技术的益处

应用隔离技术有许多益处：由于暂时隔离意味着奖励、强化、关注、好玩的活动的暂停，故可以防止儿童在不良行为之后得到关注或其他奖励；由于暂时隔离是迅速而明确的，儿童很少能够避免这种惩罚，所以能迅速削弱多种不良行为；有助于持久地终止某些不良行为，进而以改进的良好行为取而代之；教育者容易学习和使用；可减少教育者的生气和不安；使教育者成为理性的、不具有攻击性的榜样；在使用该方法时，儿童可能会被激怒，但一般而言，这种愤怒在隔离结束后迅速消失，相应地，人际关系也可迅速恢复正常。总之，使用暂时隔离法可立刻阻止不良行为，从长远来看，则可帮助儿童逐渐学会自我约束。

资料来源：［美］林恩·克拉克（Lynn Clark）：《SOS！救助父母——处理儿童日常行为问题实用指南》，姚梅林、姚枫林译，35～37页，北京，北京师范大学出版社，1997.

复习与思考

1. 按照皮亚杰的观点，个体怎样才能实现从他律道德向自律道德的转变？

2. 柯尔伯格认为道德推理的发展是阶段性的，请分析一下小学儿童处于哪个阶段，并举出各阶段的实例。

3. 纯粹的利他行为存在吗？请举例说明你的观点。

4. 即使是当今的和平社会，战争和恐怖活动也从来没有停止过，你认为这是否能说明攻击性行为是人类的天性？为什么？

5. 在小学阶段，儿童有各种各样的攻击性行为，那么你如何对儿童的攻击性行为进行判定？你如何提出有效的解决策略并对攻击性行为进行干预？

6. 编写一个两难故事，测查不同儿童对你的故事反应，并结合道德发展理论分析不同年龄儿童道德判断的特点。

推荐阅读

1. 陈会昌. 道德发展心理学. 合肥：安徽教育出版社，2004.

2. 李幼穗. 儿童社会性发展及其培养. 上海：华东师范大学出版社，2004.

3. 俞国良，辛自强. 社会性发展心理学. 合肥：安徽教育出版社，2004.

4. 张文新. 儿童社会性发展. 北京：北京师范大学出版社，1999.

5. 桑标. 当代儿童发展心理学. 上海：上海教育出版社，2003.

第十章　小学儿童的心理健康

本章重点
- 小学儿童心理健康标准
- 小学儿童心理健康的影响因素
- 小学儿童常见的心理问题
- 小学儿童常见的心理障碍

小学儿童行为的自觉性和控制力逐渐增强，能逐渐调节自己的行为使之符合社会的行为规范，但小学儿童的情绪活动仍然强于理智活动，他们控制情绪的能力有限。随着社会的发展、现代生活的日益复杂，社会上的各种不良因素最易影响小学儿童，加之学习压力过大、对小学儿童的心理或行为问题尚未得到充分的重视、缺乏有效的心理卫生监护，导致目前小学儿童心理与行为问题增多。如果小学儿童的这些心理与行为问题得不到及时的疏导和排解，不仅影响小学儿童当下的成长发育，也将对今后的发展埋下隐患。作为一名未来的小学教师，极有必要关注小学儿童的心理健康，了解小学儿童常见心理问题、心理障碍的表现及形成原因，为未来教育教学过程中科学地对待小学儿童的各种心理与行为问题、积极维护小学儿童的心理健康打下基础。

第一节　小学儿童心理健康概述

一、小学儿童心理健康标准

1946 年，第三届国际心理卫生大会把心理健康定义为"身体、智能以及在感情上与他人心理健康不相矛盾的范围内，将个人心境发展成最佳状态"，大会还具体指明心理健康的标准："身体、智力、情绪十分调和；适应环境，人际关系中能彼此谦让；有幸福感；在工作和职业中，能充分发挥自己的能力，过有效的生活。"

小学儿童心理健康标准本质上与成年人心理健康标准是一致的，但小学儿童正处于生长发育阶段，鉴于他们特殊的年龄特点，健康标准在程度上与成年人应该有所不同。综合国内外专家和学者的观点，根据小学儿童的心理发展特征以及学校心理健康工作实践，可将小学儿童心理健康的标准归纳为以下几个方面。

1. 智力正常

智力发育正常与否是衡量小学儿童心理健康的重要标准之一。正常的智力是小学儿童学习、生活和成长所必需的最基本的心理条件。如果一个小学儿童的智力明显低于同龄人的水平，则属于智力发育不正常，一般认为智商在70以上（包括130以上的超常儿童）为正常。

2. 乐于学习

一个心理健康的小学儿童通常喜欢上学，觉得学习是一件令人愉快的事，感到轻松；对学习内容往往抱有浓厚的兴趣，乐于克服学习上遇到的困难；学习效率较高。

3. 情绪乐观、稳定

一个心理健康的小学儿童，一般是心境良好，愉快、乐观、开朗、满意等积极情绪状态占主导，但同时又能随事物对象的变化而产生合理的情绪变化。所谓合理的情绪变化是指，当有了喜事时感到愉快，遇到不幸的事时产生悲哀的情绪。此外，还能依场合的不同，适当地控制自己的情绪。

4. 人际关系和谐、融洽

具备健康心理的小学儿童，善于理解、尊重、信任和帮助他人，以真诚、谦让的态度发展和保持和谐的人际关系，乐于与人交往。相反，远离亲友、集体，独来独往，可能意味着开始出现人际关系的失调。与集体总是格格不入，没有友伴，很少与人往来，是人际关系不良的表现。

5. 行为反应适度

人的行为反应是存在差异的，有的反应敏捷，有的反应迟缓。但是，这种差异有一定的限度，超过一定的限度就不正常了。反应敏捷并非反应过敏，反应迟缓不等于无反应。对事物的反应强度应视事物作用大小而定。反应异常敏感或异常迟钝都属不健康的表现。对外界事物毫无反应，这是患了严重的心理疾病；对重大刺激无动于衷，反应微弱也是不正常的现象；而对任何事物都反应强烈，一点儿小事就大惊小怪，心惊肉跳，稍有意外就惶惶不可终日，偶遇挫折就无法忍受等，都是心理反应不良的表现。

6. 心理与行为符合年龄特征

不同的年龄阶段有不同的心理和行为特征。心理健康的小学儿童，应具有与自己年龄特征相符的心理和行为。如果心理和行为经常偏离自己所属的年龄特征，如老气横秋、老态龙钟或天真撒娇，一会儿哭一会儿笑，都是不正常的。

小学儿童心理健康的标准规定着小学儿童心理健康教育的基本内容，因而认真理解和掌握小学儿童心理健康的标准及其内容，具有指导性的意义。

二、小学儿童心理健康的影响因素

影响小学儿童心理健康的因素是多方面的，从整体上看，是由多种生物学因素、心理因素和社会环境因素相互作用的产物。这些因素相互关联、相互影响，有时难以截然分开。为了便于讨论，在此，人为将其分开进行阐述。

（一）生物学因素

1. 遗传因素

一般说来，人的心理活动和行为是不能遗传的，但是，一个人的体形、气质、神经的活动特点、能力与性格的某些成分等都受遗传因素的明显影响。比如，苯丙酮尿症这种常染色体隐性遗传代谢病，就会影响大脑发育，使儿童智力低下。另外，每个个体都会有由某些基因或基因的组合构成的遗传易感素质，统计调查数据及临床观察经验都表明，在精神病患者家庭中确实有患有精神病的遗传易感性，儿童注意缺陷多动障碍、情绪障碍、精神分裂症、抑郁症、狂躁症等也与遗传有一定的相关性。

2. 脑损伤和机能障碍

各种物理、化学、生物有害因素一旦损害了儿童的脑组织，就可能或多或少地阻碍儿童心理发展。比如，由于外部机械力作用造成的脑震荡、脑挫伤、脑裂伤、脑水肿、颅内出血等脑功能损伤，会导致癫痫、痴呆等严重后果；儿童时期患过的如斑疹伤寒、流行性脑炎等中枢神经系统的传染病，会造成脑损伤，从而引起儿童智力迟滞或痴呆；铅中毒损害儿童脑功能，一项儿童铅中毒的流行病学调查指出，我国儿童的铅中毒率高达 23.9％[①]，铅中毒者可能出现急性脑病综合征，患儿精神迟钝、情感淡漠、智力下降，并出现人格改变。总体而言，年龄越小的儿童脑组织越易受伤，产生的问题越严重；然而，年龄越小，脑的代偿能力也越强。

某些重要的内分泌腺体如脑垂体、甲状腺、肾上腺、性腺等的分泌失调，

---

① 张金良，何康敏，王舜钦，伍燕珍：《中国儿童血铅水平及变化趋势研究》，载《环境与健康杂志》，2009，26(5)，393～398 页。

也会引起儿童的一些心理功能的异常，如甲状腺素缺少会导致智力迟钝、记忆减退、语言迟缓、情绪淡薄等心理障碍(如克汀病)，而分泌量过多也会导致神经过敏、情绪激动等症状(如甲亢)。

(二)社会环境因素

1. 家庭因素

家庭是影响小学儿童心理健康的最重要的因素之一，虽然随着年龄的增长，家庭的影响在减弱，但是儿童时期在家庭中所受到的影响却是一生都无法消除的。家庭对小学儿童心理健康影响较大的因素可以归纳为以下几个方面。

(1)家庭结构。家庭结构主要指家庭的人口结构，家庭结构的稳定状况对小学儿童的成长起着重要作用。由父母亲及其孩子组成的核心型家庭对孩子的健康成长最为有利，比如父母亲可为儿童提供两种性别的行为范例，对儿童的性别角色化发展有益。除了父母及其子女外，还包括其他亲属的扩展型家庭对儿童心理健康的影响，取决于家庭中的人际关系或家庭气氛，一些研究发现，较好地保持良好的家族传统、亲子关系和谐、亲密的大家庭对孩子心理健康发展也是有利的。随着离婚率的上升，由父或母及其子女组成的单亲家庭增多，可以说，父母离婚问题是当代儿童面临的最严重、最复杂的精神健康危机问题，生活在父母离婚家庭的儿童将面临着学业、情感及社会的诸多困难与障碍。大量的调查研究发现，单亲家庭的孩子心理健康问题和心理行为障碍的发生率在各类家庭中最高，与核心家庭相比，单亲家庭中的母亲或父亲担负双重责任和工作重担，将消极影响对孩子的照料、教育和孩子的心理健康，单亲家庭的孩子也承受着来自家庭、学校和社会的压力，可能使孩子对现状感到失望、无助、情绪压抑、愤怒、怨恨和敌对，有些孩子自卑感强烈，自尊心易受伤害，回避与同伴的交往，变得孤僻退缩。

(2)教养方式。儿童心理能否得到健康的发展，在很大程度上取决于亲子互动和亲子关系的性质，而后者又体现在父母对其子女的教养方式上。如受父母溺爱和过分保护的儿童长大后，一方面多表现依赖、退缩，过分期望得到别人的注意和赞许，注意力不集中，情绪不稳定，缺乏自制力和主见，抱负水平低，经受不了批评；父母管教过于严厉的儿童长大后多表现诚实、有礼貌、谨慎、负责；另一方面又表现出羞怯、自卑、敏感和对人屈从等特点；如果父母对子女的行为不加约束和管教，则为放任型的教养方式，在这类家庭中成长的孩子多缺乏是非观念、任性；如果父母将子女视为家庭中的独立成员，尊重其意见，适度满足其要求，鼓励其发展，晓之以理，动之以情，则为民主式的教养方式，在这类家庭环境中成长起来的孩子独立性强，对人对事敢于担负责任、自信、能主动解决问题、善于与人合作、受人欢迎和爱戴、社会适应良好。目前，父母对儿童学业、成绩方面的过高期望是影响小学儿童心理问题的比较突出的家庭教养方式层面的因素。

（3）家庭应激事件和经济条件。家庭中发生的一些生活事件可以直接或间接地损害儿童的心理健康，其中最为严重的生活事件莫过于父母死亡，其次是父母离异、分居或长期争吵或冲突。家庭应激事件对儿童心理健康的影响，除了同应激事件的性质有关外，还与两类因素有关：一类是儿童年龄、性别、心理发展水平和气质类型等自身因素；另一类为家庭环境条件和可以利用的社会经济支持等。就家庭经济条件而言，尽管其与儿童心理健康的关系复杂，但一些研究发现，精神发育迟滞、品行障碍、一般行为问题等，贫困家庭的儿童较非贫困家庭多见。

除此之外，目前，因父母双方或一方外出而被留在户籍所在地，不能和父母双方共同生活在一起的"留守儿童"已经成为社会各界关注的焦点。全国妇联的研究报告指出，全国农村留守儿童约 5800 万，其中 14 周岁以下的农村留守儿童约 4000 万人，面临亲情缺失等问题[1]，一些调查研究发现，留守儿童的逃学、厌学、辍学、纪律差、迷恋网吧的现象比一般儿童严重[2]，留守儿童的情感和人格发展也受影响[3]。显然，留守儿童由于亲子之间的长期分离，家庭的自然结构出现事实性残缺，亲子互动频率减少，亲子互动方式单一化，亲情和亲子教育严重缺失，出现了一系列心理和行为问题。

阅读栏 10-1　留守儿童的心理健康问题

湖北省妇联最近的调查报告统计显示，该省留守儿童约占全省 1460 万未成年人的 9.49％，其中七成以上是 15 岁以下的孩子。在调查中，大多数留守儿童表现得不自信，60.2％的孩子觉得自己很一般，56.8％留守儿童在与人交往时表现为"不爱交往"和"从不交往"。另一份来自安徽的调查则指出，被调查的留守儿童中 80％有不同程度的心理健康问题，有的是自闭型，表现为性格内向孤僻、不善与人交流，有的是逆反型，表现为暴躁冲动、情绪不稳定、自律能力差、具有较强的逆反心理等。

资料来源：白雪：《第二种代价》，载《中国青年报》，2012-02-22。

---

①　新华社：《全国农村留守儿童约 5800 万，面临亲情缺失等问题》，http：//www.gov.cn/jrzg/2008-02/27/content_903341.htm，2008-02-27。

②　王玉琼，马新丽，王田舍：《留守儿童问题》，载《中国统计》，2005(1)，59～60 页。

③　范方：《亲子教育缺失与"留守儿童"人格、学绩及行为问题》，载《心理科学》，2005，28(4)，855～858 页。

2. 学校因素

学校和同学对小学儿童心理健康的影响逐渐加大甚至超过家庭的影响，对小学儿童心理健康影响较大的学校因素归纳如下。

(1)教师心理健康状况和教育方式。教师在小学儿童心目中往往占据崇高的位置，具有很强的影响力，正因为如此，教师的心理健康状况与教育方式对学生的影响是十分明显而深远的。据上海市 100 多所小学的 3000 多名小学教师心理健康状况的一项调查发现，心理健康问题的检出率竟高达 48％，教师不健康的心理状况必然导致不适当的教育行为，比如一些教师经常"体罚"或对学生进行心理惩罚，损伤学生的自尊心，是因为自己常常处于暴躁、焦虑压抑的不健康心理状态中，但是，教师的心理健康状况往往被忽视，极有可能导致小学儿童出现师源性心理问题①。

(2)学校教育与校园环境。由于种种原因，学校片面追求升学率，片面追求社会好评，重智育、轻心育，重分数、轻能力，重尖子生、轻后进生的现象依然存在，这种局面加重了小学儿童的学习负担，使他们降低甚至丧失对学习的兴趣与信心，产生焦虑、苦闷、压抑、恐惧等不良心境，这些不良情绪体验长期持续，就会产生不同程度的心理障碍。校园环境，包括自然环境和心理社会环境，对小学儿童健全人格的塑造具有潜移默化的熏陶作用，不可忽视。

(3)同学或同伴的影响。随着年龄的增长，儿童的社会性逐渐发展，其对人际交往的需求也越来越强烈，同伴关系是他们寻求自我成长参照、获得各种新信息和交往技巧的最重要途径。有的班集体，没有形成健康向上的集体舆论，存在不健康的小群体和严重的欺负行为，如果得不到及时发现和解决，很可能使部分学生产生紧张、恐惧等不良情绪，也可能形成蛮横、霸道、胆怯、虚伪等不良性格特征。例如，患有品行障碍的儿童身上常常可以发现同伴的这种影响。

3. 社会文化因素

除了家庭和学校以外，小学儿童的心理健康与否也同所置身的社会和文化大环境密切相关。

(1)社会风气。小学儿童由于受其心理发展水平的限制，往往缺乏适当的独立思考和明辨是非的能力，社会上流行的一些东西——不分好坏——都可能对小学儿童的心理健康产生影响。如有的地方赌博风气盛行，一些家长甚至不顾对孩子的影响，在家中聚众赌博，给孩子树立了不良的行为榜样。

---

① 　高亚兵：《从师源性心理障碍看学校心理健康教育》，载《教育研究》，2003(2)，70～74 页。

（2）媒体与网络。小学儿童攻击性行为等不良行为的习得同某些媒体的示范作用密切相关。沉迷于网络和电子游戏是妨碍小学儿童心理健康发展的新问题，长时间无节制地上网和玩电子游戏，一方面，会损害孩子们的身体健康；另一方面，由于其中包含不少赌博、色情和暴力内容，从而也会伤害孩子们的心理健康，甚至造成心理障碍。

（3）文化因素。中国文化背景下，存在一种较为明显的重身体、轻心理的倾向，在这种文化氛围中，父母倾向于过分重视和保护子女的身体而抹杀他们的意志，一些原本为心理或情绪问题，却以身体症状的形式表现出来。跨文化研究发现，中国儿童守纪律、安静，服从父母和教师的吩咐，而美国儿童好吵闹、攻击、不顺从。这种差异同两种文化下的家庭与学校教育方式密切相关，中国儿童的教育方式反映了以社会为中心的东方文化，而美国儿童的教育方式反映了以个人为中心的美国文化[1]。在中国，父母望子成龙观念强烈，常常将自己未能实现的愿望寄托在孩子身上，而不管孩子的能力如何，因此，我国小学儿童往往承受很大的心理压力。

（三）心理因素

一个人能否保持心理健康，同他内在的心理特征密切相关。从心理健康和生活适应的角度看，一个人内在的心理特征（包括早期经验、行为习惯和个性特征等）决定了儿童在遭遇生活事件时应激反应的模式，以及容易发生何种心理行为障碍。比如，具有依赖性强、自我中心、敏感、易紧张不安、耐受力差等性格特征的儿童易在某些环境因素的作用下诱发适应障碍。

第二节　小学儿童常见的心理问题

小学儿童的心理问题主要指小学儿童在心理发展过程中出现的心理冲突、困惑、烦恼以及不适应学习、生活和社会的现象。这是每个儿童都可能经历的轻微心理失调，通过自己的努力或同伴、成人的帮助可以进行调整的一种心理不健康状态。结合小学儿童的实际情况，小学儿童常见的心理问题主要包括入学适应问题、学习方面的问题、人际关系问题和行为问题等方面。小学教师应该了解小学儿童常见心理问题的表现，并积极开展心理辅导。

---

[1]　梁宝勇：《发展心理病理学》，108 页，合肥，安徽教育出版社，2004。

一、入学适应不良及辅导

儿童从幼儿园进入小学，他们的生活方式发生了很大的变化：他们必须按时到校，遵守严格的学习时间和各种组织纪律，上课要专心听讲，不能随意说话和走动；教师、家长会对他们提出学习上的要求，有家庭作业的负担、考试成绩的压力；对小学一年级的新生来说，从校园的自然环境到教师、同学这样一种人际关系环境都是陌生的……这一切都构成了小学儿童心理适应的严峻挑战。对于部分学生以及在幼儿园受过入学准备教育的儿童，他们能很快适应新的学习生活环境，但部分儿童则会出现适应不良现象。这种适应不良问题主要表现为：出现焦虑不安、抑郁、害怕、孤独等不良情绪；注意力不够集中，对学习失去兴趣；不能约束自己，总是违反纪律等。

通常个性内向、胆小、谨小慎微、急躁和情绪不稳定的学生容易出现入学适应不良，严重者可能对儿童今后的发展造成不良影响，但一般情况下初入学儿童在成人的正确引导和帮助下，都可以迅速适应学校学习生活。因此，教师要了解新入学小学儿童的困难，帮助他们顺利度过入学适应阶段，可以从以下三方面入手。

第一，分析了解小学儿童入学适应不良的具体原因，采取针对性的辅导策略。比如，没有上过幼儿园的小学儿童在知识和能力方面准备不足，可能存在学习上的适应不良，教师则要补上基础知识，帮助学生养成良好的学习习惯；也有可能是儿童不能顺利完成幼儿园到小学的角色转换，人际沟通困难，教师和家长则要增加他们的同伴交往机会，培养社会技能。

第二，给予孩子母亲般的温暖。入学前后不同生活环境的差异，有些适应能力不强的孩子心里会感到惶恐，这时，教师一个亲昵的动作，一个鼓励的眼神，会让他消除畏惧感，变得胆大起来。

第三，强化学校和家庭的联系与合作，及时消除因入学适应不良而带来的消极影响。

二、学习方面的问题及辅导

学习是小学儿童的主导活动，也是教师、同学、家长评价学生的重要标准。因此，学习成绩的好坏对学生的心理健康有重要影响，小学儿童有关学习方面的问题主要包括学习疲劳、厌学等。

1. 学习疲劳

生理心理学研究表明，学习是一项艰苦的脑力劳动。如果学习负担过重，学习持续时间过长，很容易造成学习疲劳，儿童年龄越小，也越容易产生学习疲劳。如果学生长期处于这种疲劳状态，会出现视力下降、食欲缺乏、面色苍白、大脑供血不足、瞌睡、失眠、头热、脚冷等生理症状，也可能产生抑郁、烦躁、信心不足、记忆力减退、注意力难以集中、思维迟缓等心理反应。我国部分小学儿童学业负担过重，睡眠时间短，很少有时间参加体育锻炼，更容易产生学习疲劳现象。

为了预防这种现象的发生，教师要做到以下三点。

第一，科学安排各科课程。上午前三节安排课程难度较大的课程，如数学、语文、外语；上午第四节安排比较轻松的音乐、美术课程；下午安排体育课程或体育活动课，如结合《学生体质健康标准》的"阳光体育运动"[①]。

第二，确保小学儿童的休息和睡眠时间。研究表明，6～12岁儿童每天应睡10～12个小时。作为小学教师，尤其要杜绝过分强调学习成绩，利用学生休息娱乐时间和学生体育活动时间给学生补课的现象，相反，可以让小学儿童在适当时间睡上一觉，比如，午睡10～20分钟，可以预防下午频繁出现的疲劳。

第三，激发小学儿童的学习兴趣，让其愉快学习。带着忧虑、烦恼、愁容满面地去学习，再简单的学习内容也会迅速使人疲倦，如果能将学习当成一件儿童喜欢做的事情，带着一份愉快的心情去面对学习，即使学习内容很多，难度很大，也不会很快就感到疲劳。因此，教师的教学要能激发学生的学习兴趣，对低年级小学儿童多采用生动、直观的教具，采用活动、体验式教学组织形式，并根据小学儿童注意发展特点组织教学，如小学儿童持续注意时间只有15分钟左右，在一堂课中有意识的穿插活动环节，既可集中学生的注意力，又可缓解学生的疲劳。

2. 厌学

厌学是指学生因为自身、家庭、学校等各方面的原因感到读书无味，以种种借口和行为表现逃避学习甚至"逃离"学校。厌学主要表现为对学习缺乏兴趣，在学习时思维慢、注意力不集中、大脑处于消极状态，学习比较吃力，长期跟不上进度，学习成绩差但自己又不是非常在乎，缺乏赶上去的勇气和毅力。这些学生或者在课堂上东张西望，魂不守舍；或者在下面偷偷看动画书或玩玩具；要么就在课堂上打瞌睡；或者干脆逃学、旷课，到处游玩。

据调查，厌学的小学儿童占总数的5%～10%，长期厌学会影响智力、能

---

① 教育部，国家体育总局，共青团中央：《关于开展全国亿万学生阳光体育运动的通知》，载《云南教育》，2007(5)，17页。

力的发展，给小学儿童个性品质发展带来消极影响，教师需要加强心理辅导帮助厌学儿童获得学习热情，可以从以下几个方面入手。

第一，尊重、关爱厌学儿童。对他们抱有合理的期待，努力挖掘他们的潜能、发现他们的闪光点，及时地加以表扬和鼓励，使其逐渐树立学习信心。

第二，在教学中，讲究方法。学会用"分层教学法"，使不同层次的儿童都学有所获，体验到学习成功的乐趣。

第三，激发厌学儿童的学习动机，培养他们的学习兴趣。教师应努力激发他们的好奇心，使幼稚的好奇心发展为强烈的求知欲，让厌学儿童积极热情地去学习，比如采用阅读疗法，选择趣味读物激发学生对学习的内在需要；教师可以创设生动有趣的学习环境，变枯燥无味的学习为生动活泼、灵活多样的学习，通过情感激励法、自我发现法、讨论辨析法、实践操作法等培养厌学儿童的学习兴趣。

第四，培养厌学儿童良好的学习习惯。有些厌学儿童学习成绩不好是因为他们没有养成良好的学习习惯。例如，上课不专心听讲、不主动发言；放学后不能独立完成作业等。小学阶段是儿童形成良好学习习惯的最佳时期，帮助厌学儿童养成上课认真听讲、积极发言、勤于思考的习惯和认真做作业的习惯，从而帮助其建立起稳定有效的学习模式，提高学习成绩和学习信心。当然，良好学习习惯的养成不是一蹴而就的，需要教师以及家长的耐心与坚持。

三、人际关系失调及辅导

小学儿童的交往对象主要是父母、教师和同学。他们经常生活在三类群体之中：一类是校内同伴群体；一类是校内师生群体；一类是家庭群体。小学儿童的人际关系失调主要体现在校内同伴群体的交往上，缺乏正常的同伴交往，会影响了儿童正常的人际交往与心理需求，其对小学儿童的心理健康是有害的。

人际关系失调的儿童，通常在行为方面让人感到不自然、不舒服。遇到问题时，他们较多以自我为中心，常常用攻击的方法去解决；或者是遇事行为退缩，独来独往，不合群。由于缺乏良好的社会技能，具有不善于控制自己情绪等不良人格特征，往往会受到同伴的排斥或忽略。小学儿童的人际关系失调可能与父母、长辈的溺爱或过分保护，同伴交往剥夺，集体活动过少，过分强调知识学习而忽视人格发展等原因有关。

针对人际关系失调的小学儿童，可能主要是训练他们的社会技能，作为小学教师，需要做好以下几方面的工作。

第一，了解学生同伴关系的现状，公正及时处理同伴冲突。

第二，建立班级活动规则，营造积极向上的班级氛围，重视和利用非正式团体，促进良好的同伴关系。

第三，组织学生主动参与交往活动，克服害羞、自我中心、自闭等不良心理倾向，在交往活动中培养学生友好、外向、热情、乐于助人、合作等良好的个性特征。

第四，充分利用课堂教学，促进同伴之间的互动，结合角色扮演、榜样示范、人际敏感训练等团体辅导活动提高学生的社会技能。

四、行为问题及辅导

小学儿童的行为问题是教师和家长最为关心的问题，也是小学教育和家庭教育最为棘手的问题之一。小学儿童的不良行为不仅影响儿童个体的学习和人格发展，而且给周围环境带来不好的影响，严重的甚至会给社会造成危害。成功有效的辅导，不仅需要爱心和耐心，还要了解小学儿童行为问题形成和发展的一般规律。

1. 说谎

说谎，即言语性欺骗，一般被认为是个体通过言语表述对自己或别人的信念系统进行欺骗的行为[①]。通俗地说，说谎就是说不真实的话。当前，发展心理学认为说谎的概念需具备三个因素：①它确实是假话；②说的人明确知道它不是真的；③说的人希望听的人能够认为它是真的。只有在这三个要素都成立的情况下，我们才能认为某人已说谎。从说谎的种类上来看，包括为了逃避惩罚而说的谎话，称之为"黑谎"（Black Lie）；另一类是为了不伤害他人情感而说的谎言，即"白谎"（White Lie），具有亲社会性，通常我们把说谎作为一种行为问题讨论时，主要是指"黑谎"。

小学儿童说谎的原因主要有以下几个方面：①压力过大。家长或教师对儿童给予太高的期望。在儿童无法解决所遇困难时，为了继续得到信任，只好用说谎来掩饰事实，久而久之养成说谎的习惯。②模仿他人。成年人在小学儿童面前说谎，使他们受到暗示，或者是在游戏时，小学儿童发现大龄孩子们用欺骗手段赢过自己，觉得很棒，时间久了也学会了说谎。③逃避责任。当小学儿童在游戏或玩耍时犯错，他用说谎回答教师或家长的责问从而逃避教师的批

---

① 吴定诚，马凤玲，徐芬：《说谎认知的发展性研究》，载《心理科学》，2009，32（5），1174～1176 页。

评、家长的打骂或自己应负的责任，渐渐形成说谎习惯。④恐惧心理。教师或家长对小学儿童过于严厉，责怪太多，小学儿童因为畏惧而说谎。⑤取悦心理。一些小学儿童为了获得父母和教师的欢心，得到某种利益上的满足而说谎。⑥虚荣心理。有些小学儿童为了不被同伴轻视或忽视，自吹自擂，以引起别人的注意和羡慕。⑦逆反心理。儿童故意编造事实或讲假话，与权威作对。⑧逢场作戏。儿童说谎没有明确的目的，只是为了愚弄他人或搞恶作剧，借此显示自己的"小聪明"。⑨恶意报复。对敌对的伙伴有意说谎造谣，或挑起事端，破坏对方的名声，满足自己的敌对和报复心理。

教师可以从以下几个方面着手纠正小学儿童的说谎行为：①采用角色扮演、认知辨析等方法。通过符合小学儿童年龄特点的认知辨析，让其认识到说谎给自己带来的"好处"是损人不利己的，可以通过角色扮演等方法让儿童体会别人对自己说谎后的感受，也可以让其体验由于一时说谎而必须自圆其说所要付出的努力和所承受的压力。②确定诚实的灵活标准。教师可以通过小学儿童喜欢的童话、故事、游戏等使孩子认识诚实是人的一种良好的道德品质，诚实能使人赢得更多的朋友；和学生探讨什么场合下是允许用说谎来保护自己不受伤害的，什么是善意的谎言，开玩笑和游戏中的说谎。③理智对待儿童的说谎行为。了解说谎的原因，然后采取相应措施，比如，如果是由于不能满足家长期许而说谎就要适当降低任务目标。④不要强迫儿童承认错误，相反要给儿童一个替自己辩解的机会，而且还要认真倾听，不要应付似的敷衍他们。⑤强化小学儿童的诚实行为，及时纠正小学儿童的说谎行为。当教师发现儿童的诚实行为时要给予鼓励和表扬，尤其是当小学儿童主动承认错误时，一定要先表扬他诚实的做法，然后再批评他错误的行为。当发现小学儿童说谎时，一定要严厉批评，使其认识到说谎是不能原谅的，尤其不能让儿童通过说谎得到好处。⑥提供良好的环境，做优秀的榜样。教师要给儿童树立良好的榜样，要信守诺言，答应孩子的事情要予以兑现，要言行一致，做孩子的表率。⑦教师要给孩子必要的关爱。教师应该公平的对待每个学生，每个学生都能得到教师的关爱。孩子的心理需要得到满足，才不会出现这样或那样的行为，更不会因为得到教师的关爱而说一大堆谎言欺骗教师、同伴。

2. 偷窃

在小学阶段，偷窃原因比较复杂，其表现形式也各不相同。小学低年级儿童通常是出于对物品的需要，他们往往自己并不清楚这是一种偷窃行为，而是单纯地想要得到自己想要的东西，此外，还有出于报复或其他原因的偷窃行为。小学高年级儿童的偷窃行为主要有以下原因：①零花钱不够或者家庭不支持自己取得某类物品；②为了改善人际关系，偷窃财物与朋友共享；③没有零花钱却又爱虚荣；④受坏人唆使。

教师可从以下几个方面着手矫正小学儿童偷盗行为：①深入了解情况，找出偷窃在认知方面的原因，分析错误，找到根治的办法；②一般说来，小学儿童的偷窃行为可以采用行为疗法加以矫正，首先进行行为分析，然后根据行为分析制订行为治疗的具体计划，最后根据预定计划实施干预以及对效果的观察、记录和评估；③与家长配合，满足受导学生正当的物质需求，改进教养方式，引导儿童正确使用零花钱；④关心受导学生的社交活动，观察其同伴的品行，避免其与坏人来往，并帮助其与同伴建立健康的人际关系。

3. 沉迷电子游戏和网络

部分自制力薄弱的小学儿童一旦迷恋上玩电子游戏和上网，便难以自拔。沉迷于电子游戏不仅使小学儿童无心学习，成绩下降，还危害身体健康。整天沉迷在虚拟世界里的儿童大大减少了与现实世界的人和物接触的机会，容易变得孤僻、冷漠，不会沟通。小学儿童沉迷网络的原因是多方面的：首先，学习压力过重，家长期望过高，让小学儿童心理不堪重负，而通过玩电子游戏来宣泄压抑情绪，获得成功体验，找回自信；其次，电子游戏中的虚拟世界可以逃避现实中许多人际交往上的不愉快；最后，许多富有挑战性、赌博性，甚至有些不健康的黄色内容的电子游戏，对刚进入"心理断乳"期的高年级小学儿童是极富诱惑力的。

消除或降低小学儿童对电子游戏和网络的痴迷，关键在于提高小学儿童的"免疫力"，教师可以从以下方面加以引导：①指导家长多与孩子接触、交流，与孩子交朋友、创造和谐民主的家庭气氛；②学校、家庭和社会为小学儿童提供丰富有趣的娱乐活动；③鼓励小学儿童参与集体活动；④已经沉迷于电子游戏和网络的儿童，教师可以建议家长寻求专门机构的帮助，及早进行行为矫正。

除了以上三种主要的行为问题以外，小学儿童的欺负行为也比较普遍，国外研究表明，经常受欺负的儿童其身心健康受到很大伤害，导致儿童情绪抑郁，注意力分散、感到孤独、逃学、学习成绩下降和失眠，严重的甚至会导致自杀。而对欺负别人的同学来讲，如果欺负别人的行为得不到有效的控制和矫正，则其社会性、个性的发展都将受到阻碍，可能造成以后的暴力犯罪或行为失调，因此，教师不容忽视。

第三节 小学儿童常见的心理障碍

长期以来，人们存在一种错误观念，认为不存在那种形式上与成年人心理障碍对应的儿童心理障碍，因此常被忽视而得不到治疗，而研究表明，因发展性和认知性心理障碍而就诊的高峰期是学龄早期，即进入小学的头几年内，这可能同孩子需要应对"角色"转换所带来的变化有关[①]，具体而言，小学儿童常见的心理障碍主要有学习障碍、情绪障碍和注意缺陷－多动障碍等。

一、学习障碍及矫治

学习障碍（Learning Disabilities，LD），最早是由美国特殊教育专家柯克（S. Krik）于 1963 年提出的。美国"国家学习障碍联合委员会"于 1990 年对学习障碍所下的定义是[②]：学习障碍是一个综合性的概念，指在获得和运用听、说、读、写、推理、数学运算能力方面表现出重大困难的一组异质的障碍，一般认为这些障碍是由中枢神经系统功能失调所致，对个体来说是固有的，并可能持续终生。虽然有些学习障碍者伴有自我调控行为、社会认知以及社会交往方面的问题，也可能伴有其他障碍（如，感觉障碍、智力落后、严重情绪困扰）或外部影响因素（如，文化差异、教学不足或不适当的教学），但它并非直接由这些障碍或因素造成。到目前为止，我国学术界对学习障碍并没有统一的界定，只存在"学业不良""学习困难""学习无能"等诸多提法，其中以"学习困难"的出现频率最高，且几个概念长期混用。

（一）学习障碍的主要类型及症状表现

学习障碍最常见的形式是阅读障碍、书写和数学障碍，后两者在很大程度上与阅读障碍有重叠；学业成绩差是学习障碍儿童的共同症状。

1. 阅读障碍

通常有视觉—空间障碍，不能在某些背景上识别字或图形，不能鉴别一个字是否反转或倒转，难以区别类似的字，如"上、下"，"6、9"，不能正确区别笔画的长短及多少，如"甲、由"，"斤、斥"，"乓、乒"，"大、太"。儿童定向能力差，分不清左右，有时对词的词序理解发生困难，如不能区分"我打他"和

---

① 梁宝勇：《发展心理病理学》，91 页，合肥，安徽教育出版社．2004。

② 邓猛：《从美国学习障碍定义演变的角度探索其理论分析框架》，载《中国特殊教育》，2004（4），58～63 页。

"他打我"。阅读发展迟缓，出现字词混淆，字词倒错等。

2.书写障碍

①书写笨拙、幼稚。可单独出现而不伴随其他学习障碍，这类儿童常伴有手的精细功能障碍，故手的操作能力差。②能听但写不出。可正确抄写，但当口述后令其写出则不能，往往乱划一通，对学过的字母能正确发音，但写不出，这是视觉记忆缺陷所致，本症可伴阅读困难、口语障碍等。③不能造句、写文章。仅能写出若干枯燥的句子，这主要是构思组织和句法应用障碍所致。

3.数学障碍

①数字运算功能障碍。不理解数字、符号的意义；不理解数字排列的意义；能做加法和乘法但不会减法和除法；无法心算、需要手指或实物操作才能计算；画图表及看图表的功能缺陷。②数字原则应用障碍。对一些基本数学原则如一对一原则、数量守恒原则、数一符一致原则等运用困难。③符号和视听协调困难。

（二）学习障碍的诊断标准

综合《疾病和有关健康问题的国际统计分类（第十版）》(ICD -10)及《美国精神障碍诊断与统计手册（第四版）》(DSM-Ⅳ)，其诊断要点如下：

①智商大于70。

②没有学习机会剥夺。

③一个或多个方面学业成绩与智力水平之间有明显差异。

④学业水平落后一学年以上。

⑤必须排除器质性或精神疾病的影响。

⑥必须多学科综合诊断。

具有①②⑤⑥项，并具有③④中之一者，诊断成立。学习障碍诊断后，再确定其性质（如阅读问题、书写障碍、算术障碍和推理障碍等），并判断哪方面功能有缺陷（如视觉一空间障碍、听觉功能障碍、分析能力低下等），以便指导治疗。

（三）学习障碍的治疗

对于学习障碍的治疗，需采取综合措施，包括心理治疗、学习能力训练等，对伴随的其他问题如注意缺陷一多动障碍、抽动障碍者可考虑配合药物治疗等。

1.心理治疗

家庭疗法可以提高学习障碍儿童的自尊心、自制力和挫折耐受力，进而促进其掌握学习技能。学习障碍儿童表现出某方面的心理困扰，如焦虑、抑郁和自我意象低下等，这可能是由于其在家庭和学校学习困难等负面经验积累的结果，通过心理和行为治疗可减轻这类儿童的不良情绪，帮助其建立信心，包括作业疗法、环境调整和感觉统合训练。

感觉统合理论认为，学习障碍儿童存在感觉统合失调的问题，感觉输入的控制是学习活动的主要环节，学习障碍可能是由于感觉统合失调所致，因此，感觉统合训练通过听觉、视觉、基本感觉输入训练以及一些辅助器具的运用，培养儿童统合视觉、听觉、触觉、本体感觉和前庭感觉的能力，促进脑神经生理发展，改善儿童的学习成绩、运动协调和语言能力。

2. 学习能力训练

由训练有素的教师针对儿童的特殊需要，制定出符合学习障碍学生学习能力的训练计划，以弥补其某一特殊的学习技能缺陷，学习能力训练包括知觉、语言、算术、阅读、运动和动作技巧等。该方法的优点是因人而异、非常灵活。例如，针对有阅读障碍的儿童可运用配有口头解说的视频材料，或使他们从朗读中获得鼓励；针对书写障碍的儿童，允许他们打印作业，口头回答试卷问题，或以录音带代替书面作业。

3. 药物治疗

服用诸如脑复康、γ-氨络酸等增进脑功能的药物有一定的疗效，对于伴有多动和注意力集中困难的患儿可给予利他林和匹莫林等药物。

总之，对于学习障碍学生，教师应做到包容与接纳其特殊性，协助其克服其困难或在学习进度、学习方法、学习材料等方面提供变通方式，如做作业、回答问题、收拾东西或抄写黑板时要给学习障碍学生较充裕的时间，减少作业量，或改变作业方式；同时，也要发现其优缺点，给予成功学习的机会，多赞美这类学生的优点，以建立学生的信心；如条件允许，可有针对性地对他们进行上述学习能力训练。

二、情绪障碍及矫治

儿童在成长过程中，都体验过恐惧、焦虑或羞怯情绪，这些一般是正常的，但如果儿童体验的情绪是过度的、与现实不相符合，痛苦程度很深，已经严重影响到儿童的正常学习和生活，则属于情绪障碍。在此，主要介绍小学儿童中常见的焦虑障碍、心境障碍。

(一) 焦虑障碍

焦虑障碍是一种以发作性或持续性情绪焦虑和紧张为主要特征的神经症，它指向未来，意味着某种威胁或危险即将到来或马上就要发生，但实际上并没有任何威胁和危险，或者用合理的标准来衡量，诱发焦虑的事件与焦虑的严重程度不相称。根据个体的反应和回避行为的不同，DSM-Ⅳ将焦虑障碍划分为九类，小学儿童常见的焦虑障碍为分离性焦虑障碍、恐惧症以及不容易归入《精神障碍诊断与统计手册》的考试焦虑症。

1. 分离性焦虑障碍

分离性焦虑障碍又称儿童离别焦虑症，指在离家或与所依恋的人分离时，表现出与年龄不适合的、过度的和影响行为能力的焦虑，具有以下三种或三种以上的症状（DSM-Ⅳ）。

①离开家或与主要的依恋对象分离时，或在分离即将发生时，出现过度的痛苦和忧伤。

②持续而过度地担忧主要的依恋对象可能消失或受到伤害。

③持续而过度地担忧因突发事件而与主要的依恋对象分离（如迷路或被绑架）。

④由于对分离恐惧，而持续不愿或拒绝上学或出门。

⑤持续而过度地担忧独自一人、主要的依恋对象不在家或没有大人陪伴的情形。

⑥对不在主要的依恋对象或在家以外的地方睡觉，感到持续而过度的担忧。

⑦不断做有关分离主题的噩梦。

⑧在与主要的依恋对象分离或即将分离时，出现头痛、胃痛、恶心或呕吐等躯体不适。

分离性焦虑障碍是儿童期最常见的焦虑障碍，患病率约有10%，女孩的患病率高于男孩，是患病年龄最小（7～8岁），开始治疗年龄最小（10～11岁）的一种儿童焦虑障碍，不愿上学或拒绝上学在患分离性焦虑障碍的儿童中十分普遍，对于许多儿童，学校恐惧实际上是对与父母分离的分离性焦虑。

2. 儿童恐惧症

恐惧情绪是小学儿童最常见的心理现象之一，正常儿童可能对黑暗、动物、雷电等感到恐惧，但如果他们出现与年龄不适合的、持续的、非理性的或夸大的恐惧，引起对事物或事件的回避，并影响日常生活，则被称为恐惧症。

根据儿童恐惧的对象可把恐惧症分为三大类：一是对身体损伤的恐惧，分为对抽象对象（如特殊的食物、死亡、地狱、鬼怪等）的恐惧和对具体对象（陌生人、出血、生病）的恐惧；二是对自然事件的恐惧，如黑暗、地震、洪水等；三是社交恐惧，指儿童对新环境或陌生人产生恐惧焦虑情绪和回避行为。不同年龄儿童恐惧的内容有所差别，如特殊境遇的恐惧多发生在10岁以内，男女无差别；如对特殊动物的恐惧无年龄限制，且几乎均为女孩。

儿童恐惧症临床表现为强烈地全神贯注于或沉湎于对可怕刺激或情景的恐惧中，常见的对动物、死亡、昆虫、黑暗、尖锐的声音、陌生环境等产生过分的、持续的情感反应。这种恐惧剧烈而不合常规，可影响儿童的适应行为，并伴有呼吸急促、胸闷、心慌、出汗等自主神经系统症状或出现哭闹、不语、退缩等回避行为。

3. 考试焦虑症

考试焦虑症是指在考试过程中体验到强烈的躯体、认知和行为方面的焦虑症状，通常影响考试表现的一种心理障碍。一般表现在如下三个方面的焦虑症状：①心理层面，如紧张、担心、恐惧、忧虑、注意力差、记忆力减退、学习效率下降、情绪抑郁、悲伤欲哭、缺乏自信、过度夸大失败后果等；②行为层面，如坐立不安、怕光怕声、考试时思维混乱、手抖出汗、视力模糊、常草草作答、匆匆离开考场以求心情的片刻安宁；③躯体层面，如失眠、多梦、心悸、怔忡、头晕、头痛、哈欠频作、胸闷气短、食欲减退、肠胃不适、小便频数等。

考试焦虑症产生的原因很多，从客观上讲，当前的学校教育制度、考试制度不尽合理、家长或教师对学生成绩不切实际的过高要求和期望等是造成学生心理压力过重的一些客观因素。学生平时学习不认真、考前准备不充分、睡眠不足、缺乏相应的应试技能、心理素质差、性格缺陷（如胆小、害羞、多疑、内向、易激动、自尊心强而自控能力又较差）等是导致考试焦虑的一些主观因素。

4. 焦虑障碍的治疗

（1）心理治疗。常用的心理治疗包括支持性心理治疗、行为矫正治疗和家庭治疗。支持性心理治疗在儿童焦虑障碍中应用较为广泛，治疗时要通过观察，与焦虑障碍儿童建立起信任的关系，对其表现出的焦虑症状给予充分的理解和同情，在此基础上，通过劝导、鼓励、保证，减轻其焦虑与不安；行为矫正治疗以学习理论解释焦虑障碍儿童的行为并通过行为技术矫正不良行为，建立正常行为，分离性焦虑障碍、儿童恐惧症和考试焦虑症的治疗多采用系统脱敏、满贯等行为疗法；家庭治疗是将焦虑障碍儿童和其家庭成员都作为治疗的对象，把儿童的情绪和行为问题看成是家庭成员的不良互动造成的，家庭治疗可矫正家庭成员或他们之间存在的问题，最终使焦虑障碍儿童的问题得到解决。

（2）药物治疗。在经过环境调整、心理治疗无显著改善的儿童，宜使用比较系统的如抗焦虑药等药物治疗以尽快控制症状，恢复社会功能，避免继发其他行为问题或导致人格改变。

阅读栏 10-2　系统脱敏疗法

系统脱敏疗法（systematic desensitization）是由南非精神病学家沃尔普于1958 年首创并发展起来的一种方法，又称交互抑制法。这种疗法要求来访者以小步子循序渐进地与导致焦虑、恐惧的对象接触，同时从事与焦虑或恐惧相对抗的活动（通常是放松），从而达到消除焦虑或恐惧的目的。应包括三个步骤：①建立恐怖或焦虑的等级层次，这是进行系统脱敏疗法的依据和主攻方向；②进行放松训练；③要求求治者在放松的情况下，按某一恐怖或焦虑的等级层次进行脱敏治疗。

（二）抑郁症

抑郁症是一种常见的心境障碍，目前，儿童抑郁症的存在也已得到普遍认同，有研究表明，接近 5％的儿童体验过明显的抑郁，有 2％～8％的 4～18 岁的儿童青少年患有重度抑郁[①]。儿童抑郁症主要表现为如下症状：①心境，如情绪低落、兴趣降低、悲观、思维迟缓、自责自罪、易激惹等；②躯体症状，如疲乏无力、头昏头痛、心悸、胸闷、食欲低下、睡眠障碍等；③行为，可有多动、攻击等其他行为障碍，甚至出现自残、自杀念头和行为。

1. 儿童抑郁症的产生原因

儿童抑郁症是生物学因素和心理社会因素共同影响下产生的，生物学因素包括基因，肾上腺皮质激素增高、生长激素分泌明显减少等神经内分泌因素，以及 5-羟色胺，多巴胺，γ-氨络酸等神经递质的变化。被广泛关注的心理社会因素包括重大生活事件或精神创伤、家庭因素、认知因素、行为学习因素以及气质和性格因素等。

2. 儿童抑郁症的治疗

儿童抑郁症的治疗需采用综合治疗措施，治疗方法包括药物治疗和心理治疗，需由专业人员进行治疗。

（1）药物治疗。常用药物有两大类，一类是三环抗抑郁药，如丙咪嗪、阿米替林、多虑平和氯丙咪嗪等；另一类为 5-羟色胺再摄取抑制剂。由于药物的副作用，在应用抗抑郁药物时应格外慎重。

---

①　［美］埃里克·J. 马施，大卫·A. 沃尔夫：《儿童异常心理学》，孟宪章，等译，298～303 页，广州，暨南大学出版社，2004。

（2）心理治疗。主要包括认知行为治疗和家庭治疗。认知行为治疗主要依据认知理论和行为心理学理论进行个别心理治疗，认知疗法着重干预抑郁症儿童的无助感，认知行为治疗以社会技能训练和增强其身体活动量为重点，常采用自信训练、问题解决技巧训练等认知行为治疗技术；家庭治疗不仅要注意改变家庭成员的不良行为和认知歪曲，而且要调整家庭的情绪管理方式。

三、注意缺陷—多动障碍及矫治

儿童注意缺陷—多动障碍（Attention Deficit Hyperactivity Disorder，ADHD），简称儿童多动症，是小学儿童中最常见的一种发展性心理障碍。发病高峰年龄在 8～10 岁，发病率为 3％～10％，且大多为男孩。

（一）儿童注意缺陷—多动障碍的诊断标准①

1. 症状标准

该症状分为注意力缺陷和多动—冲动症状两类，诊断时必须符合（1）或（2）。

（1）注意力缺陷症状，必须有 6 种（或 6 种以上）症状在过去 6 个月内持续出现，而且其程度与孩子年龄该有的发展不成比例且不合常理。

①常常无法专注于细节，或在做学校功课、家庭作业及进行其他活动时，常因为粗心大意而犯错。

②常常无法长时间专注于所做的事情或游戏上。

③别人对他说话时，似乎常常不专心听。

④常常不完全按他人的指示行事，并且不把自己的学校功课、其他事情或工作义务完整做完（不是因为叛逆行为或理解力不足的缘故）。

⑤常常无法有系统地做事情和活动。

⑥常常逃避、厌恶，或心不甘情不愿地执行需要持续花费心神的任务（如在课堂上或做家庭作业时）。

⑦常常遗忘做事情或活动所需的工具（例如玩具、作业本、书或文具用品）。

⑧常常因为外在事物而分心。

⑨日常生活中老是忘东忘西。

（2）多动—冲动症状，必须有 6 种（或 6 种以上）症状在过去 6 个月内持续

---

① American Psychiatric Association. *Diagnostic and Statistical Manual of Mental Disorders*，Fourth Edition (DSM-IV). Washington D. C.．American Psychiatric Association，1994，pp. 129－130.

出现，而且其程度与孩子年龄该有的发展不成比例且不合常理，前六项为多动症状，后三项为冲动症状。

①手脚总是动个不停，或在椅子上滑来滑去。

②在班上或其他必须乖乖坐在座位上的场合，时常站起来。

③常常跑来跑去，或在不适当场合过度爬上爬下（青少年或成年人如有这种行为，很可能只造成主观的多动印象）。

④常常无法安静地玩或从事休闲活动。

⑤常常处于忙碌状态，或经常像是被驱赶着去做事。

⑥常常过于多话。

⑦常常在别人尚未问完问题时，答案已脱口而出。

⑧无法耐心等候排队。

⑨常常打断或干扰别人（例如突然插入别人的谈话或游戏）。

2. 病程标准

在 7 岁之前，便已出现某些造成不良后果的多动/冲动或注意力缺陷症状。

3. 严重标准

这些症状造成的障碍在两个或两个以上的领域出现（例如在学校、工作场所或家庭），必须在社会和（或）学校行为或活动方面具有明显医学意义的障碍现象。

4. 排除标准

症状不全是在深度发展障碍、精神分裂症或其他精神障碍的发病过程中才出现，并且也无法用其他障碍或更贴切地加以描述（例如情绪障碍、焦虑障碍、分离障碍或人格障碍）。

（二）ADHD 儿童与几类儿童的区分

1. ADHD 儿童与正常顽皮儿童的区分

就多动症状而言，ADHD 儿童与正常顽皮儿童之间并没有质的不同，只是量及频度的差异，所以在诊断上容易混淆。一般可根据以下几点做初步的区分：①ADHD 儿童的活动常无目的性，活动多有始无终，不停地变换动作的花样；而正常顽皮儿童的多动常出于某种动机，欲达到某种目的，如老师提问时为了表现自己，不举手就抢先回答等。②ADHD 儿童的行为常不分场合，不顾后果，无法自制；而正常顽皮儿童，受时间、地点的某种限制会有所约束，如当有外校老师来听课时，ADHD 儿童照样不能自控，不遵守课堂纪律，而正常顽皮儿童则尚能约束自己，安静听课。③ADHD 儿童对老师、家长的劝导常是"当面接受，过后重犯"，而正常顽皮儿童在启发教育后会有所改进，且要隔相当长一段时间才会重犯。此外，ADHD 儿童还有冲动任性、情绪激动、行为异常、学习困难等症状。

2. ADHD 儿童与天才儿童的区分

在公众的印象中，很多天才人物在儿童时期都有多动的表现，而且在某种程度上说，多动是儿童的天性，即使儿童可能患有 ADHD，家长也很难判断，但要尽量避免将天才儿童误诊为 ADHD。为此，可以尝试由以下问题的判断来进行区分：①学习成绩呈下降的趋势吗？②是不是由于注意力缺乏、冲动性、过度活跃而有学习障碍？这些行为是因为感到厌倦？还是超前掌握了知识？③只需少量的时间就能掌握知识？或无法明白自己为什么要掌握所学的知识？④是否因为仅仅只需投入很小的一部分注意资源就能掌握课堂的内容，才表现出注意缺陷？⑤当信息以他/她们觉得有趣又能长见识的方式呈现时，他/她们是否能较好地学习和集中注意力？

3. ADHD 与弱智儿童的区分

①弱智儿童智商低下，常在 70 以下，ADHD 儿童一般则属正常范围，或者略微偏低；②ADHD 儿童学习成绩不稳定，波动性大，随着年级增高，成绩逐渐下降；弱智儿童学习成绩总是很差，社交、生活等方面也存在缺陷。

（三）ADHD 的成因

ADHD 的形成，至今还没有明确的答案，目前普遍认为，ADHD 的形成可能受遗传的影响，有证据表明，在同卵双生子中有 ADHD 特征的一致性比率要高于异卵双生子和一般兄弟姐妹。同时，环境也有重要作用，出生前受酒精、药物和风疹病影响的儿童发生 ADHD 的比率较高；严厉和高度控制的教养方式也可能导致或加剧 ADHD 问题。不过现在已经很少有人支持早期理论中把 ADHD 症状与食品添加剂、糖的过度摄入、铅中毒、大脑损伤等联系起来的观点[①]。

（四）ADHD 的治疗

1. 药物治疗

通过服用兴奋类药物，如利他林或哌甲酯缓蚀剂来治疗，这些药物可以轻微改变大脑中的化学物质，使 ADHD 儿童能更好地集中注意力，减少注意力分散和破坏行为，进而促进学习成绩的提高和同伴关系的改善，但药物也可能产生一些副作用，如抑制食欲、破坏睡眠周期，减少儿童对玩耍及获得重要技

---

① ［美］沙夫等：《发展心理学——儿童与青少年(第八版)》，邹泓，等译，285 页，北京，中国轻工业出版社，2009。

能的渴望。

2. 心理治疗

(1)认知—行为疗法。教给 ADHD 儿童如何制定需要保持注意力的学习目标，同时用奖励来增强他们成功的信心，以提高他们的学业成绩。总之，对注意的调控不仅对认知发展和学业成绩非常重要，而且对社会性和情绪的发展也同样重要。

(2)家庭治疗。父母对 ADHD 儿童保持耐心和支持，而不是过分苛责，这些儿童就会表现出较少的行为问题，也能更好地被同伴接纳。因此，旨在教会那些易于被激怒的成人变得有耐心，并能有效约束 ADHD 儿童异常行为的家庭治疗，可以增加药物和行为治疗的效果。

对于小学教师来说，在课堂上要求 ADHD 儿童安静地坐、注意听讲、听从指挥、完成作业以及与同学和谐相处，这些要求很难做到，ADHD 儿童的注意分散和多动—冲动行为使学习变得非常困难。因此，教师主要是致力于管理妨碍学习的注意分散和多动—冲动行为，并给儿童提供一个能发挥他们优势的课堂环境，比如教师安排学生坐在自己讲桌的附近，提供一个指定的范围让学生活动，建立一个清晰的、明文规定的纪律制度；还可以借鉴心理行为治疗的一些方法(如代币法，参见阅读栏 10-3)，强化 ADHD 儿童的良好行为，矫正诸如"上课离座、攻击性行为"等不良行为。

阅读栏 10-3　代币法

代币法是行为疗法中运用最广泛的方法之一，也称表征性奖励制，运用代币并编制一套相应的激励系统来对符合要求的目标行为的表现进行肯定和奖励。代币起着表征的作用，只是一个符号，在小学里尤其是以小红花、五角星等为代表，也可以是记分卡、点数等，小学儿童可用这些代币换取自己所需要的物品或特殊待遇。代币法包括如下基本构成：①期待的目标行为；②代币作为条件强化物使用(象征性强化物)；③代币兑换成后援强化物；④获得代币强化的日程表；⑤用代币兑换后援强化物的数额；⑥将代币兑换后援物的时间、地点；⑦"反应代价"，即确认待消除的不良靶行为，以及它们每次出现时代币丢失的数额。

复习与思考

1. 小学儿童心理健康的标准有哪些？
2. 小学儿童常见的心理问题有哪些，如何进行辅导？
3. 小学儿童常见的心理障碍有哪些，如何进行矫正？

推荐阅读

1. American Psychiatric Association. *Diagnostic and Statistical Manual of Mental Disorders*，Fourth Edition（DSM-IV）. Washington D. C. ：American Psychiatric Association，1994.

2. ［美］埃里克·J. 马施，大卫·A. 沃尔夫. 儿童异常心理学. 孟宪章，等译. 广州：暨南大学出版社，2004.

3. 陈永胜. 小学生心理健康教育. 济南：明天出版社，2004.

4. 陈咸. 小学儿童心理学. 北京：中国人民大学出版社，2009.

5. 梁宝勇. 发展心理病理学. 合肥：安徽教育出版社，2004.

参考文献

1. 边玉芳. 心理学经典实验书系：儿童心理学. 杭州：浙江教育出版社，2009.

2. 陈会昌. 道德发展心理学. 合肥：安徽教育出版社，2004.

3. 陈威. 小学儿童心理学. 北京：中国人民大学出版社，2009.

4. 陈一心. 儿童心理咨询与治疗. 北京：北京大学医学出版社，2009.

5. 陈永胜. 小学生心理健康教育. 济南：明天出版社，2004.

6. 董梅. 做孩子的心理医生——别让心理问题困扰孩子. 北京：石油工业出版社，2007.

7. 方富熹，方格. 儿童发展心理学. 北京：人民教育出版社，2004.

8. 郭亨杰. 童年期发展心理学. 南京：南京大学出版社，1999.

9. 李幼穗. 儿童社会性发展及其培养. 上海：华东师范大学出版社，2004.

10. 梁宝勇. 发展心理病理学. 合肥：安徽教育出版社，2004.

11. 林崇德. 发展心理学. 杭州：浙江教育出版社，2002.

12. 林崇德. 发展心理学(第二版). 北京：人民教育出版社，2009.

13. 刘金花. 儿童发展心理学. 上海：华东师范大学出版社，2006.

14. 孟昭兰. 情绪心理学. 北京：北京大学出版社，2005.

15. 彭聃龄. 普通心理学(修订版). 北京：北京师范大学出版社，2004.

16. 彭聃龄，张必隐. 认知心理学. 杭州：浙江教育出版社，2004.

17. 彭小虎. 儿童发展与教育心理学. 上海：上海交通大学出版社，2009.

18. 桑标. 当代儿童发展心理学. 上海：上海教育出版社，2003.

19. 沈德立. 小学儿童发展与教育心理学. 上海：华东师范大学出版社，2003.

20. 孙义农. 小学生心理辅导. 杭州：浙江大学出版社，2003.

21. 王惠萍，孙宏伟. 儿童发展心理学. 北京：科学出版社，2010.

22. 伍新春. 儿童发展与教育心理学. 北京：高等教育出版社，2004.

23. 尹文刚. 大脑潜能. 北京：世界图书出版公司，2005.

24. 杨丽珠，刘文. 毕生发展心理学. 北京：高等教育出版社，2006.

25. 俞国良，辛自强. 社会性发展心理学. 合肥：安徽教育出版社，2004.

26. 张春兴. 现代心理学：现代人研究自身问题的科学. 上海：上海人民出版社，2005.

27. 张莉. 儿童发展心理学. 武汉：华中师范大学出版社，2006.

28. 张文新. 儿童社会性发展. 北京：北京师范大学出版社，1999.

29. 郑希付，陈娉美. 普通心理学. 长沙：中南大学出版社，2002.

30. 朱智贤. 儿童心理学. 北京：人民教育出版社，2003.

31. 〔加〕雷弗郎西斯. 孩子们——儿童心理发展. 王全志，孟祥芝，等译. 北京：北京大学出版社，2004.

32. 〔美〕埃里克森. 同一性：青少年与危机. 孙名之，译. 杭州：浙江教育出版社，2001.

33. 〔美〕阿瑟·通斯马等. 儿童心理治疗指导计划. 田璐，臧伟伟，刘琳琳，等译. 北京：中国轻工业出版社，2005.

34. 〔美〕埃里克·J·马施，大卫·A·沃尔夫. 儿童异常心理学. 孟宪章，等译. 广州：暨南大学出版社，2004.

35. 〔美〕班杜拉. 思想与行动的社会基础：社会认知论. 上海：华东师范大学出版社，2001.

36. 〔美〕沙夫等. 发展心理学——儿童与青少年（第八版）. 邹泓，等译. 北京：中国轻工业出版社，2009.

37. 〔美〕戴蒙等. 儿童心理学手册（第六版）第三卷：社会、情绪和人格发展. 林崇德，等译. 上海：华东师范大学出版社，2009.

38. 〔美〕丹尼尔·戈尔曼. 情商——为什么情商比智商更重要. 北京：中信出版社，2010.

39. 〔美〕丹尼斯·库恩. 心理学导论. 北京：中国轻工业出版社，2007.11.

40. 〔美〕罗伯特·卡尔森. 生理心理学. 苏彦捷，译. 北京：中国轻工业出版社，2007.

41. 〔美〕罗伯特·费尔德曼等. 发展心理学——人的毕生发展（第四版）. 苏彦捷，等译. 北京：世界图书出版公司，2007.

42. 〔英〕茱莉娅·贝里曼，戴维·哈格里夫，马丁·赫伯特，安·泰勒. 发展心理与你. 陈萍，王茜，等译. 北京：北京大学出版社，2000.